中央编译局文库编辑委员会

主　　任：贾高建

副 主 任：俞可平　魏海生　王学东　陈和平　杨金海

委　　员：贾高建　俞可平　魏海生　王学东　陈和平
　　　　　杨金海　柴方国　何增科　季正聚　郗卫东
　　　　　张文成　曹荣湘　卿学民　刘明清　薛晓源

中央编译出版社文库编辑中心编辑小组

刘明清　薛晓源　谭　洁　董　巍　贾宇琰
冯　章　苗永姝　邓　彤　侯天保　盛菊艳
李媛媛　王忠波　薛迎春　董　妍

马克思主义研究资料

第4卷

主　编　杨金海
副主编　冯　雷（常务）　薛晓源

经济学笔记研究 Ⅱ

本卷主编　周艳辉

《马克思主义研究资料》顾问委员会

贾高建　俞可平　宋书声　殷叙彝　詹汝琮　张钟朴

李洙泗　冯文光　赵家祥　梁树发　郭建宁

《马克思主义研究资料》编辑委员会

主　编：杨金海

副主编：冯　雷（常务）　薛晓源

编　委（按姓名拼音排序）

陈喜贵　冯　章　黄晓武　江　洋　李百玲　李义天

李媛媛　林进平　刘仁胜　刘　英　刘元琪　吕增奎

马　瑞　苗永姝　盛菊艳　史清竹　武锡申　姚　颖

苑　洁　郑　锦　郑天喆　周艳辉

参加本卷编辑出版工作的有

邓　彤　冯　章　薛晓源　李媛媛

总　序

呈献给读者的这套《马克思主义研究资料》丛书，旨在服务于我国正在实施的马克思主义理论研究和建设工程，积极吸收和借鉴国外马克思主义研究成果，对改革开放以来中央编译局编译的有关国外学者研究马克思主义的成果，以及少量相关的国内学者的研究成果整理出版，为我国马克思主义研究提供基础性的参考资料。本丛书计划出版37卷，三年内陆续完成编辑和出版工作。

编译国外学者关于马克思主义的研究成果，并对相关问题展开深入探讨，是马克思主义经典著作编译研究的基础性工作。中央编译局作为马克思主义经典著作编译研究的专门机构，历来十分重视这项工作。20世纪50年代以来，特别是改革开放以来，中央编译局的同志们编译了大量国外学者关于马克思主义的研究文献，也发表了不少自己的相关研究成果。这些成果曾经在中央编译局编辑的《马列著作编译资料》、《马列主义研究资料》、《马克思主义与现实》等刊物公开发表，或在内部刊物《马克思恩格斯研究》、《列宁研究》等刊载。这些成果对于推进马克思主义经典著作的编译和研究工作发挥了重要作用，时至今日，一些学者仍然把它们当做研究马克思主义的珍贵资料。

然而，随着近年来中央实施马克思主义理论研究和建设工程的深入推进以及马克思主义学科建设的快速发展，这些研究资料的留存情况已经远远不能适应形势发展的需要了。《马列著作编译资料》和《马列主义研究资料》早已停止出版，很多人难以找到原有资料；《马克思恩格斯研究》等内部刊物刊载的文章没有公开面世，也难以为人们广泛使用；而新编译的文献资料又很零散。因而，希望中央编译局提供马克思主义研究资料的呼声越来越高。

为了继承前辈的事业，适应学界的需要，尽可能全面系统地收集整理中央编译局近几十年来编译的国外学者关于马克思主义的研究成果以及相关的国内学者的研究成果，中央编译局专门成立了《马克思主义研究资料》丛书课题组，并对该项工作提供了基金资助。课题组不仅在局内组织力量进行工作，而且争取到社会力量的支持。经过课题组同仁两年多努力，已经形成一批编辑成果，还将继续补充、完善并陆续推出。这套《马克思主义研究资料》丛书就是这些成果的集中体现。

本丛书力求体现如下四个特点，这也是丛书编辑工作所力求遵循的四条原则：第一，保证文献性。本丛书主要收集改革开放以来中央编译局刊物发表的有关马克思主义理论编译和研究方面的成果，这些刊物包括公开出版的《马列著作编译资料》、《马列主义研究资料》、《马克思主义与现实》、《当代世界与社会主义》、《经济社会体制比较》、《国外理论动态》等，也包括内部刊物《马克思恩格斯研究》、《列宁研究》、《斯大林研究》、《马克思恩格斯列宁斯大林研究》等；少量收集其他杂志发表的中央编译局学者编译或撰写的有关文章；个别收集与中央编译局长期合作的其他学者的相关文章；对所收高权性文章涉及的其他学者的成果，也作为附文收入，以示对相关学者的尊重，也便于读者在阅读正文时参考。收集整理这些学术成果的目的主要是为学界研究马克思主义提供参考资料，同时帮助人们了解马克思主义研究的历史进程和思想脉络。因此，本丛书所收文献力求保持其历史原貌，包括其中的人名、地名、术语、引文等，都不作改动，以便读者进行文献考证之用，只对个别错漏文字等进行校正，对于文中可能产生歧义的地方，以"本丛书编者注"的方式加以说明。其中读者特别应当留意的是译名、术语的不统一问题，例如关于《马克思恩格斯全集》历史考证版，就有多种表达方式：原文版、国际版和 MEGA 版，其中，往往又以"老"、"新"、"MEGA^1"、"MEGA^2"、"MEGA1"、"MEGA2"等来区分历史考证版第 1 版和第 2 版。第二，突出编译性。本丛书所收文献中，以国外学者的成果为主，包括国外学者关于马克思主义经典作家的著作、思想、生平事业，乃至书信往来、工作生活等方面的研究文献，凡比较有资料价值的，均在收集之列。如上所述，国内学者的相关考证性成果，包括经典著作翻译、版本、传播、重要术语考据等文献，凡具有资料价值的，也一并收入，但这部分内容所占比例较小。第三，力求系统性。上述几十年来形成的这些编译研究资料繁茂芜杂，十分零散，使用起来很不方便，编辑整理就更为困难。为把这些宝贵文献整理面世，使之更好地发挥作用，编辑人员下了很大功夫。在收集整理中，我们力图分门别类，尽可能将同类资料按照一定逻辑顺序编排，使之呈现一定的系统性，以便读者全面掌握有关资料。第四，力争权威性。本丛书力争选编国内外在相关研究领域具有一定权威性的专家学者的具有代表性和影响力的文献。为保证文献的权威性和准确性，我们对文献的引文进行了校订，特别是对有关马克思主义经典著作的引文进行了原版原文核对，并对注释尽可能地作了规范化处理，以便读者更准确地了解引文及其出处。

基于上述考虑，本丛书的编排体系大体分四个部分。第一部分是经典著作研究，包括关于《共产党宣言》、《资本论》等手稿、创作、版本、传播诸方面的研究文献；第二部分是基本理论研究，包括哲学、政治经济学、科学社会主义以及政治学、法学等方面的研究文献；第三部分是版本和传播、编译以及生平事业研究；第四部分是国外马克思主义研究。每一部分包括若干卷。每一卷都有本卷编辑说明，对本卷编辑的思路、内容和有关技术问题作简要交代。各卷内容按照逻辑顺序进行编排，在此基础上再按照时间顺序编排。各卷内容一般要作分类，并加分类标题，以便读者阅读研究。

需要说明的是，由于本丛书是整理编辑已有的文献，而且主要限于整理编辑中央编译局学者编译和研究的部分成果，这就决定了本丛书不可避免地存在一些缺憾。一是这些文献中有的观点不一定正确。选编这些文献并不意味着编者赞同其中的观点，我们的目的仅仅在于为人们研究马克思主义提供参考资料，其中正确的思想成果可以作为我们研究借鉴的思想资源，而错误的观点可以作为我们研究批评的对象。例如，对有关马恩对立论的观点，我们是不赞成的，但为了让研究者了解、研究和批评这种观点，也收入了相关文章。所以，谨请读者在使用这些文献时注意辨别是非。二是这些文献存在质量参差不齐的情况。由于这些文章的作者、译者水平不同，写作时间、背景、针对的问题、产生的影响以及发表的刊物等不同，其质量也就有一定差别。例如，有的概念和译文在今天看来不一定科学、准确，有的文献曾经很有价值而在今天看来最多只有学术史的价值。在选编过程中，我们尽量收入那些分量较重、影响较大的文献，但为了比较全面地反映学术史的原貌并提供尽可能详细的研究参考资料，也收入了一些篇幅较短、影响不大但有一定资料或史料价值的文献。另外，有少量比较重要的文献，由于作者或译者不同意收入，也不得不忍痛割爱。三是这些文献的系统性、规范性不太强。尽管我们努力按照上述编辑原则工作，对这些文献进行了分类整理，力求全面系统地提供给读者相关方面的文献资料，但由于这些资料十分繁杂，彼此之间的关联性不强，有的方面资料较多，有的较少，且发表的刊物、时间等不同，体例也很不统一，整理起来难度极大，加之各位编者的研究角度不同，水平各异，所以，每一卷书的结构、篇章、内容、观点等都不尽相同，其规范程度也不尽一致。对本丛书存在的以上不足或缺憾，谨请读者鉴谅；对其中可能存在的疏漏和错误之处，谨请读者批评指正。

本丛书在编写和出版过程中，得到了各个方面的大力支持。中央编译局对此项工作高度重视，始终给予鼎力支持。国家出版基金将本丛书列入 2013 年度资助项目。中央编译出版社为本丛书申报国家出版基金项目并最终立项，以及为丛书出版做了大量工作。本丛书所收文献的译者、作者和出版者，凡已联系上的，均给予我们大力支持，同意使用这些文献；对尚未联系上的，我们将尽力联系，也请相关同仁主动联系我们。丛书顾问委员会的专家对丛书的编写工作给予热情指导，编委会成员和课题组同仁为丛书的编写付出了辛勤劳动。在此一并致以衷心的谢意！

《马克思主义研究资料》

编辑委员会

2013 年 12 月 10 日

编辑说明

本卷是《经济学笔记研究》第Ⅱ卷，在第Ⅰ卷收录了 6 篇总体性介绍《伦敦笔记》的文章后，本卷继续收录 18 篇从不同角度论述和研究《伦敦笔记》的文章。

文章的编排遵循从一般到具体、由近及远的原则，开头的 3 篇文章从综合视角研究了《伦敦笔记》的内容框架及其研究方法，随后是直接介绍该笔记内容的文章，之后的其他文章则按照《伦敦笔记》自身谈及的问题及其顺序进行编排，涉及马克思的《反思》手稿、劳动价值理论、使用价值理论、科学技术和工艺学研究、货币理论、信用理论、殖民地问题以及《金银条块。完成的货币体系》手稿。

为了保持文献性，本丛书的注释基本保持原貌，不作改动；但对原注释有错误或有遗漏的，我们尽可能查阅了有关文献，作了必要的规范和完善；对有些查找不到的，保留原来的内容和格式。

目 录

《伦敦笔记》研究（续） ………………………………………………… 1
《资本论》创作史系列讲座之一
　　——从《克罗茨纳赫笔记》到《伦敦笔记》
　　张钟朴 …………………………………………………………… 3
马丁·路德大学马克思《伦敦笔记》研究简述
　　升录 编译 ……………………………………………………… 23
马克思《伦敦笔记》（1850—1853年）中政治经济学
　　研究方法发展过程的某些方面
　　〔德〕沃尔弗冈·扬　〔德〕迪特尔·诺斯克 ……………… 32
马克思《伦敦笔记》第XVII笔记本中关于休耳曼著作的摘录
　　〔民主德国〕弗兰克·舍尔哈尔特 …………………………… 63
马克思在《1850—1853年伦敦笔记》第XXII笔记本中对
　　亚细亚土地所有制关系的研究
　　〔德〕沃尔弗冈·赖恩 ………………………………………… 73
关于马克思《反思》手稿和斯密两种贸易规模相等命题的探讨
　　沈志求 …………………………………………………………… 81

关于马克思《伦敦笔记》中的《反思》手稿
　　〔苏〕维·维戈茨基 …………………………………… 97
评维戈茨基对《反思》手稿的错误估价
　　商德文 …………………………………………………… 111
论19世纪50年代初期马克思与制定劳动价值理论
有关的经济学研究
　　〔苏〕А.Г.瑟罗夫 ……………………………………… 125
马克思在伦敦时期的研究对制定他的使用价值理论的意义
　　〔民主德国〕吉·施皮勒 ……………………………… 163
马克思在《伦敦笔记》中对科学技术机器生产和
工艺学的研究（12卷122页）
　　张钟朴 …………………………………………………… 181
从《伦敦笔记》到1857—1858年手稿的货币理论
　　张钟朴 …………………………………………………… 234
马克思对自己的货币流通摘录笔记的最初概括 ………… 245
《伦敦笔记》是《资本论》中信用理论的重要基础
　　〔民主德国〕沃尔夫冈·缪勒 ………………………… 254
马克思在《伦敦笔记》中对殖民地问题的研究
　　〔民主德国〕安·门采尔 ……………………………… 275
马克思在《伦敦笔记》中对殖民地问题的研究
　　张钟朴 …………………………………………………… 291
《金银条块。完成的货币体系》的形成和流传
　　《马克思恩格斯全集》（原文版）编辑部 …………… 346
马克思的手稿《金银条块。完成的货币体系》的理论意义
　　《马克思恩格斯全集》（原文版）编辑部 …………… 353

《伦敦笔记》研究(续)

《资本论》创作史系列讲座之一

——从《克罗茨纳赫笔记》到《伦敦笔记》*

张钟朴

[摘 要] 本文论述了从《克罗茨纳赫笔记》到《伦敦笔记》的《资本论》创作过程。文章首先提出,在《资本论》创作史中,《克罗茨纳赫笔记》应该被视为起点,正是在这一笔记中,马克思得出了不是国家决定市民社会,而是市民社会决定国家的结论,认为政治斗争、阶级斗争归根到底跟经济利益有关。其次,《巴黎笔记》、《布鲁塞尔笔记》、《曼彻斯特笔记》体现了马克思1843—1847年这段时间中的思想发展和经济学研究的成果。一方面是逐步制定了唯物史观,另一方面是从不承认劳动价值论转向了劳动价值论。《穆勒笔记》之所以重要,是因为马克思从不承认劳动价值论向劳动价值论转变的萌芽就在《穆勒笔记》中。再次,《伦敦笔记》时期,马克思为《资本论》的创作打下了全面基础。《伦敦笔记》第一阶段的两大成果,一是推翻了货币数量论,二是改进了李嘉图的级差地租理论。

[关键词]《资本论》创作史 《克罗茨纳赫笔记》 《巴黎笔记》《伦敦笔记》

---

* 本文选自《马克思主义与现实》杂志2012年第5期,是张钟朴先生在中央编译局所作的"《资本论》创作史系列讲座"第一讲,由黄晓武记录整理,经作者本人审阅。作者张钟朴系中央编译局译审。

研究《资本论》创作史为什么要讲《克罗茨纳赫笔记》？一般讲《资本论》创作史都是从《巴黎笔记》讲起的。马克思自己说，他研究政治经济学，是因为在《莱茵报》的时候遇到了物质利益发表意见的难事。后来《莱茵报》被封了，马克思就从报纸退回书斋研究问题去了。要研究马克思的唯物史观是怎么制定的，《克罗茨纳赫笔记》还是很有关系的。

马克思当时是黑格尔俱乐部的成员，对黑格尔的理论很熟悉。黑格尔认为所有客观事物都是绝对理念的外化，绝对理念是现实的基础，他的逻辑学当时在德国哲学界是开创性的。但是费尔巴哈的唯物论把黑格尔学说颠覆了，费尔巴哈认为存在是主体，思维是第二位的，甚至神都是人创造的。马克思受费尔巴哈的影响，对黑格尔主观唯心论进行了清算。1842年初，马克思研究黑格尔法哲学，写了很有名的《黑格尔法哲学批判》，得出了一个重要的结论，那就是解决现实世界问题的方法要到经济学当中去寻找。《黑格尔法哲学批判》前半部分没写完，马克思中间写了《克罗茨纳赫笔记》，之后接着写了《黑格尔法哲学批判》后半部分。《克罗茨纳赫笔记》内容是什么？就是关于唯物主义国家观、市民社会、国家政治制度，等等。从表面上看，《克罗茨纳赫笔记》不仅是经济学笔记，还是政治学的。比如，里面有施密特的德国史、杜加尔特的英国史、盖尔的瑞典史，还有德国史、美国史，等等，这些内容都是国家政治体系。《克罗茨纳赫笔记》主要研究了以下这些问题：公有制如何转变为私有制，封建所有制怎么转变为资本主义所有制，封建所有制对政治制度的影响，资本主义所有制对政治制度的影响，等等。这5本笔记只用了两个月，可见马克思当时非常勤奋。

通过这段研究，马克思认识到，政治斗争、阶级斗争归根到底跟经济利益有关。所有政治制度、政治制度变革都跟所有制有关，他得出一个重要的结论：不是国家决定市民社会，而是市民社会决定国家，政治制度是受市民社会决定的。什么叫市民社会？实际上就是我们现在讲的经济关系的总和。这个结论跟黑格尔完全不一样，黑格尔认为国家是绝对精神的外化。这样，《克罗茨纳赫笔记》为马克思制定他的唯物史观打下了一个基础。后来马克思写《黑格尔法哲学批判》后半部分，就反映了他在《克罗茨纳赫笔记》当中的成果。马克思在《黑格尔法哲学批判》当中得出社会变革的原因要到市民社会当中去寻找：到政治经济学当中去寻找的结论，跟《克罗茨纳赫笔记》时期的学习有决定性的关系。

在《巴黎笔记》中，马克思得出结论，世界变革的原因要到经济学中去寻找。他第一次研究经济学的成果就是《巴黎笔记》。《巴黎笔记》包括9个笔记本，时间是在1844年和1845年。当时马克思在法国跟卢格一方面出版《德法年鉴》，一方面研究经济学。《巴黎笔记》的内容MEGA^{2}已经发表了，大家可以去研究。《巴黎笔记》里面有一部分关于詹姆斯·穆勒的笔记，马克思下了功夫，把穆勒的《政治经济学原理》从头到尾的重要内容都抄了，一边抄一边做评论。

为什么特别重视穆勒呢？穆勒是李嘉图的门徒，当时经济学界都读穆勒的书。它相当于一个教材，它把李嘉图的《政治经济学及赋税原理》和斯密的《国富论》整理得非常规范。马克思《巴黎笔记》的成果就是写成《1844年经济学哲学手稿》。当时马克思打算写一本政治和政治经济学批判，并且还跟出版商订了合同。这本书后来没写成，但是《1844年经济学哲学手稿》保留了下来。研究者都认为《1844年经济学哲学手稿》就是这本书的一部分。马克思后来又写了《布鲁塞尔笔记》（1845—1847年），在布鲁塞尔期间又跟恩格斯到曼彻斯特去旅行，写了《曼彻斯特笔记》（1845年7—8月）。《巴黎笔记》紧接着的就是

《布鲁塞尔笔记》和《曼彻斯特笔记》。这三种笔记代表了马克思在1844年革命以前这一阶段的理论成果,《布鲁塞尔笔记》、《曼彻斯特笔记》都发表了,《布鲁塞尔笔记》是1845年写的6个笔记本,在MEGA^{2}第4部分第3卷。《曼彻斯特笔记》马克思有9本,MEGA^{2}第4部分第4卷发表了5本,第5卷还有4本没发表。1847年以前的笔记,MEGA^{2}第4部分第6卷还有一本,是关于居利希·古斯塔夫著作的笔记,古斯塔夫的书是非常重要的一本德国的经济、贸易、手工业、农业史,5卷本。学德国经济学的人都必须看这本书,马克思在1846年9月—1847年12月期间,写了古斯塔夫这本书的详细摘要,这些已经在MEGA^{2}发表了。

我翻译过一篇东西,是德国人写的关于《曼彻斯特笔记》的概况,其中说《曼彻斯特笔记》表现的是马克思从异化理论转向劳动价值论的非常重要的中间环节,马克思最初不承认劳动价值论。《巴黎笔记》中的《穆勒笔记》在《马克思恩格斯全集》第2版第42卷里有,大家可以去研究。《曼彻斯特笔记》和《布鲁塞尔笔记》,现在MEGA^{2}版外文只差一卷未出版,但人们研究得很少,因为它是新发表的。这个时期,从马克思1843年开始研究经济学到1847年以前这段时间,马克思的经济学研究成果、思想发展主要表现在两个方面:一方面是他逐步制定了唯物史观,一方面是从不承认劳动价值论转向了劳动价值论。一是方法论,二是思想内容。这个期间的成果,如果没有读到《布鲁塞尔笔记》、《曼彻斯特笔记》、《巴黎笔记》,我们有一个间接的研究办法,马克思在这个时期写了《神圣家族》、《德意志意识形态》、《哲学的贫困》、《雇佣劳动与资本》。这4本重要著作中反映的思想就是他这个时期的研究成果,从这四部著作当中你可以发现他思想发展的轨迹。

我下面讲讲思想发展的轨迹:唯物史观是怎么形成的。马克思研究经济学从《巴黎笔记》开始，如果从唯物史观来讲的话，是从《克罗茨纳赫笔记》开始。他研究经济学开头从研究方法论解决问题，从唯心论变成唯物论，从实际当中提出问题来反驳经济学中的教条，因此他突破了经济学中的很多问题。所以唯物史观是非常重要的，如果没有唯物史观打下基础，给他的经济学研究以一个方法论的原则，后来的很多成果很难取得。马克思在《克罗茨纳赫笔记》以后得出一个结论：不是国家决定市民社会，而是市民社会决定国家。什么叫市民社会？市民社会是18世纪的哲学家、经济学家、历史学家常用的一个概念。马克思在1846年12月28日致帕·瓦·安年科夫的信里面是这样阐述的："在生产、交换和消费发展的一定阶段上，就会有相应的社会制度、相应的家庭、等级或阶级组织，一句话，就会有相应的市民社会。有一定的市民社会，就会有不过是市民社会的正式表现的相应的政治国家。"① 恩格斯在《路德维希·费尔巴哈和德国古典哲学的终结》当中也说："国家、政治制度是从属的东西，而市民社会、经济关系的领域是决定性的因素。"② 这说明什么呢？这实际上解决了唯物史观一个重要观点，就是认识到了生产关系的总和构成了国家和法等上层建筑的现实基础。生产关系决定上层建筑、社会意识各个方面。到《1844年经济学哲学手稿》当中，马克思就阐述得更清楚了："私有财产的运动——生产和消费——是迄今为止全部生产的运动的感性展现，就是说，是人的实现或人的现实。宗教、家庭、国家、法、道德、科学、艺术等等，都不过是生产的一些特殊的方式，并且受生产的普遍规律的支配。"③ 到这个时候，马克思认识到，不是国家决定下面的经济基础，是经济基础决定上层建筑。

---

① 《马克思恩格斯全集》第2版第47卷第440页。
② 《马克思恩格斯文集》第4卷第306页。
③ 《马克思恩格斯文集》第1卷第186页。

在《1844年经济学哲学手稿》中,马克思还没有论及生产力、生产关系之间的辩证关系,但已经初步具有了这一思想,他提出了生产在社会结构中的决定性作用,为以后揭示生产力、生产关系之间的辩证法打下了良好的基础。在《神圣家族》一书中,马克思对物质生产决定性作用有了进一步明确的阐述,他在批判鲍威尔主观唯心论的时候第一次提出了生产方式的科学概念,指出历史发展的根源和基础在物质生产中。《神圣家族》中第一次明确提出生产是第一性的,历史是上层建筑,是第二性的。到《德意志意识形态》,马克思明确提出了生产力和生产关系的辩证法。马克思说:"人们永远不会放弃他们已经获得的东西,然而这并不是说,他们永远不会放弃他们在其中获得一定生产力的那种社会形式。恰恰相反。为了不致丧失已经取得的成果,为了不致失掉文明的果实,人们在他们的交往[commerce]方式不再适合于既得的生产力时,就不得不改变他们继承下来的一切社会形式。"① 这个交往方式就是生产关系,马克思明确提出交往方式不再适应生产力的时候就产生了变革的要求。另外,马克思明确提出经济基础与上层建筑之间的关系,他说:"思想、观念、意识的生产最初是直接与人们的物质活动,与人们的物质交往,与现实生活的语言交织在一起的。人们的想象、思维、精神交往在这里还是人们物质行动的直接产物。表现在某一民族的政治、法律、道德、宗教、形而上学等的语言中的精神生产也是这样。人们是自己的观念、思想等等的生产者,但这里所说的人们是现实的、从事活动的人们,他们受自己的生产力和与之相适应的交往的一定发展——直到交往的最遥远的形态——所制约。"② 因此,在《德意

---

① 《马克思恩格斯全集》第2版第47卷第440页。
② 《马克思恩格斯文集》第1卷第524页。

志意识形态》中，关于生产力和生产关系的论述已经很全面了。人类社会发展的基本动力归根结底是生产力和生产关系之间的矛盾斗争。当社会物质生产力发展到一定阶段时，便与它们一直在其中活动的现存的交往方式产生矛盾，这种交往方式由生产力发展的形式变成生产力发展的障碍，这时已成为桎梏的旧的交往方式，被适用于比较发达的生产力、因而也适用于更加进步的个人自主活动类型的新的交往方式所代替。"新的交往形式又会成为桎梏，然后又为别的交往形式所代替。由于这些条件在历史发展的每一阶段都是与同一时期的生产力的发展相适应的，所以它们的历史同时也是发展着的、由每一个新的一代承受下来的生产力的历史，从而也是个人本身力量发展的历史。"① 到这个时候，马克思的唯物史观已经非常全面了。

在整个这一时期（1847年以前），从《巴黎笔记》到《布鲁塞尔笔记》、《曼彻斯特笔记》时期，用马克思自己的一段经典表述来说，他的唯物史观的成果就是《政治经济学批判。第一分册》序言里面的那段话。在马克思的所有著作中，那段话是关于唯物史观的经典表述。他说："我所得到的、并且一经得到就用于指导我的研究工作的总的结果，可以简要地表述如下：人们在自己生活的社会生产中发生一定的、必然的、不以他们的意志为转移的关系，即同他们的物质生产力的一定发展阶段相适合的生产关系。这些生产关系的总和构成社会的经济结构，即有法律的和政治的上层建筑竖立其上并有一定的社会意识形式与之相适应的现实基础。物质生活的生产方式制约着整个社会生活、政治生活和精神生活的过程。不是人们的意识决定人们的存在，相反，是人们的社会存在决定人们的意识。社会的物质生产力发展到一定阶段，便

---

① 《马克思恩格斯选集》第1卷第124页。

同它们一直在其中运动的现存生产关系或财产关系（这只是生产关系的法律用语）发生矛盾。于是这些关系便由生产力的发展形式变成生产力的桎梏。那时社会革命的时代就到来了。随着经济基础的变更，全部庞大的上层建筑也或慢或快地发生变革。在考察这些变革时，必须时刻把下面两者区别开来：一种是生产的经济条件方面所发生的物质的、可以用自然科学的精确性指明的变革，一种是人们借以意识到这个冲突并力求把它克服的那些法律的、政治的、宗教的、艺术的或哲学的，简言之，意识形态的形式。我们判断一个人不能以他对自己的看法为根据，同样，我们判断这样一个变革时代也不能以它的意识为根据；相反，这个意识必须从物质生活的矛盾中，从社会生产力和生产关系之间的现存冲突中去解释。无论哪一个社会形态，在它所能容纳的全部生产力发挥出来以前，是决不会灭亡的；而新的更高的生产关系，在它的物质存在条件在旧社会的胎胞里成熟以前，是决不会出现的。"① 这就是马克思这个时期的唯物史观。而正是这一思想，即国家政治的变革要到经济基础中去寻找，给马克思打下了研究经济学的牢固基础。

  马克思得出这些基本方法、原则以后，就把它们应用于经济学研究，最初的成果体现在《哲学的贫困》中。蒲鲁东自称是黑格尔的学生，研究贫穷是怎么来的，他认为思维是绝对精神外化造成的种种社会现象，他用的完全是黑格尔那一套方法，认为跟11世纪相适应的是权威原理，跟18世纪相适应的是个人主义，等等。另外，他说所有的经济范畴都有好的方面和坏的方面，好的方面发展到一定程度，坏的方面就露出来了，就有一个新的代替它。马克思认为生产关系是第一性的，经济范畴是生产关系的某一个片断，经济范畴就是生产关系。经济范畴

---

① 《马克思恩格斯全集》第2版第31卷第412—413页。

代表一定的生产关系,因此经济范畴是现实社会的反映,而现实的经济关系、生产关系是一个有机整体。生产关系是历史产物,是客观存在的。这后来就发展成马克思在《大纲》里面写的:经济范畴应当"从抽象上升到具体"①,从哪儿抽象?怎么抽象?这要从现实关系当中去找。你把简单的范畴放在前头,简单的范畴讲清楚了,然后再讲复杂一点的,再讲更复杂的,这样的话这个体系就是合理的,这个体系必须以现实为基础,马克思的唯物史观批判了蒲鲁东那个随便臆造的体系。马克思这个时候制定的方法论为将来《资本论》的理论体系打下了基础。

《哲学的贫困》是马克思用唯物史观研究经济学、考虑经济学问题的开始,一开始他就发现现有的经济学,特别是蒲鲁东的经济学是不对的。相反的,在马克思看来,亚当·斯密、李嘉图在很大程度上是正确的,为什么?亚当·斯密讲劳动价值论,认为价值是劳动创造的。但他又认为,到了交换发达了以后,价值就不是劳动创造的了,是什么创造的呢?地租、利息、利润、工资,加在一起就是价值,那当然是不对的。但从某一方面说,他反映了现实。当现实当中交换问题变复杂了,他就用另外一个办法解释,他放弃了原来的劳动价值论。这倒说明亚当·斯密很有现实感。李嘉图也是这样,李嘉图的很多东西也是批判亚当·斯密。我个人认为,亚当·斯密对经济学的原则坚持不彻底,但是他能反映现实,他一看现实跟他那个理论不符合了,就改变理论。李嘉图倒过来,李嘉图批判亚当·斯密不彻底,他坚持原则,从头到尾都坚持劳动价值论,他让所有的现象都跟劳动价值论来对质,符合的就对,不符合的就例外。无论如何,这两个古典经济学家虽然不彻底,但比蒲

---

① 《马克思恩格斯全集》第2版第30卷第42页。

鲁东这些所谓的哲学家用黑格尔经济学原则来写经济学著作强得多。

这是在《哲学的贫困》中，马克思第一次在方法论上的转变。另外一个很大的转变，就是从否认劳动价值论过渡到承认劳动价值论。马克思开头研究经济学时不承认劳动价值论，这最初受恩格斯的影响，恩格斯比马克思更早写了《国民经济学批判大纲》、《英国工人阶级状况》。恩格斯在《国民经济学批判大纲》中说李嘉图主张劳动价值论，认为商品的价值由生产费用决定，这是不实际的。恩格斯说价值是生产费用和效用的关系，换句话说，成本加上竞争而形成的那个价格，就是商品的价值，这是恩格斯当时的主张。市场上这么多纷繁的商品互相交换，商品价值就是成本加上现在的市场竞争结果形成了价格，这是表面现象，没有深入到实质中去。李嘉图有个说法，价值是劳动创造的，怎样找到这个本质呢？他说市场当中价格上下波动，你把所有价格加在一起平均一下，得出来的那个数就接近于价值。恩格斯说那个平均数是偶然的，实际上现在看起来，恩格斯当时只是抓住了现象。马克思最初也不承认劳动价值论，马克思在《巴黎笔记》当中，或者在《1844年经济学哲学手稿》当中也是这样认识的，即成本加竞争的结果就是价值。

但是，为什么研究《巴黎笔记》的人特别重视《穆勒笔记》呢？因为在《穆勒笔记》里，马克思已经开始转向劳动价值论了。对于劳动价值论，马克思从不承认向承认的转变的萌芽就在《穆勒笔记》里面。马克思提出，抽象规律是通过价格波动来实现的，这跟李嘉图已经差不多了。这表明他已经不完全否定劳动创造价值了，而是指出它是怎么实现的。他还说价值是私有财产对私有财产的抽象关系，虽然没讲清楚，但已经是从社会关系、生产关系上来考虑价值了。最初恩格斯的《国民经济学批判大纲》是从市场现象来说的，而马克思渐渐深入到本质中去，穆勒是李嘉图派，力图维护劳动价值论，但陷入了庸俗。马克思在这时逐步认识到价值是一个私有财产对另一个私有财产的抽象关系,也就是说价值是一种社会关系,就是商品跟商品之间的互相交换,两个商品当中有一个共同的东西,这已经从现象渐渐深入到本质。

到了《神圣家族》,马克思的劳动价值论转变又进了一步。马克思指出在直接的物质生产领域中某种物品是否应当生产的问题,即物品的价值问题,本质上取决于该物品所需要的劳动时间,就是生产这个物品花费的劳动时间。因为社会是否有时间来实现真正的人类发展,就是以这种时间的多寡为转移的,生产某个物品所必须花费的劳动时间属于这个物品的生产费用。某个物品所花费的劳动时间是这个物品的生产费用,决定了它卖多少钱。列宁在《哲学笔记》中对这句话进行了评论,认为马克思到这个时候已经接近劳动价值论了。为什么马克思有这个进展呢?马克思跟恩格斯一样,否定劳动价值论的时候是只看市场表面现象,他现在研究商品生产、商品交换,慢慢地从市场现象深入到了本质,因为两个商品能够交换必须具备一个共同的东西,这个共同的东西就是劳动。

到了《哲学的贫困》,马克思提出,李嘉图的劳动价值论给我们指出了资本主义生产的现实运动,李嘉图的价值是对现代经济生活的科学解释。马克思从否定劳动价值论到承认劳动价值论,原因在于他的唯物史观的制定。在《1844 年经济学哲学手稿》中,马克思使用的是异化概念,为什么他用异化概念而不用剩余价值概念呢?就是因为他不承认劳动价值论,后来在逐步的论战和学习中,借助于唯物史观的制定,他从现象深入到本质,认识到李嘉图的劳动价值论是对的。但是这时他还没看出李嘉图的劳动价值论的缺点。在《哲学的贫困》中,马克思完全套用了李嘉图的劳动价值论,不但套用了劳动价值论,他还套用了李嘉图的货币数量论,认为货币没有价值,货币的价值是由货币数量决定的。

《哲学的贫困》从两个方面证实了马克思1847年以前在经济学研究上的初步成果，一是把唯物史观应用到经济学研究上，确定了方法论的基本原则，二是从不承认劳动价值论转向承认劳动价值论，在商品货币的研究上给经济学研究打下了牢固的基础。因此《哲学的贫困》是《资本论》的萌芽，马克思自己说："该书包含了经过20年的研究之后，在《资本论》中阐发的理论的萌芽。"① 在《哲学的贫困》中处于萌芽状态的东西，经过了20年的研究之后，变成了理论，在《资本论》中得到了发挥。在这一基础上，马克思又初步弄清了剩余价值是怎么产生的。

在《哲学的贫困》中，马克思已经认识到劳动价值论是剖析资本主义经济制度的科学基础和理论出发点。在《贫困的哲学》中，蒲鲁东也承认劳动价值，但他无法回答李嘉图劳动价值论中的一个问题，这也是马尔萨斯提出的问题，即商品是由劳动创造的，商品的价值取决于劳动量，劳动的价值也是由劳动创造的，衣食住行的成本就是工人劳动的价值，工人和资本家之间进行等价交换，资本家购买工人的劳动，工人用劳动生产资本家的产品，既然是等价交换，那剩余价值从哪里来呢？这一问题回答不上来，整个的李嘉图学派就破产了。蒲鲁东出了个主意，说劳动不是商品。马克思认为这样靠偷换概念并不能真正解决矛盾。马克思提出，商品中的劳动跟工人在生产中使用的劳动是有差别的，后者是活劳动。马克思虽然没有说清楚两种劳动之间的区别，但举了个例子。生产力如果提高了，同一个劳动原来生产一件衣服，现在可以生产两件衣服，但是商品中的劳动没有这一特点。所以，商品中体现

---

① 《马克思恩格斯全集》第2版第25卷第425页。

的劳动和正在进行中的活劳动是不一样的，活劳动能创造出更多的劳动。

马克思的这一区分已经快接近矛盾的解决了，几个月以后，在《雇佣劳动与资本》中，马克思提出，工人拿自己的劳动交换生活资料，资本家拿生活资料交换劳动，资本家交换的这个劳动是工人的生产活动，是一种创造力量，这跟商品中的劳动完全不一样，这就为后来的《1857—1858年经济学手稿》中的理论奠定了基础，马克思在手稿中把工人出卖的这个劳动叫作劳动能力。因为他如果不提出这是一种创造力量、一种生产活动，就不能进一步得出结论，工人生产活动创造出来的价值比他原来那个价值高，这就是剩余价值的源泉。根据这一点，恩格斯后来把《雇佣劳动与资本》中的劳动都改成了劳动力，恩格斯在前言中讲了修改的缘由。劳动二重性问题这时还没有完全解决，使得李嘉图学派破产的这个问题真正得到科学解决是在《1857—1858年经济学手稿》里。在《雇佣劳动与资本》当中，马克思已经承认，工人的生产力能够创造出比工人按等价交换得到的那个劳动更多的劳动，但是马克思这个时候还没有使用劳动能力、劳动力这些名词。

1848年革命后，马克思侨居伦敦，有了很好的机会来研究经济学，这就是所谓的《伦敦笔记》时期，《伦敦笔记》是《资本论》的直接准备。当时的伦敦是全世界的经济中心，贸易非常发达，大英博物馆里关于经济学的资料非常全，这为马克思提供了非常好的条件研究经济学。1850年9月到1853年8月，马克思写成了24本笔记，被称为《伦敦笔记》。《伦敦笔记》一共1250页，100多个印张，收录了300多部著作和报刊资料，马克思的经济学研究进入了一个崭新的阶段。

《伦敦笔记》的写作可以分为四个阶段。第一阶段（1850年9、10月间—1851年3月），马克思写了第1至第6笔记本和第7笔记本的前半部分。《伦敦笔记》第一阶段着重研究货币、信用、流通问题。因为当时经济危机快要来了，经济学界吵得一塌糊涂，争论为什么会发生经济危机。英国银行界围绕着1844年银行法争得不可开交，一边是通货学派（货币流通学派），李嘉图的门徒，一边是银行学派。争论的焦点是李嘉图的货币数量论。李嘉图提出，货币是商品，但它是特殊商品，没有价值，货币的价值是由它的数量决定的。例如市场上需要1万张货币，你印了2万张，那就一张货币当原来的一半的钱花。简单来讲，这部分是对的，这是钞票，银行券的规律，也就是货币的支付手段的规律，货币充当流通手段的时候就是这样一个规律，货币充当流通手段的时候不用金银货币亲自出现，李嘉图说的货币数量论不是说金银，他讲的是银行券。

英国1844年银行法就是按照李嘉图的货币数量论来制定的，说商品的价值高低是货币多少造成的，货币越多商品价值越贵。因此，银行要好好控制不要滥发银行券，市场需要多少就发多少。经济危机的时候，商品卖不出去，需要货币宽松政策，这样的话，商品才能卖出去。1844年银行法恰恰相反，使得原来的经济危机之外又加上了货币危机的因素，所以银行学派坚决反对它。《伦敦笔记》第一阶段就研究这一问题，研究很深入，马克思把银行学、货币理论当中所有著作将近80多部都做了摘录。

研究的结果是货币不只是支付手段，因为银行学派反对货币数量论有很多理由，举了好多事实，后来证明马克思说的是正确的，货币除了支付手段以外，首要的职能是价值尺度，当货币充当价值尺度时，它不能是纸币，必须是金银。其次是储藏手段，当货币作为储藏手段时，也不能是纸币，必须是金银。然后是支付手段、国际货币职能，除了支付手段可以用纸币来代替以外，别的都是要真正货币出现的。首先，马克思弄清楚了货币承担多种职能，后来进一步弄清楚了，不是货币的价值决定物价高低，而是物价高低决定需要多少货币。马克思研究了好多现象，证明真正的物价的变动绝对不是由于单纯货币多少引起的，经济是非常复杂的现象，物价与供求、生产力、劳动生产率都有关系，整个市场上有多少商品才能决定需要多少货币。因此，李嘉图的货币数量论是片面的。

马克思研究的结果把货币数量论推翻了，这个成果体现马克思在1851年2月3日给恩格斯的一封信中，这封信至关重要，它代表了马克思在《伦敦笔记》第一阶段的重要研究成果，即推翻了货币流通理论。马克思说，从李嘉图开始的理论如下："假定实行纯金属流通。如果这里货币流通过多，物价就会上涨，因此商品出口就会减少。国外的商品进口就会增加。进口就要超过出口。因此，就出现贸易逆差和不利的汇率。就要输出硬币，货币流通就会减少，商品价格就会下降，进口就会减少，出口就会增加，货币就重新流入，总之，重新恢复原来的平衡。"① 这种看法是完全错误的。马克思在这封信里头，列举了四种可能性，最后得出一个结论，流通的货币量是由资本主义生产商业发展决定的，只有在业务迅速发展需要更多的流通手段来进行这些业务的情况下，货币流通才会增加，不是货币增加造成物价上涨，而是当你业务发展了，需要更多货币的时候，货币才会增加。这也就是说，货币增加是第二位的，否则流通过程中的货币就会以票据等形式作为存款流回银行。货币流通的增加归根到底是投资增长的结果，而不是相反。马克思宣布："除了在实践中永远不会出现但理论上完全可以设想的极其特殊的情况，即使在实行纯金属流通的情况下，金属货币的数量和它的增

---

① 《马克思恩格斯全集》第 2 版第 48 卷第 175 页。

减,也同贵金属的流入或流出,同贸易的顺差或逆差,同汇率的有利或不利,没有任何关系。"① 马克思的研究结果证明了货币数量论不成立。恩格斯接到信以后非常欣赏马克思的研究成果,他回信说:"你在经济学上的最新发现,我现在正在认真地反复思考。今天我没有时间详谈这个问题,不过我认为这个发现是完全正确的。但是数字不能开玩笑,因此我要仔细地加以研究。"② 十几天后,恩格斯回复马克思说:"依我的看法,这个问题本身是完全正确的,并且对于把混乱的流通理论归结为简单明了的基本论据大有帮助。"③ 这是第一个突破,货币数量论被推翻了。

马克思改进了李嘉图的级差地租理论,李嘉图的级差地租理论是跟土地肥力递减规律连在一起的,完全是一种逻辑推论。它的基本理论是这样的:人到一个新地方先耕种最好的土地,人口越来越多,最后土地生产的粮食不够了,就耕种次一点的土地。这样生产出的粮食价格贵了,成本就高了,最初那个耕种肥沃土地的就得到了超额利润,因为土地是由地主垄断的,所以资本家无法把超额利润装在自己的口袋里,必须交地租。随着人口的进一步增加,人们又开垦了第三级土地,成本更高了,物价更高了,粮食价格更高了,第一级好土地的超额利润更多了,这个超额利润就形成了级差地租。他的结论是,随着社会的发展,粮食越来越贵,地租越来越高。李嘉图得出这个结论不是偶然的,在他研究地租理论的这几十年中,事实就是这样。谷物价格不断提高,地租也不断上涨,但马克思不相信这一理论。他研究了好多土地问题专家的著作,特别注意研究了多年的物价史,发现1793—1822年这段时期的

---

① 《马克思恩格斯全集》第2版第48卷第176页。
② 《马克思恩格斯全集》第2版第48卷第192页。
③ 《马克思恩格斯全集》第2版第48卷第205—206页。

物价史不是物价越来越高，地租越来越高。1850年12月14日，《经济学家》杂志发表了一个统计资料，使马克思受到极大启发，这个资料表明李嘉图说的那个物价和地租一道上涨的情况只是发生在历史的某一段时期。相反，1815年以后，实际情况反过来了，物价下降，而地租提高，这就促使马克思思考李嘉图的级差地租理论存在的问题。

19世纪以来30多年的物价史表明，由于技术的进步，粮食单位面积产量提高，谷物的价格降低，与此同时地租却不断提高，全国地租总额也在不断增加，这种情况与李嘉图论证级差地租的论据是矛盾的，在这里主要问题仍然是使地租规律和整个农业的生产率提高相符合，只有这样才能从理论上说明历史事实。马克思在1851年1月7日给恩格斯的信①中指出，李嘉图提出的地租理论，实质上不过是：在最坏土地产品为补偿它的费用所必需的出售价格和最好土地产品所得到的价格之间存在差额。这是对的。级差地租并不是以土地肥力递减为前提的，而仅仅是以土地肥力各不相同，或者连续使用于土地上的资本所产生的结果各不相同为前提的。只要是土地肥力不相同，或者投在土地上的资本所产生的结果不同，就会产生级差地租。这样的话，马克思就把李嘉图的级差地租理论改得比较科学了。恩格斯回信说："你关于地租的新观点是完全正确的。李嘉图关于土地肥力随着人口的增加而递减的看法，我始终是不信服的，同样他关于谷物价格不断上涨的论点，我也从来没有找到论据。但是，由于我在理论方面的众所周知的怠惰，我只满足于良好的自我在内心的不满，从来不去深究问题的实质。毫无疑问，你对问题的解决是正确的，这使你有进一步的理由获得地租问题经济学家的称

---

① 参见《马克思恩格斯文集》第10卷第63—66页。

号。"① 马克思在《伦敦笔记》第一阶段取得了以上两个重大的突破，原因都是靠在实践中调查研究，而唯物史观的方法，调查研究的结果，否定了既定的理论，或者说改正了理论。

马克思在写第 7 笔记本的时候，对第一阶段的研究进行了总结，把《巴黎笔记》、《伦敦笔记》以前所有关于货币的材料重新整理，系统化。后来 1854 年又写了《货币危机》对此进行了进一步的整理。除了以上两个成果以外，马克思又对亚当·斯密的理论进行了反思，写成《反思》一篇短文。亚当·斯密把整个社会的交换分成两部分，一部分是实业家与实业家之间的交换，另一部分是实业家和消费者之间的交换，他认为社会上的交换流通就局限于这两个方面，而实业家和消费者之间的交换是实业家和实业家之间的交换的界限。马克思认为这一思想非常重要。这表明马克思考虑经济危机不是像资产阶级经济学家那样认为是由流通领域造成的，而是生产领域的问题。由这一思想出发，整个社会生产分两大部类，生产者和生产者之间的交换，生产者和消费者之间的交换，而生产者和消费者之间的交换是前者的界限。整个社会能不能交换，商品能不能卖出去，最后取决于消费水平。生产者和消费者之间的交换是界限，这非常重要，社会上大多数人即工人阶级受剥削，工人阶级的消费不可能把它生产的东西全部消费掉，这就必然有东西卖不出去，卖不出去的原因归根到底是工人的贫困。马克思这时候已经开始考虑经济危机要到资产经济社会的本质中去寻找。

《伦敦笔记》第二阶段包括 1851 年 4 月到 5 月上旬写的第 7 笔记本后半部分到第 10 笔记本（见 MEGA^2 第 8 卷）。这时马克思主要研究的是资产阶级经济学破产的原因。马克思把李嘉图学派所有重要的著作都

---

① 《马克思恩格斯全集》第 2 版第 48 卷第 171 页。

读了，把反对李嘉图学派的那些重要著作也读了，然后找到了导致古典经济学破产的两大矛盾。第一，资本和劳动之间的交换如何跟劳动价值论相一致，古典经济学回答不清楚这个问题。第二，李嘉图不能回答平均利润和生产价格问题，说不清平均利润和生产价格是什么？同样的投资、同等数量，不管你投到哪个生产部门，不管你流通快慢，最后获得的利润大体一致。这里面有一个如何解决平均利润和生产价格的问题，李嘉图回答不上来，李嘉图说这个现象是例外，不符合规律。一个例外就把平均利润和生产价格否定了，马克思提出，现在整个市面上流行的就是平均利润生产价格，不是价值。生产价格是价值的变形，这个问题后来才得到解决，但马克思在这儿就发现了这一问题。马克思没有解决古典经济学破产的两个问题，但他发现了这两个问题，这就为他以后解决这些问题打下了基础。

《伦敦笔记》的第三阶段包括1851年5月中旬到6月中旬写的第11笔记本到第13笔记本，主要是进一步研究了雇佣劳动和资本的全面关系。马克思本来打算记到第10笔记本就可以结束转而写自己的著作了。结果越研究越深，到了第11笔记本和第13笔记本的时候，研究工人阶级全面的状况，收集大量的原始积累材料，资本怎么来的？原始积累，工人工会斗争，争取正常工作日的斗争，10小时工作日法案，工人的居住条件，工人受教育的材料，等等。《资本论》当中很多史料就是这时候记载下来的。

《伦敦笔记》的第四个阶段包括第12笔记本到第23笔记本。第12笔记本、第13笔记本研究的是农业问题，研究土地肥力递减规律和农业问题，怎么用科学方法耕种提高土地肥力。下一阶段包括第14笔记本到第24笔记本，第14笔记本研究资本主义以前的各种生产方式，包括古罗马社会、中世纪封建社会、殖民地和拉丁美洲各国、秘鲁征服史、墨西哥征服史，还有印加人的历史、亚细亚生产方式、印度的情况、非洲的奴隶贸易，等等。这就把马克思的研究扩展到全世界，不只研究资本主义本身，而且还研究资本主义殖民地是怎么来的，原始积累问题，等等。第15笔记本研究的是科学技术问题。第16笔记本是马克思对前几个笔记本关于资本主义跟工人矛盾这些问题的研究的补充，研究补偿金问题、商业和技术问题、工厂当中的犯罪、工伤事故、工人居住条件、统计材料、英格兰银行史，等等，就是更进一步的细节。

第17、18笔记本研究的是欧洲资本主义以前的历史，西欧的封建社会、意大利、法国、中世纪的各种经济制度、城市史、教会、风俗史、文化史、经济史、战争关系等等。

第19笔记本到第20笔记本包括文化通史、妇女史，马克思试图总结整个人类社会的发展史。第21笔记本和第23笔记本专门研究的是印度问题，1853年英国议会辩论东印度公司的条例，争论得很激烈，马克思抓住机会，在他这3本笔记本中详细摘录了英国在印度经营殖民地的历史，还包括古印度史、现代印度史、印度的社会、殖民化的历史、印度土地问题、租税制度、生产力发展和生产关系的改善、改变、英国对印度的统治情况、东印度公司的演变，等等。第21、23笔记本的这些内容反映在马克思写的关于论印度的著作中。现在MEGA^{2}第3卷发表到马克思的第14笔记本，后面还有10个笔记本没发表。总之，从《伦敦笔记》可以看出，马克思为写《资本论》，收集和研究了多么丰富的资料，为《资本论》打下了既广且深的基础。

马丁·路德大学马克思《伦敦笔记》研究简述[*]

升录 编译

随着德国的统一,《马克思恩格斯全集》新国际版(MEGA)的继续出版已面临危险,很可能沦为联邦德国合并政策的牺牲品。无论人们怎样评价民主德国,但 MEGA 的出版对整个人类的重要意义是毋庸置疑的,世界各国和我们的后代要研究马克思恩格斯的思想都需要以 MEGA 为依据。如果德国心胸狭隘,持资产阶级复仇主义的立场,认为可以牺牲掉这部巨著的出版,那简直可以说是不能原谅的。目前,哈雷—维滕贝格马丁·路德大学的 MEGA 研究团体仍在积极准备继续出版 MEGA,并制订了规划。他们先打算将马克思《1850—1853 年伦敦笔记》(共 24 册)全部出齐。鉴于 MEGA 第四部分第 7 和第 8 卷已经出版,分别收入了《伦敦笔记》I 至 VI 和 VI 至 X,马丁·路德大学计划 1991 年出版 MEGA 第四部分第 9 卷,收入《伦敦笔记》XI 至 XIV。第 10 卷也在着手整理,将收入《伦敦笔记》XV 至 XVIII,第 11 卷将收入剩下的《伦敦笔记》XIX 至 XXIV。

但是,德国统一之后所谓的高等院校的整顿工作使得大学的 MEGA 研究团体的处境变得十分复杂,多年来发展成长起来的 MEGA 出版研究单位,被指责为意识形态的陈旧负担。它们或者遭到关闭,或者无法

---

[*] 本文选自《国外社会科学》1992 年第 3 期。

继续生存下去。要巩固大学的 MEGA 出版研究阵地已变得十分困难。在这样错综复杂的氛围中，马丁·路德大学全部出齐《伦敦笔记》的计划能否实现仍是一个问题。不过有识之士已经向德国科学委员会建议，接受前民主德国科学院的 MEGA 出版规划。

自从部分《伦敦笔记》问世以来，人们对《1850—1853 年伦敦笔记》展开了广泛的研究，首先是将《伦敦笔记》作为《资本论》研究的一个相对独立的对象来加以研究，研究结果远远超出了《资本论》研究的直接目的。人们纷纷撰文，阐述《伦敦笔记》的伟大意义，认为《伦敦笔记》是马克思的货币理论和价值理论形成的一个重要的发展阶段。

关于政治经济学批判的摘录　在《伦敦笔记》I 至 VIII 中，马克思主要对货币职能和货币形式、信贷种类和银行机构的历史发展，以及在世界经济危机的影响下 19 世纪货币形势的发展感兴趣。尤其是对工农业正在发生分裂的英国说来，在国际贸易和国内贸易中，在全世界贵重金属的再生产中，货币、信贷和银行机构的变化与政治斗争俨如一个"整体"，它本身就是诸多决定性因素的结果。在马克思看来，研究各种不同的矛盾，而其中每一种矛盾又有其独特的特点、自己内在的历史和自身的生存条件，显然是一件吃力不讨好的工作。因此马克思在摘录中还介绍了前一世纪的伟大的经济学家，但令人遗憾的是今天只有少数几个专家对这些经济学家有所了解。例如：托马斯·图克、约翰·富拉顿，他们不仅是经营有方的银行家和商人，而且也是著名的国会议员和卓越的经济学家。他们在他们所处的那个社会中挑起了一场争论。他们明晰的思想观点就是在今天对解决货币量的控制调节问题仍具有意义。

MEGA 第四部分第 9 卷将刊载的《伦敦笔记》XI 至 XIII，标志着马克思研究过程的一个新阶段的开始。这个阶段的中心是研究雇佣劳动和资本的关系以及工人阶级社会经济地位的发展变化。1857年，马克思在解决雇佣劳动和资本之间的交换怎样进行这个问题时，就是以在《伦敦笔记》XI至XIII中收集的材料为依据的。MEGA第四部分第9卷以及马克思先前的研究体现了马克思的价值理论和剩余价值理论、工资理论以及关于工会作用和地租的理论等观点发展的一个重要阶段。

马克思开始从事经济研究以来，工资是他的主要研究课题之一。在《伦敦笔记》XII至XIII中，马克思开始用通俗的理论阐述工资基金理论，并着手研究所谓的土壤肥力递减规律。马克思这时采用的方法论也很有趣，他总是用历史回顾的方法去验证他所分析的作用力和反作用力。

除了围绕工资的斗争外，马克思还十分关注工作日法案和工作日的缩短。在《伦敦笔记》XI中，他尤其对1847年英国议会颁布的十小时工作日法案感兴趣。关于工作日的历史的研究，从对工作日法案的反对者和拥护者的著作的摘录以及对议会报告作出的评价等组成了后来成为马克思工作日学说支柱的经验材料的重要部分。在这里马克思已经触及他在《资本论》中认为是资本主义生产方式真正形成的标志的真正前提。简言之，统治阶级的优势就是建立在其组织劳动过程和劳动力本身的再生产这种能力之上的。从广义上说，这既包含工人的生计，也包含对工人进行文化教育。这涉及在政治经济学批判中一直争论不休的政治方面的问题，也涉及卢森堡、杜冈—巴拉诺夫斯基、鲍威尔、布哈林、施泰因贝尔格、格罗斯曼等人的理论中主客观因素之间的联系问题。

伦敦——1851年8月：一个新的研究阶段开始 1851年8月，马克思在《伦敦笔记》XIV中，开始涉及到这样一些问题。这些问题表明人类历史在世界范围和历史演变过程中呈现出多样性特点，这为人们开辟了广泛的研究领域。在理论发展的进程中，对这些领域的分析研究都是为了把握历史的形成过程。直至1853年秋，马克思在其《伦敦笔记》中涉猎了各个学科领域。他对自然科学和技术、文学史、建筑学史、殖民史、前资本主义生产方式史和文化风俗史感兴趣，还研究了各个时代不同民族的社会结构和意识形式。MEGA出版中每迈出一步，都进一步证实马克思这位世界公民具有多么广博的学识。

《伦敦笔记》XIV的一个特点是不仅研究殖民主义和自由竞争资本主义的理论和实践，而且还研究前资本主义的生产方式。马克思的研究选择了从历史进程的整体观点来看是进步的一些著作。这些著作涉及面宽，汇总了他那个时代的研究对象，其中有古罗马、西班牙的封建制度、波斯史、印加史。毫无疑问，马克思从这些著作中作的摘录对他1859年阐述"社会经济形态的进步时代"具有意义。马克思在对亚细亚生产方式这个概念进行抽象概括时很可能也参考了这些摘录，他还可能参考了有关亚洲地区、尤其是印度的摘录（《伦敦笔记》XXI至XXIII）。

50年代初，马克思对殖民地在资本的原始积累过程中的重要性以及世界市场形成的作用已经有了广泛的认识。马克思对这些问题的重视表现在他摘自居利希的著作的摘录中（MEGA第四部分第6卷第3页及以下几页）。马克思在这些摘录中十分注意收集关于殖民制度的资料。在《伦敦笔记》XIV中主要着手分析当时对殖民主义的反应。马克思摘录了英国殖民政策、奴隶贸易和奴隶制的拥护者和反对者的言论。同时马克思还十分注意殖民地的各种类型（向殖民地移民，盘剥殖民地等）。

MEGA第四部分第10卷将收入《伦敦笔记》XV至XVIII。《伦敦笔记》XV包含有技术和技术学史的摘录。马克思可能是要确认，18世纪，随着手工业和工场手工业的迅速发展，随着日益以实践为取向的科学和由此而产生的新的教育要求的迅速发展，社会迫切需要有一门独立的技术科学。显然，技术科学首先要依赖科学、教育和经济的推动。

《伦敦笔记》XVI 展现了马克思对 18 世纪和 19 世纪法国、英国和德国的货币、信贷、银行和利息理论进行的比较研究。这里有关于"贸易"和"投机"的摘录（MEGA 第二部分第 5 卷第 105 页）。尤其需要指出的是，从阿道夫·凯特勒的《论人和人的能力之发展》（1842 年爱丁堡版）中摘出的摘录长达 8 页。显然，马克思在这里遇到了现代经验社会研究史中的一位大人物。凯特勒的社会观察方式尽管是机械的因果论的，但仍给马克思留下了深刻的印象。社会在这里不再像古老的国家理论所认为的那样，一开始就由一个占优势的统一体统治着。但是这个社会也不是由独立自主的个人发出自由主义的公告就宣告形成。社会表现为人们的相互关系和交错关系。他们形成一个编织物，这个编织物越来越牢固，并且越来越巧妙地推动文化的进步，尤其是劳动的进步。在思想和经济条件的辩证过程中，他们相互的影响并不全是对等的。生活条件可能打上思想的印记，这些思想在某个特殊的阶段上可能占统治地位，但这些思想只是有条件地和非常具体地影响所发生的一切。

《伦敦笔记》中的"历史" 马克思在《伦敦笔记》XVII 中摘录了约翰·格雷和赛米尔、菲力蒲斯·纽曼这些经济学家的著作之后，便结束了他对经济学的补充研究。然后在《伦敦笔记》XVII 和 XVIII 中主要转向对封建社会和前资本主义社会的研究，首先是对中欧和西欧的研究。马克思作的有关摘要既非研究封建制度史的准备工作，也不是论述文学史和语言史的准备工作，而应列入马克思的社会观中去加以评价。如果说马克思在伦敦卅始研究时已经从历史的角度对政治经济问题进行了研究，那末他现在已将历史研究延伸到至今还未探索过的问题领域。十分明显，在这一研究过程中，马克思非常清楚地认识到，政治的和法律的关系对经济关系及其产生和发展具有何等决定性的作用。

《伦敦笔记》XVII 的特点是，马克思从宪法史的角度对封建社会的历史进行了研究。对宪法史的关注给马克思提供了双重的认识可能性。一方面，可以直接研究生产关系，另一方面可以看到政治法律领域对经济领域的发展的积极影响。毋庸置疑，这些研究以及后来的摘录对 1859 年的《政治经济学批判》前言中的叙述顺序和方式具有重要意义。

从哈拉姆和达尔里普勒的著作中作的摘录，主要是针对中世纪欧洲各部分之间的关系。特别值得一提的是摘自 F. 纽曼的关于社会等级制、奴隶制和农奴制的存在、连续性和相互排斥性的摘录。这些摘录文字不长，但内容丰富。关于这个问题，马克思在《伦敦笔记》XIV 中已经提及，他在以后的摘录中也一再回到这个问题上来。

《伦敦笔记》XVII 中的摘录内容丰富，摘自休尔曼的摘录大约占笔记 XVII 的三分之二。这是在《伦敦笔记》中，除摘自瓦克斯穆特的摘录外，从一位作者的著作中摘录最多的。马克思在休尔曼的四部著作中对下述问题作了一段概述性的摘录：12 和 13 世纪地方暴力的发展导致君主制的建立；德意志各君主的封建贵族领地权的政策；农民的结构和法律地位；城市的产生和社会结构以及城市的经济基础；修道院长和主教与世俗诸侯的作用；德国王室直到 13 世纪末的国库收入。最值得重视的是马克思从休尔曼的《中世纪城市》中作的摘录。这部在历史学中享有盛誉的著作显然是马克思当时读过的内容最丰富的一本论述中世纪城市的专著。这是一部从 8 世纪至 17 世纪的封建制度下欧洲（尤其是德国、法国、意大利和英国）城市的经济史和宪法史，同时也包括（主要是 13—15 世纪）市民的日常生活中的文化伦理观点。马克思从这个问题出发，在他的知识库里收集了许多关于货币的形成、尤其是货币作为支付手段的职能的材料。这些摘录表明马克思十分关注政治法律调节对发展生产和贸易的影响，也很重视外部的经济强权对新的关系的促进作用。

摘自休尔曼著作的摘要记满了《伦敦笔记》XVIII。从编年顺序和内容上看,接下来是摘自福尔邦奈的摘录。马克思主要摘录了1600年前后关于法国财政、税收和贸易政策的材料,以及这些政策对工场手工业的形成的影响。在《伦敦笔记》XVIII中占主导地位的论题是接下来的关于文学史和语言史记载的摘录。《伦敦笔记》XVIII中的摘录主要涉及13至17世纪这段时间,那时在欧洲的所有重要的社会领域都已经为市民社会的形成奠定了基础。在《伦敦笔记》XIX和XX中主要是关于文化风俗的摘录。

西斯蒙第在他的著作中概述了南欧的语言和文化的形成及发展。马克思有针对性地从中摘录了语言发展以及社会经济和政治发展之间的关系方面的内容,还摘录了有关征伐的作用以及贸易和战争对各国文化的相互影响方面的内容。接下来摘录的重点转向(主要是意大利和西班牙)不同文学类型的发展,并列举了大量的诗人及其著作。但是这一重点在从波特维尔克的摘录中又退居次要地位了,因为这位作者几乎从不注意社会经济的背景原因。波特维尔克在他的4卷本的著作中对文学及其代表人物直到近代的发展进行了概括。他从地理上已跨出了西斯蒙第所研究的南欧地区。马克思为了补充他的摘录,他从西斯蒙第著作中大量摘录12至17世纪意大利、法国和英国文学发展的情况,有关西班牙和德国文学方面的情况摘录得不多。摘录的绝大部分内容是列举每个国家的作家及其著作。这些摘录大概是马克思只是用来丰富他的知识库的。

MEGA第四部分第11卷将收入《伦敦笔记》XIX—XXIV。除了少数有关政治经济学和社会学的摘录外,其余的摘录的特点是在内容上有两个重点:一个是这些摘录全都是摘自威廉·瓦克斯穆特论述一般文化史的著作。在内容上，关于妇女史的摘录也同样可引入这个问题领域。不过这些摘录也同样不是为撰写文化史或妇女史做准备工作，而是马克思力图对人类社会有一个全面的了解。关于一般史和妇女史的摘录在内容上同《伦敦笔记》XVII 和 XVIII 中的论题相衔接。这些摘录基本上也具有《伦敦笔记》XX、XXI 和 XXIV 的特点。

《伦敦笔记》XXI 的第二部分以及《伦敦笔记》XXII 和 XXIII 全是马克思关于印度的摘录。这些摘录的意义远远超过了至今人们作出的占主导地位的评价，即认为这些摘录纯粹是出于作政治时事评论的需要。这些摘录是马克思从世界史的角度对社会进行分析的明证。马克思在《伦敦笔记》XXI 中研究了他挑选出来的英国对印度的统治问题，并记录了有关的文献，接着他在后来的《伦敦笔记》从四个重要方面分析了这个问题。第一，马克思分析了"东印度公司"的历史及其在印度的统治。这个称呼的产生首先要归咎于英国围绕革新"东印度公司"的讨论。在《资本论》中论述资本的原始积累时也用了这种称呼。第二，马克思研究了亚洲的村社。第三，他对印度的土地所有制感兴趣，也对英国的土地征税制度所引起的土地所有制的变化感兴趣。第四，马克思研究了印度生产力的发展水平，由此他作出了关于这个国家未来发展的预言。

MEGA 第四部分第 9—11 卷的理论加工，除涉及上述问题外，主要还涉及马克思对社会的理解。马克思从一开始就对资产阶级社会进行研究和表述，认为这个社会是人类本身的一个发展阶段。因此，他的研究过程也延伸到前资本主义的生产方式。他对资本主义的研究将资本主义理解为具有阶级社会普遍规定性的特点，是高度发达的对立的社会，是前资本主义生产方式的发展和相互作用的产物。从这个意义上说，前资本主义生产方式的确并不是研究的准确对象，它们只是在资本主义已形成的视角下才引起人们的重视。将它引入资本的循环,也是同马克思在1857—1558年手稿中所表述的关于社会关系的总和的观点相一致的。

1850—1853年的研究是马克思的理论在40年代和1857年的发展之间的一个重要的联系环节。它证明,马克思在社会关系的总体中,看到了它们的相互依赖,对根本的新的基础的依赖,即对物质的经济关系这些因素的依赖,马克思一直在努力研究社会关系的总体。同时他并不局限于只理解社会关系的传统的发展路线,而是接受了社会关系的多样性。

从50年代末起,马克思就打算将他发现的总体叙述为6个部分:资本,土地所有制,雇佣劳动,国家,对外贸易,世界市场。《1850—1853年伦敦笔记》为今天研究这六个部分提供了特别丰富的材料。《伦敦笔记》是马克思理论后来发展的具有决定性意义的材料依据。它的重要性可以同早就闻名遐迩的《克罗伊茨纳赫笔记》、《巴黎笔记》以及《布鲁塞尔和曼彻斯特笔记》媲美。

马克思《伦敦笔记》(1850—1853年)中政治经济学研究方法发展过程的某些方面[*]

〔德〕沃尔弗冈·扬 〔德〕迪特尔·诺斯克

1850—1853年的《伦敦笔记》标志着马克思在政治经济学领域的研究过程中的一个重要阶段。这些笔记第一次完整地发表在《马克思恩格斯全集》原文版第4部分第7卷至第10卷中。随着这些手稿的出版,对马克思恩格斯的研究获得了可以进一步利用的重要的原始资料。

马克思和恩格斯流亡到伦敦后,首先致力于从理论上概括1848—1849年革命中工人运动的经验。不久,他们便确认,1850年开始了一个经济繁荣时期,它必定导致出现革命运动的"低潮"。当时,由于马克思和恩格斯的经济学理论还没有完全成熟,他们把危机与革命的关系看得过于简单化了些,但他们已经得出正确的结论,认为只有当新的经济危机爆发时,才可以预料到新的革命高潮。在经济繁荣和反动势力统治的开始时期,马克思和恩格斯把积聚革命力量、为将来的革命活动做准备看作是他们的主要任务。马克思再次完全致力于革命理论的阐述。在这一时期,他把英国博物馆的阅览室看作他的"主要战场"。1850年

---

[*] 本文选自《马克思恩格斯研究》1991年总第5期。作者沃尔弗冈·扬原是民主德国马丁·路德大学教授,《马克思恩格斯全集》原文版有关《伦敦笔记》各卷编辑科研组负责人;迪特尔·诺斯克是马丁·路德大学教授,马列所所长。

9月，马克思全身心投入地学习与研究，开始了一个新的阶段，到1853年8月，马克思已经写了24本笔记，手稿页数共约有1250页。这些笔记本写得密密麻麻，字体小而潦草，难于辨认。这些笔记本表明，马克思进行了刻苦努力的学习，以非凡的工作能力和空前的认真态度致力于科学研究。现在研究的重点是政治经济学。

对研究马克思恩格斯来说，1850—1853年的《伦敦笔记》在很多方面都富有启发性。对马克思经济学理论的这一发展时期的研究相对来说比较少。在《资本论》中得到阐述的资本主义经济运动规律即剩余价值规律，是长期深入研究的结果。这些摘录笔记说明了马克思在何处继承了他的前辈们的观点，他如何把他们的真正的科学成果纳入他的理论，并从工人阶级的立场出发，重新批判地详细研究这些科学成果，在实践中检验它们，从而在质的方面把科学理论提到一个更高的阶段。特别值得做的是准确地理解马克思在发展其经济学理论时的认识进程。

对摘录在《伦敦笔记》中的文献的选择和整理就已向研究者充分说明了马克思在研究过程中的思路。马克思的研究进程越向前发展，他就越是频繁地在笔记中补充进自己的观点、疑问和大大小小的评论，它们表明了马克思对提出的问题的态度。

我们认为，1850—1853年的《伦敦笔记》对政治经济学的历史学来说是一个不可放弃的原始资料的基础。《伦敦笔记》中有大量选自某些经济学家的著作的摘录，这些经济学家正如我们所认为的，被人不公正地遗忘了。马克思的摘录笔记表明，这些经济学著作作为一贯科学的经济学理论的原始资料具有何等重要意义。

此外，《伦敦笔记》对科学历史学来说也是很有必要的。尽管马克思说明的研究对象是政治经济学，但他还是从未狭隘地理解这一研究对象，而是把它作为范围广泛、几乎囊括所有重要科学领域的读物的重点。因此，有选自哲学、历史、文化史、法学、殖民地史、语言学、文学研究、东方学和古代史研究以及其他社会科学的摘录。对生产过程、各门科学和技术发展的广泛研究使马克思能够在《资本论》中创造性地分析资本主义生产方式中生产力的发展并对此作出预测，其正确性不断地一再得到证实。只有广泛吸收当时的所有知识，才能够使马克思写出像《资本论》这样的真正百科学全书式的著作。

对1850—1853年的《伦敦笔记》进行全面分析，这远远超过了本文的范围。这里要论述的只是这一时期马克思研究方法的某些方面，这些方面对马克思的研究方法来说具有普遍的意义，但同时又是这一阶段所特有的。

马克思研究方法和叙述方法的特殊性

在马克思的每个创作阶段中，对政治经济学的具体研究和叙述都同时结合着制定出或者还进一步发展唯物辩证法这一最普遍的科学方法的一般规律、范畴和原理。因此，较完整地阐发马克思的研究方法有助于更深刻地理解唯物辩证法的本质的一面。这一面表明，借助于这一革命的方法，不仅使已得出的结果得到阐述，而且还获得新的成果。这样就涉及到从世界观方面与资产阶级意识形态进行论争中的一个实质问题。资产阶级和修正主义的马克思学家最近进一步试图歪曲和篡改马克思政治经济学中的方法。资产阶级科学理论的各种学院化的、伪科学的形式和所有繁琐的、不同于马克思列宁主义的术语都掩盖不了以下事实：我们在这里不想谈研究政治经济学中马克思的唯物辩证法这种真正的科学愿望。内容和方法是由反共产主义的基本观点所决定的。有人认为，对马克思的方法的不足之处进行自我反思据说是不够充分，这种论断可能导致对马克思理论的正确性,特别是对它在马克思列宁主义政党的政策中的实际应用的可能性产生怀疑。有人说马克思自己也不懂他的研究方法和叙述方法。① 为了能够把这强加于马克思,有人例如阿尔弗雷德·施密特企图诽谤马克思就自己的方法所发表的明确观点。施密特硬说:"偶而的……迷惑人的、内容贫乏的序言和跋"② 就是这样一种表现,因此,马克思的方法需要"解释"。但是"马克思学家"的解释又回到了资产阶级的方法意识,把马克思的方法归结为他的前辈们的方法,而马克思恰恰克服了他们的片面性。资产阶级和修正主义的"马克思学家"歪曲政治经济学中马克思的唯物辩证法的最典型事例,就是断章取义地抽出某些往往是重要的要素,使它们违反原来的意义,然后按照作者的观点主观、任意地进行"解释",从而作出歪曲的叙述。

资产阶级的"马克思学家"在歪曲时提到了选自《资本论》第1卷第2版《跋》中众所周知的引文:"当然,在形式上,叙述方法必须与研究方法不同。研究必须充分地占有材料,分析它的各种发展形式,探寻这些形式的内在联系,只有这项工作完成以后,现实的运动才能适当地叙述出来。"③

叙述方法和研究方法之间形式上的区别实际上只是唯物辩证法的原则统一体内的区别,而"马克思学家"却把二者形式上的区别变成绝

---

① 例如奥斯卡·奈格特《补充报告》,载于《当代政治经济学批判。〈资本论〉一百年》,瓦尔特·恩歇纳和阿尔弗雷德·施密特出版,1968 年法兰克福(美因河畔)—维也纳版第43—37页;乌尔里希·施泰因福尔特《对马克思辩证法的分析解释》1977 年迈森海姆—格兰版。尼科斯·波兰查斯《理论与历史,简评资本论》的对象》,载于《当代政治经济学批判。〈资本论〉一百年》第58—69页。

② 《当代政治经济学批判。〈资本论〉一百年》,第29页。

③ 《马克思恩格斯全集》第1版第23卷第23页。

对的区别。在他们的歪曲叙述中，研究方法虽然是唯物主义的，却不是辩证的，把叙述方法说成是真正的辩证法，把它与黑格尔的唯心主义的方法等同起来。同时，他们却不提马克思在同一页上辩驳了对《资本论》中应用的方法的错误评价。马克思强调："我的辩证方法，从根本上来说，不仅和黑格尔的辩证方法不同，而且和它截然相反。"① 因此，马克思强调研究方法和叙述方法的区别恰恰是为了强调它们内在的必然联系。在叙述中，"材料的生命一旦观念地反映出来"，那么呈现在我们面前的"就好象是一个先验的结构了"。② 但是，当我们注意到在《资本论》中，研究方法先于叙述时，这一印象就消失了。

唯有这一定论在理论上和方法论上具有重大意义。结构主义学派的一个拥护者波朗扎斯在作为"典型的黑格尔学派著作"的《资本论》与它问世前的历史之间划了一道鸿沟，对于这段历史来说——这是贬的意思——"研究方法"和"历史主义"还起决定作用。③

路易·阿尔特胡塞尔把研究方法只看作是对事实进行长达几十年之久的研究。他认为，只有通过叙述方法，《资本论》的结构才具有辩证法的形式。④

约阿希姆·比朔夫曾在他的著作中深入研究了1857—1858年和1861—1863年的《经济学手稿》的研究方法，他只想承认具有唯心主义形式的辩证法是叙述方法，因此他得出结论："如果我们从范畴在现

---

① 《马克思恩格斯全集》第1版第23卷第24页。
② 《马克思恩格斯全集》第1版第23卷第23—24页。
③ 参看《当代政治经济学批判。〈资本论〉一百年》第63页。
④ 路易·阿尔特胡塞尔（通译为路易·阿尔都塞。——本丛书编者注）和埃提纳·巴利巴（通译为艾蒂安·巴里巴尔。——本丛书编者注）：《读〈资本论〉》第1卷，1972年汉堡版，第65—66页。

世的起源来看，丝毫看不到辩证法在研究过程中的作用。"①

其实，对"马克思学家"来说，在他们把研究方法和叙述方法进行比较时，并不是要更好地理解马克思的研究方法及其手段，相反，他们试图把马克思已"倒过来"的辩证法重新倒立着。

我们认为，把叙述方法仅仅理解为《资本论》中的叙述方法的经典形式是错误的。作为系统的、抽象的认识，叙述也要扩展，当然，它决不是一个独立的、与研究分离的阶段。《资本论》只是马克思研究过程的顶点。在从抽象上升到具体的过程中，作为整体的资本主义生产关系的本质即资本主义生产方式的经济运动规律通过内在的联系在精神上、概念上得到了再现。然而我们认为，把在《资本论》问世前存在的研究方法的各个阶段看作预先知道的活动，并且不属于研究过程，这是不正确的，因为这些阶段也包含着"各种假设、偏差和错误"②。

马克思也把研究方法理解为"占有事实"，我们相应地把全部科学活动看作是马克思的研究方法。这一活动始于最初的研究、判断、假设、整理材料等等，直到最后的叙述为止。当然，就这一方面来说，可以同意米特罗法·尼古拉耶维奇·阿列克谢耶夫的观点。他认为，研究中的错误和歧途对研究的最后结果不会有帮助。然而，每个研究除了永久的成果外，也包括徒劳无益的岔路、误解和错误。对分析研究方法的特殊性来说，这一切不只是"共同起作用的因素"，而且有助于理解研究过程中的必要的修正，更深刻地理解成果本身。

同样，先于最后的叙述的是其他仍未完全成熟的叙述，其中有些部

---

① 约阿希姆·比朔夫：《对〈资本论〉第Ⅰ卷的解释》，1973年西柏林版，第96页。

② 米特罗法·尼古拉耶维奇·阿列克谢耶夫：《辩证逻辑学概述》，1960年莫斯科版，第67页。

分得到了修改或者由于研究过程的进展情况，整体的再现仍有缺陷，如同一件未完成的作品。研究和叙述作为形式上的区别，仍然是统一的认识过程中的两个因素，而且互相影响。同时，研究总是为叙述而努力，而叙述本身又是研究的对象，叙述是对研究结果的叙述，因而是特殊形态的研究。

当研究方法与研究对象相应时，研究方法就取得成效。在政治经济学中运用唯物辩证法这一科学方法，其意义不外是从对象本身来认识客观经济规律和范畴。因此，研究就是根据辩证唯物主义的思想法则把物质的东西转变成观念的东西。客观现实的规律和范畴虽然不同于科学的规律和范畴，但就内容而言，它们作为被反映的东西和反映的东西是相同的。如果我们否认研究方法的辩证的特点，那么如何认识辩证发展的客观对象的内容？因此，把研究方法限制在研究事实和作归纳的概括上，这是歪曲马克思的研究方法。

对资产阶级政治经济学的批判
——马克思研究方法的一个重要因素

早在1843年到1847年间，马克思就已经在巴黎、布鲁塞尔和曼彻斯特研究了大量的政治经济学著作和文集，这一研究的结果是发现了社会运动的规律。与此紧密相连的是对工人阶级的世界历史使命作出了表述。相反，历史唯物主义在政治经济学中的运用已经使政治经济学发生了彻底变革。资产阶级经济学的商品拜物教和非历史的考察方法已经得到克服。经济学范畴被看作是生产关系的某些方面，它们同当时的生产关系的总体一样，具有历史的短暂性。除了政治经济学的这些一般的理论基础和方法论基础之外，马克思还通过一系列单个问题充实这一科学本身，但是，马克思面临着的仍是要作出真正的伟大发现，尤其是要对纯粹形态的剩余价值作出明确的论证。马克思在 1850 年意识到他的经济学理论并不完善。因此，他重新致力于政治经济学的研究，以克服这些缺陷，这是合乎逻辑的。证明资本主义社会形态的经济运动规律对完成历史唯物主义学说来说，也是不可缺少的，这一规律同时也是说明工人阶级历史使命的最深刻的经济学方面的论据。

由此可见，1850 年后对政治经济学的透彻研究也是出于对工人革命运动实践的迫切需要。这一需要决定了对认识的兴趣、目的、材料的选择标准和研究的顺序。1850 年必须回答的问题是：在什么条件下革命运动将会再次高涨？马克思和恩格斯认识到："在这种普遍繁荣的情况下，即在资产阶级社会的生产力正以在资产阶级关系范围内一般可能的速度蓬勃发展的时候，还谈不到什么真正的革命。只有在现代生产力和资本主义生产方式这两个要素互相发生矛盾的时候，这种革命才有可能。"① 当时马克思和恩格斯已经认识到周期性危机的原因在于生产力的社会性和资本主义生产关系之间的基本矛盾。但是，如果想详细分析经济危机的实际过程，那就必须证实：这一基本矛盾是如何通过经济运动规律的作用具体地发展的。因此，马克思在 1850 年 9 月至 1851 年 3 月写成的前 7 本笔记中，把注意力放在危机理论的问题上。同时代的资产阶级经济学从国家的货币与信贷政策中来寻求 1847 年经济危机的原因，这一政策虽然丝毫不能改变资本主义经济危机的必然性，但它能加速或推迟危机的爆发，加剧或缓和危机的表现形式。

马克思研究方法的一些特征主要表现在货币理论的研究中。马克思并不是毫无先决条件地从零开始他的政治经济学研究。资产阶级经济学

---

① 《马克思恩格斯全集》第 1 版第 7 卷第 513—514 页。

已经能回顾三百年的历史，它科学地概括了经济学现象，其水平已经达到它的阶级决定的认识程度。马克思自觉地以科学在他之前已经得出的成果为出发点。从研究过程的各个阶段中我们都发现了大量的选自资产阶级经济学家著作的摘录。在1850—1853年的《伦敦笔记》的开头，马克思的主要注意力集中在资产阶级经济学关于英国货币与信用立法及其理论根据的两种互相矛盾的观点上：通货原理和银行学派。

1844年皮尔银行法在理论上是由通货原理的代表们创立的。马克思摘录了奥维尔斯顿男爵（赛米尔·琼斯·劳埃德）①、罗伯特·托伦斯②、阿希伯顿男爵（亚历山大·贝林）③、威廉·克莱④以及其他代表的有关论述。通货原理信奉李嘉图的货币数量论。李嘉图认为，货币的价值不仅由物化在金中的劳动量决定，而且也由货币的流通量决定。这一观点与他的劳动价值论相矛盾。通货原理的代表们赞成李嘉图的意见，认为一个国家的价格高于其他国家的价格是流通过多的结果。在国际自由流通的情况下，货币在平衡没有重新建立之前将不断流入这些国家。同样，通货原理的代表们把与危机周期相联系的价格波动也归因于流通中的货币量。他们认为，由于纸币流通破坏了李嘉图所说的金币流通的自动机，因而引起了危机。因此，国家货币政策的建立必须使银行券的流通促进金币的流通。同李嘉图一样，他们并不区分国家纸币流通和信用货币流通的特点。根据通货原理的提议，1844年皮尔银行法中规定，英格兰银行超过1400万基本额后发行的每一张银行券，必须有一个相应的作为银行的贮藏货币的等价物。当然，只有当流通中没有出

---

① 《马克思恩格斯全集》原文版第4部分第7卷第411—414、426—427页。
② 《马克思恩格斯全集》原文版第4部分第7卷第108—109页。
③ 《马克思恩格斯全集》原文版第4部分第7卷第110—111页。
④ 《马克思恩格斯全集》原文版第4部分第7卷第421—422页。

现任何由完全不同的原因引起的停滞时,这一错误地虚构出来的货币机制才起作用。危机爆发时,为了平衡支付差额,必须输出金。这时,与此没有直接关联的银行券的流通也被人为地加以限制。但是,恰恰在危机爆发,货币信贷的要求最大时,货币流通却还被人为地加以限制,这必然加剧危机。因此,当1847年危机开始时,1844年皮尔银行法的机制也就瓦解了,银行法必须中止。

马克思从通货原理的论敌即银行学派的拥护者那里受到重要启发。他详细地记录了托马斯·图克①、约翰·富拉顿②、詹姆斯·威廉·吉尔巴特③、詹姆斯·威尔逊④和其他人著作中的论据和收集的事实。银行学派的代表们在他们众多的著作中指出,通货原理的设想理论上是错误的,提出的措施也不适于避免危机。然而他们自己的提议却停留在流通的表面上,因而也是不能实现的。但是,它们在马克思的认识过程中起着重要的作用。图克在极其认真地分析价格和货币流通的历史的基础上得出结论:不仅是通货原理,而且它的理论出发点即李嘉图的货币数量论也是错误的。马克思在第Ⅰ笔记本中记录了约瑟夫·休谟的话:"货币的数量决定于价格的上升,而不是价格的上升决定于货币数量。"⑤ 对马克思来说,这也是他对自己的货币理论进行再三考虑的原因。因为在1847年,他在《哲学的贫困》中谈到这一问题时仍毫无保留地赞同李嘉图的意见。

---

① 《马克思恩格斯全集》原文版第4部分第7卷第62—65、68—76、81—82、84—107页。

② 《马克思恩格斯全集》原文版第4部分第7卷第42—51页。

③ 《马克思恩格斯全集》原文版第4部分第7卷第128—145页。

④ 《马克思恩格斯全集》原文版第4部分第7卷第35、74—75页。

⑤ 《马克思恩格斯全集》原文版第4部分第7卷第72页。

马克思详细地记录了银行学派的代表们对李嘉图和通货原理的观点的批判性的意见。李嘉图和通货原理没有把货币的职能区分为流通手段和支付手段。银行学派的代表们把货币的职能区分为价值尺度、流通手段、支付手段、贮藏货币和世界货币。尽管这些区别是形式上的，并没有深入到本质，但它们仍大大地激发马克思着手研究这种区分，并以此为出发点，进一步深入到货币的本质。

为了阐述，马克思在研究时采用了不同形式来整理和加工他的摘录，这表现在第二个加工阶段的笔记本中。马克思希望在1851年中期就能够开始论述他计划要写的经济学著作。为了准备这一著作，马克思在1851年3月编写了一本他称为《金银条块。完成的货币体系》的笔记本。在这一笔记本中，他系统地总结了他记录在巴黎、布鲁塞尔、曼彻斯特和伦敦编写的摘录笔记中的关于货币理论的基本观点，并打算进一步批判地吸收这些基本观点。笔记本的题目表明，马克思打算像在《政治经济学批判大纲》中那样，以批判资产阶级、小资产阶级和空想社会主义的改良者为起点来着手撰写他的著作。这些改良者想借助于货币制度的改革来治愈资本主义的无法医治的痛疾，在第二个加工阶段的这本笔记本中，主要仍是纯粹的摘录。不过，这些摘录是从各种理论观点中挑选出来的，并得到系统的编排。马克思在对这些观点进一步阐述和评论时经常插入一些提示，这些提示说明了马克思打算在哪些方面进一步利用这些摘录。如果说马克思自己表明，他的研究方法的特点就是批判政治经济学，那么这可以从两个方面去理解，一方面，这是对资产阶级经济学理论的批判，但是，另一方面，这不仅仅只是同资产阶级经济学理论进行论争。马克思是以他的第一个伟大成果即历史唯物主义为出发点的。根据历史唯物主义的观点，政治经济学属于意识形态的上层建筑，而后者归根到底是经济基础的反映。因此，对资产阶级经济学范畴的批判同时也是对资本主义生产关系本身的批判,因为资本主义生产关系的本质或表面上的表现形式在这些范畴中得到正确的或歪曲的反映。在所有的研究阶段,马克思都强调"政治经济学批判"这一要素,他把他计划好的经济学主要著作首先称作《政治经济学批判》,在《资本论》中,他把这一标题作为副标题保留下来。

经验与理论

从马克思的这一政治经济学批判的观点得出,研究方法不能只揭示资产阶级经济学家逻辑上的矛盾和荒谬。相反,要用实践本身来检验他们的论点。因此,马克思在不同时期编写的摘录笔记同时也是收集到的事实的贮存库,在制定自己的理论时,他总是能够一再利用这些事实。

理论研究与经验研究是一个不可分割的统一体,这方面的典型例子是马克思在必须研究的阶段深入研究了货币理论。在摘录资产阶级经济学家有关货币理论的著作的同时,马克思广泛地熟悉货币与信用往来的商业实践、银行与铸币业的历史和组织形式、国际货币往来与汇票流通的过程。马克思经常研究经济杂志,特别是《经济学家》杂志,把所有他认为重要的事实和统计材料都记录下来。经验研究的一个重要来源是利用议会的调查报告,在这里主要是利用关于货币与信用事业问题的调查报告,此外,马克思彻底地研究了威廉·杰科布①、奥古斯特·伯

---

① 《马克思恩格斯全集》原文版第 4 部分第 7 卷第 214—219、247—272、304—308 页。

克①、约翰·格奥尔格·毕希②、约翰·弗里德里希·赖特迈埃尔③和热尔曼·加尔涅④等人著作中关于货币与信用事业的历史。他把有关世界各地贵金属生产的数据系统地收集在一起，对许多时期的生产方法和生产数量进行比较，密切注视金在大陆与各国之间流量的变化以及金作为铸币、贮藏货币和奢侈品的应用。马克思分析了资产阶级货币理论的矛盾，并在实践中检验了这一货币理论。从中得出一个为他后来的认识进步开辟道路的重要结论：**李嘉图的货币数量论是错误的**。1851年2月3日马克思就此给恩格斯写了一封信："你知道，这个问题是重要的。第一，这样一来，从根本上推翻了整个的流通理论。第二，这证明，信用制度固然是危机的条件之一，但是危机的过程所以和货币流通有关系，那只是因为国家政权疯狂地干预调节货币流通的工作，从而更加加深了当前的危机，就象1847年的情况那样。"⑤

同样，马克思在1850年底已经发现，李嘉图的另一个基本论点经不起经验的检验。在《哲学的贫困》中马克思还犯有同李嘉图一样的错误，他认为："由于人口逐渐增加，人们就开始经营劣等地，或者在原有土地上进行新的投资，这新的投资的收益比原始投资的收益就相应地减少。"⑥ 李嘉图试图用1770—1814年中人口、土地收益和谷物价格的变化的统计材料来论证这一"收益递减增长"的论点。这一暂时的

---

① 《马克思恩格斯全集》原文版第4部分第7卷第244—246页。
② 《马克思恩格斯全集》原文版第4部分第7卷第244—246、277—303、329—343、361—372页。
③ 《马克思恩格斯全集》原文版第4部分第7卷第220—224页。
④ 《马克思恩格斯全集》原文版第4部分第7卷第192—213页。
⑤ 《马克思恩格斯全集》第1版第27卷第193页。
⑥ 《马克思恩格斯全集》第1版第4卷第183页。

趋势被李嘉图提高成一个规律，这一规律被他用来作为他的整个理论中的广泛的结论，从而用来建立工资基金理论、积累理论和利润率趋向下降的规律。马克思同恩格斯一样，从研究一开始就一贯驳斥马尔萨斯使这一"规律"变得反常并辩护性地把它解释为绝对的"人口规律"和"土地收益递减规律"。在伦敦研究初期，马克思对人口发展、土地收益和谷物价格的变化产生了兴趣，这主要还是对它们对危机周期的影响感兴趣。因为，许多资产阶级经济学家把不稳定的粮食进口和与此有关的金的输出看成是危机的根源。马克思在分析利用1850年12月14日《经济学家》杂志上的一篇包含1815—1850年间小麦价格变化的统计材料的文章时获得动力，开始重新思考李嘉图级差地租理论的这一整个疑难问题。在这时马克思研究了以下难题："不推翻李嘉图的规律，怎么会是谷物价格下降而同时地租上升"①。这样，农业生产与级差地租的问题越来越受到重视。1850—1853年的《伦敦笔记》中有许多收集到的关于这一问题的经验材料，特别是第IX至第XIV笔记本中研究了人口发展和农业生产。前几个笔记本②中记载的人口统计材料也许已经使马克思更加确信：没有抽象的人口规律，相反，人口发展取决于具体的历史条件，人口发展和农业生产之间没有直接的联系。马克思广泛地了解农业科学与农业技术的最新趋势。③ 他摘录了大量的有关当时最先进的农业科学部门的材料即李比希和"英国的李比希"约翰斯顿④的农业化学的材料，我们从1850—1853年的《伦敦笔记》中的不同地方发现

---

① 《马克思恩格斯全集》原文版第4部分第7卷，第358页。
② 《马克思恩格斯全集》原文版第4部分第7卷第40、77—80、150—154、230、235、304—305页。
③ 《马克思恩格斯全集》原文版第4部分第7卷，第304—305页。
④ 参看马克思1850—1853年的《伦敦笔记》第XII、第XIII笔记本。

了有关农业发展、谷物价格、农产品进口等等的统计材料,这些统计材料表明,经验研究在马克思地租理论的建立中起了很大的作用。在1851年1月7日,马克思就已经能够在一封信中把第一个研究成果告诉恩格斯:"李嘉图用一个最简单的命题提出来的地租规律(撇开从它引伸出来的结论不谈),不是以土壤肥力的递减为前提,而仅仅是以(**尽管随着社会的发展土壤肥力普遍地日益提高**)土壤肥力各不相同……为前提。"① 虽然,由于还缺少决定性的理论前提,马克思还要走很长的路才能最终科学地创立地租理论,但是这样一来,不仅为马克思地租理论的发展,而且为马克思的整个经济学理论的发展扫除了一大障碍。

1850—1853年的《伦敦笔记》以及其他时期的摘录笔记包含了大量的事实,马克思在进行理论概括时可以依据这些事实,它们是马克思的研究的极其可靠的经验保证。

从表面的现象进入到本质。研究过程中的分析与综合

1850—1853年的《伦敦笔记》证明,"马克思学家"试图歪曲马克思的理论与经验之间的关系的做法与实际的研究过程并不一致。乌尔里希·施泰因福尔特认为:"对交换过程进行分析的结果是表述一个规律或说明一切。由于这个说明不是经验地或通过归纳获得的,因此在它是有效的前提下,它必定是通过分析或通过对概念的分析获得的……马克思研究的不是可经验地观察到的交换过程,而是商品交换的过程,即商品交换的概念。"② 经验和理论是对同一客观现实的分析中的两个必须

---

① 《马克思恩格斯全集》第1版第27卷第179页。
② 乌尔里希·施泰因福尔特:《对马克思辩证法的分析解释》,第11页。

区分的层次，它们以不同的方式反映了现实。经验主要研究外在的表现，而理论则研究隐藏着的内在联系，即本质的内容。克服经验与理论之间的矛盾是一个历史过程。在政治经济学领域中，这一过程与政治经济学的历史相一致。马克思认为经验的概念具有历史共同性和实际性，[①] 政治经济学的历史是解决经验与理论的矛盾的历史，是从外在表现的层次过渡到内在联系的层次的历史。理论与研究的矛盾得到局部的解决并重新出现，这是一个必然的发展条件，因为这个矛盾具有客观性，由于解决不彻底，它又重新出现。这涉及到现象与本质、经验与理论的矛盾。解决这一矛盾的办法是不断更加深入研究现象、本质和本质的表现之间的关系。

资产阶级经济学的陈腐观点之一是：马克思的劳动价值论是马克思理论中的一个缺乏经验基础的"形而上学"或"神秘的"组成部分。[②] 价值属于理论层次，它在经验层次上没有直接的相应物。因此，它也不能用纯粹归纳的方法来认识，但是，价值是从属于经验层次的价格的表现形式的隐藏着的基础。本质的表现便于经验的检验。在经验与理论之间虽然没有直接的联系，但却有间接的联系。

在《伦敦笔记》中，马克思收集了大量的有关简单流通和资本主义信用制度的事实，加上前些时期的摘录笔记和后来对这些笔记的不断的补充，这样，马克思就为后来在商品理论、价值理论、货币理论和信用理论等领域中的研究过程奠定了牢固的基础。我们把马克思经常利用

---

① 因特里希·策留尼：《马克思的科学逻辑学和〈资本论〉》，1968年柏林版，第51页。

② 参看琼·鲁滨逊：《超越凯因斯》，1962年维也纳—法兰克福（美因河畔）—苏黎世版，第69页；维尔讷·贝克尔：《公共社会及其敌人》，1958年伯尔尼版，第2卷第445页。

（有据可查）的这个知识库只看作是一个证明，即证明经验事实是进一步研究的出发点，它们，只就本身而言，并不表明劳动价值论的正确性。这些事实提供了表面的现象，必须经过抽象和概括才会从表面发现隐藏着的背景即必然的内在联系。如果科学通过理论研究揭示了隐藏在表面之后的本质——这正是科学的任务——那么科学就并不是背离实际，而是深入深藏着的联系，克服迷惑人的表面假象。科学的认识是克服假象与本质之间的矛盾，同时证实，本质的内容在表面上为什么必然以不同于内容的形式出现。

在研究中马克思不仅提出任务："必须充分地占有材料"，而且要"分析它的各种发展形式，探寻这些形式的内在联系"。① 他这样做的方式之一就是写了一些或短或长的文章，目的在于自我理解。在第Ⅶ笔记本中有这样一篇小文章，在那里，马克思从理论上总结和用辩证法修订了他过去对货币、信用与危机的关系的研究。他给这篇文章加了《反思》的标题。在这篇短文中已经联系到资产阶级政治经济学的阶级基础来批判资产阶级政治经济学。

此外，前面说过，马克思从银行学派的代表们，尤其是从图克那里获得了战胜货币数量论和明确区分货币的职能的重要动力。图克为驳斥李嘉图和通货原理而作出的论证是对价格变化进行极其细致的量的分析。但是在这一点上，图克的方法与李嘉图的一样，量的分析占主要地位，忽视分析的质的前提。随着劳动价值论的形成，资产阶级古典经济学在认识的局限性一般允许的范围内深入研究了流通的内在联系。然而，甚至是资产阶级经济学的最优秀的代表们也还受资产阶级经济学说特有的商品拜物教的束缚。由于他们必须以资产阶级社会是永恒的、自

---

① 《马克思恩格斯全集》第1版第23卷第23页。

然的、合理的社会为出发点，因此他们的经济学范畴也不是受历史制约的生产关系的某些本质方面的理论表现，所以他们不得不把经济关系看作是物与物之间的纯数量的关系。这涉及到对实际过程的客观的思维方式，亦即自发地产生于一定的经济关系的思维方式。由于社会分工和生产资料私有制，社会关系自发地以商品生产者之间的商品交换为中介。商品生产者受制于商品与货币交换的成功。他们自己的社会关系以一种物的形态与他们相对立，表现为"某种异己的、在他们之外的权力。关于这种权力的起源和发展趋向，他们一点也不了解"①。他们反映在他们平庸的意识中的不是本质的社会关系，而只是社会关系的表面的、物的表现形式。资产阶级经济学由于其阶级特性而没有注意克服这种状况，因此，客观的、实际的软弱无能的关系就通过理论上的关系来充实，这是因为量上的物的表现形式不能根据它们的质上的、本质的社会关系来进行研究。因此马克思的研究的一个重要任务是，用质的分析来揭示隐藏在物的表现形式后面的本质的社会关系。为此，对政治经济学的批判，程度要提高，要揭示其逻辑上的矛盾，并用实践来检验其论点。《反思》已经表明，马克思认识到，不能像他的所有前辈试图做的那样，只在对社会——物质进行量的分析这个基础上来解决货币——信用——危机之间的关系。

劳动的二重性和价值形式是充分理解作为社会关系的货币的本质及其各种形式的理论前提。马克思在撰写《反思》时虽然还没有认识到劳动的二重性和价值形式，但他已接近这一认识。马克思当然懂得，商品和货币在资本主义前的生产方式中就已经与占统治地位的自然生产同时并存。但是在《反思》中（在后来的著作中也如此），他却把简单流

---

① 《马克思恩格斯全集》第1版第3卷第39页。

通看作是资本主义生产关系中的一个抽象领域。这些关系通过流通得以实现,但是,"[收入]转化为金银,抹杀和掩盖了阶级性质"①。在流通的表面的、物的表现形式中,位于深处的层次不能直接看见,而资产阶级的和谐、自由和平等等一切错觉都扎根于此。

流通关系与生产关系相符合,是生产关系的一个特殊部分,因此,生产关系的对抗作用也出现在流通中。在商品和它的独立的价值形态即货币之间存在着一个矛盾。马克思在《反思》中已经认识到,经济危机的抽象的可能性是由简单流通本身引起的。"在货币制度的存在中不仅包含着[商品与货币]分离的可能性,而且已经存在着这种分离的现实性,并且这种情况证明,正是由于资本同货币相一致,资本不能实现其价值这一状况已经随着资本的存在,因而随着整个生产组织的存在而存在了。"②商品转化为货币的困难只是位于深处的社会过程的表面上的表现,因此马克思也称蒲鲁东和格雷为"蠢人",因为他们想"保留产品同产品的可交换性之间的分离,因为他们保留价值和私人交换。**但是他们想好好地安排这种分离的符号,好让这种符号表示同一**"③。

马克思虽然还要走很长一段路才能为危机理论奠定最后的科学基础,但是,《反思》表明了马克思在这一道路上的重大进步。但马克思的出发点是当时广为流传的亚当·斯密的论点,即实业家与实业家之间的交换必须同实业家与消费者之间的交换相等,④图克曾从中得出了货币与危机理论的结论。当时,马克思仍缺少理论基础,还不能认识到这一论点是错误的。这一论点是以斯密的错误的再生产理论为基础的。按

---

① 《马克思恩格斯全集》第 1 版第 44 卷第 161 页。
② 《马克思恩格斯全集》第 1 版第 44 卷第 159 页。
③ 《马克思恩格斯全集》第 1 版第 44 卷第 159 页。
④ 《马克思恩格斯全集》第 1 版第 44 卷第 154 页。

照这一理论——与斯密的通俗的价值理论相符合——年产量变为收入总额（工资、利润和地租）。只有当马克思发现了纯粹形态的剩余价值，并由此发现资本分为不变资本和可变资本时，他才可能认识到斯密再生产理论的基本错误：斯密忘记了不变资本的再生产。由此得出，实业家与实业家之间的交换必须大于实业家与消费者之间的交换，这是必然的。

然而，这一错误的出发点并未阻挡马克思在1851年研究资本主义经济危机实质时就已取得重大进步。在这之前他已认识到，危机的真正根源是资本主义的基本矛盾，即生产力与资本主义生产关系之间的矛盾的表现。他不仅证明，货币与信用的危机归根到底来源于生产的矛盾，并证明何种机制在这里起作用，而且还使资本主义生产方式的基本矛盾直接在其中表现出来的两个主要矛盾显而易见。危机，其实质就是生产过剩的危机；这是"生产和消费之间的不相适应，从而造成生产过剩"①。生产过剩的最深的根源在于"构成消费者的最大部分的"② 雇佣工人阶级的消费有限。西斯蒙第直接或间接地把危机归因于工人的消费不足，而马克思在这一时期已经认识到，工人的消费有限只是作为从资本主义基本矛盾发展而来的总矛盾中的一个最重要的矛盾出现。有一点在理论上是完全可能的，即工人阶级的消费的下降可以通过"有产阶级的奢侈提高"得到补偿，即使不是"种植园主的贸易取决于他的黑人的消费"③。马克思当时就已经指出了生产与消费以及与不合比例之间的矛盾的关系，"生产过剩不只归因于生产的不合比例，而且也归因

---

① 《马克思恩格斯全集》第1版第44卷第155页。
② 《马克思恩格斯全集》第1版第44卷第155页。
③ 《马克思恩格斯全集》第1版第44卷第155页。

于资本家阶级和工人阶级之间的关系"①。

以下观点并不少见：在马克思的研究方法中，分析和归纳是方法中的决定要素。然而1850—1853年的《伦敦笔记》表明，在研究中也运用了作为方法中一切要素的统一体的唯物辩证法，也就是作为抽象与具体、经验与理论、归纳与推论、分析与综合、逻辑与历史、本质与表现形式等等的统一体的唯物辩证法。当然，这只是针对整个研究过程而言。按照研究对象的发展程度、研究的目的和意图，在研究过程的各个阶段中，唯物辩证法的这一或那一特殊工具处于重要地位。但是，不能把这种孤立现象绝对化。分析与综合在研究过程中划分得越来越细，直到它们在叙述中构成一个辩证的统一体。只要第 I 至第 VI 笔记本中涉及的是详细占有材料，那么分析这个要素就更加占重要地位。正如马克思在1851年5月2日在给恩格斯信中所写的，他希望在1851年中期就能结束他在图书馆的研究工作，并开始阐述他的经济学著作。因此，在1851年3月至1851年5月的第 VII 和第 VIII 笔记本中，综合这个要素就更加占重要地位。这要求研究各个范畴之间的内在联系，认识到各个范畴是有机的整体。

因此，马克思重新研究了资产阶级古典经济学的伟大的体系塑造者，他研究了重商主义代表詹姆斯·斯图亚特②、工场手工业时期进行总结的经济学家亚当·斯密③和资产阶级古典经济学的完成者大卫·李嘉图④。

这一阶段的理论重点无疑是重新研究李嘉图的主要著作《政治经济

---

① 《马克思恩格斯全集》第1版第44卷第156页。
② 参看马克思1850—1853年的《伦敦笔记》第 VIII 笔记本。
③ 参看马克思1850—1853年的《伦敦笔记》第 VII 笔记本。
④ 马克思1850—1853年的《伦敦笔记》第 VIII 笔记本。

学和赋税原理》。由马克思做了大量注释的第 VIII 笔记本中的这些摘录表明研究过程中直到那时达到的水平以及马克思在伦敦的短短几个月的研究中在认识上取得的重大进步。但这些摘录也表明他当时仍面临的困难。我们认为,马克思没有为他计划写的经济学著作找到出版商,这并不就是阻止他开始系统地阐述经济学理论的主要事实。马克思给自己的工作定的标准很严,他在重新研究李嘉图时可能已经认识到,对材料的辩证的加工还没有达到成熟的程度,还不能把材料表现为整体。这既涉及到通过分析来认识各个范畴,又涉及到完善方法论,涉及到方法论中通过综合在一个有机体系中进行的总结。因此,在第 IX 笔记本中,又开始了以加强分析为主导的研究阶段。这个阶段也用来加深研究工人阶级状况的变化、地租理论、人口增长、农业科学和科学技术的发展及其对机器的作用。这一阶段持续到 1853 年 7、8 月中的以下时刻,即马克思中断了紧张的理论研究过程,以便首先赶紧致力于出版工作这个时刻。在这一时期已具备了的先决条件,它们使马克思能够在 1857—1858 年的短短的几个月中在他的重大发现方面,特别是在剩余价值理论方面有所突破,并在研究过程中再次使综合这一要素更加处于重要地位。

在第 VIII 笔记本中,马克思在摘录时不再遵循李嘉图主要著作中的划分,而是纵贯全书,把分散的意见概括为 6 点:(I)论价值;(II)论地租;(III)论利润;(IV)论赋税。如果说我们认为这一划分已经是马克思对李嘉图主要著作的结构的批判或者是自己计划写的经济学著作的划分观点,那么,我们肯定是过高地评价了这种划分。但是,马克思在这一时期可能已经对政治经济学的一个有机体系的结构进行了批判性的思考,他研究了一些经济学家,后来他在"李嘉图学派的解体"这个观点下,对他们进行了概括。在摘录爱·吉·威克菲尔德对亚当·斯密的著作《国民财富的性质和原因的研究》的评论时,马克思也记录了李嘉图理论的两个基本的二律背反,后来,当他在理论上解决了这两个二律背反时,他对它们做了恰当的表述:"(1)资本和劳动之间按照价值规律交换。(2)一般利润率的形成。把剩余价值和利润等同起来。不理解价值和费用价格的关系。"① 1851年马克思还没有认识到这些二律背反的全部影响,但这些问题日益引起他的注意,从第Ⅷ笔记本的评注中就可以看到某些进步,最重要的进步无疑是:马克思认识到纯粹形态的剩余价值的重要性:"**李嘉图的大多数论敌,例如象威克菲尔德等人,都断言他不能说明[价值]的余额。……余额是这样产生的:工人花费了20个工作日的产品中,只得到值10个等等工作日的产品。随着劳动生产力的增长,工资的价值按同一比例降低。**"② 马克思虽然撇开剩余价值的表现形式,把"余额"理解为纯粹形态的剩余价值,但他还缺少重大的突破,因为他还没有发现劳动力是雇佣工人用来交换资本的商品。

　　结果之一是出现了一些困难,马克思还在解决李嘉图理论的第二个二律背反时就首先认识到这些困难,它们涉及到价值与生产价格的关系,直到1862年马克思在《剩余价值理论》中在发现绝对地租理论的同时才科学地、彻底地解决了这一问题。1851年马克思还把生产价格(资本的费用价格+平均利润)偏离价值当作是竞争中的偶然现象。他研究了使生产价格偏离价值的各种引起变化的影响,在这一方面,他比李嘉图更接近问题的答案,但他当时还把那些引起变化的影响看作是竞争的偶然作用,而不是看作长期的合乎规律的现象:"李嘉图把他认为

---

①《马克思恩格斯全集》第1版第26卷第3册第259页。
②《马克思恩格斯全集》第1版第44卷第139—141页。

是偶然的东西抽象掉了。然而叙述实际过程，则是另一回事，因为在这个过程中，不论是他称为偶然的运动但却是稳定的和现实的东西，还是它的规律，即平均关系，两者同样都是本质的东西。"① 当时的困难不仅仅在于还没有认识到为阐明问题所必需的基础和中间环节，例如：生产商品的劳动的二重性；对纯粹形态的剩余价值的彻底的科学论证；从此出发，把资本划分为不变资本和可变资本；资本的周转；剩余价值率与利润率的区别等等。马克思自己的关于综合法的观点也还没有十分成熟，因此还不能完全洞察李嘉图体系的结构有错。当马克思在《剩余价值理论》中完全彻底实现了这一突破时，他判断李嘉图方法的分析特性是有历史根据的，因为"批判和理解必须从这一方法开始"②。李嘉图借助于分析方法深入理解资产阶级社会的"内在有机联系和生活过程"③，通过商品价值决定于劳动时间这一规定来区分多种多样表面上的表现形式。但是，作为资产阶级经济学家，李嘉图无法把具有辩证性质的统一体理解为具有多种多样具体形式的历史有机总体："它［资产阶级古典经济学］感兴趣的不是从起源来说明各种不同的形式，而是通过分析来把它们还原为它们的统一性，因为它是从把它们作为已知的前提出发的。"④ 因此李嘉图的综合法也只是处在萌芽状态中，它是比较的方法。李嘉图通过这种方法来检验各种具体的经济形式是否与价值的普遍规律相符合。这种形而上学的方法导致非历史、纯数量、固定不变和没有发展可能的方式来规定价值。

---

① 《马克思恩格斯全集》第1版第44卷第108页。
② 《马克思恩格斯全集》第1版第26卷第3册第556页。
③ 《马克思恩格斯全集》第1版第26卷第2册第183页。
④ 《马克思恩格斯全集》第1版第26卷第3册第556页。

抽象——从抽象上升到具体

对1851年选自李嘉图著作的摘录的分析表明，在马克思能够于1857年开始阐述结构与起源一致的政治经济学之前，还有必要在方法论和内容上进行广泛的研究和认识。从方法论角度来看，这关系到加深对资本主义生产关系总体的理解。总体的观点总是受到马克思的重视。他在《黑格尔法学批判》（通译为《黑格尔法哲学批判》。——本丛书编译注）中就已经注意到必须阐述作为有机统一的总体的各个环节。① 毫无疑问，正是在这一方面，黑格尔对马克思的影响最大。从唯物主义的观点出发，马克思可以把黑格尔的辩证法"倒过来"，进一步发展，在方法上把它用作自己在政治经济学领域中的研究基础。马克思在1858年1月致恩格斯的一封信中强调了这一点："我又把黑格尔的《逻辑学》浏览了一遍，这在材料加工的方法上帮了我很大的忙。如果以后再有功夫做这类工作的话，我很愿意……把黑格尔所发现、但同时又加以神秘化的方法中所存在的合理的东西阐述一番，使一般人都能够理解。"②

这一段话现在被"马克思学家"滥用来支持为历代资产阶级的马克思学说伪造者所利用的陈腐论点。按照这一论点，马克思的方法与黑格尔的辩证法相同。例如阿尔弗雷德·施密特认为："事实上，马克思著作的方法结构是以50年代后期开始第二次掌握的**黑格尔的大逻辑**为

---

① 《马克思恩格斯全集》第1版第1卷第317页。
② 《马克思恩格斯全集》第1版第29卷第250页。

基础的。"[①] 然而，马克思认为在"加工的方法"上"黑格尔帮的忙"对解决问题并没有真正的帮助。而且他们只字不提马克思在同一引文中只谈到这一方法中的"合理的东西"，这包含着对这一方法的神秘化的批判。

如果说马克思在这里谈到"加工的方法"，那么这并不是指单纯对已经完成了的结果进行阐述的加工，而是指对材料的加工，也就是指一种通向新发现的活动。在加工的过程中，方法本身起着变化，不能把它看成是完成了的前提条件。马克思上述的说明也指出了这一点。与资产阶级经济学家们运用的主要是量的和形而上学的方法不同，黑格尔的辩证方法是一大进步。李嘉图认为，本质是某种持久的、固定的东西，它是质上等同的东西。数量关系处于重要地位。在李嘉图那里，本质与现象之间的关系缺乏中介环节，而是直接从本质中引导出现象。李嘉图的抽象的一般类型是概括的和孤立的抽象，两者的内容在于强调被研究客体的共同特性，并且用一般的概念确定下来。这样的抽象撇开了客体的发展及其各个发展阶段的特殊性："**生产一般**是一个抽象，但是只要它真正把共同点提出来，定下来，……它就是一个合理的抽象。不过，这个一般，……本身就是有许多组成部分的……东西。其中有些属于一切时代，另一些是几个时代共有的……对生产一般适用的种种规定所以要抽出来，也正是为了不致因为有了统一……而忘记本质的差别。那些证

[①] 《当代政治经济学批判。〈资本论〉一百年》第32页；此外参看乌尔里希·胞泰囚福尔特：《对马克思辩证法的分析解释》第32页；维尔讷·贝克尔：《对马克思价值学说的批判》，1972年汉堡版，第66页；罗曼·罗斯多尔斯基：《马克思〈资本论〉的形成史。1857—1858年〈资本论〉草稿》，1968年法兰克福（美因河畔）版，第1卷第8页；赫尔穆特·赖歇特：《马克思资本概念的逻辑结构》，1970年法兰克福（美因河畔）—维也纳版，第16页。

明现存社会关系永存与和谐的现代经济学家的全部智慧,就在于忘记这种差别。"①

资产阶级经济学家们运用的抽象类型在辩证方法中也起作用,"但只有在一个条件下才起作用,即人们在运用它们的时候意识到它们的有限性和不充分性"②。与此相反,马克思的抽象方法中的本质的东西是从抽象上升到具体。用这一方法,必须研究的客体的形式从最简单的上升到最复杂的,而对较简单的形式的理解则是理解较复杂的形式的前提条件。

在现有的研究材料的基础上对多年来有争议的政治经济学的方法问题可以作出精确的回答,这个问题就是:研究方法也是在从抽象上升到具体的过程中形成的吗?我们必须区分认识过程的一般进程和一种特殊的研究过程。马克思列宁主义理论中的以下论点得到普遍承认,即认识过程是从"生动的直观到抽象的思维,并从抽象的思维到实践"③。科学认识也是一个在自己的总体中相应地进行的过程。在一个复杂的间接的反映过程中,直观和表象被加工成概念,这时从外在的表现形式前进到本质。对唯物主义者马克思来说,他的研究对象是客观存在的。生产关系是人们在生产过程中形成的多种社会关系的总和,它们具有物质性。从这一点来说,作为资本主义生产关系总和的具体东西是研究的出发点和目的,它在研究过程的所有阶段上必须在大体上受到重视。生产关系在具体上有一个复杂的内在结构,包含着许多方面和多种关系,它们在研究开始时还没有被认识到。如果它们在研究开始时已被认识到,那么研究过程就是多余的了。马克思谈到,研究的出发点首先只是一个

---

① 《马克思恩格斯全集》第1版第46卷(上)第22页。
② 因特里希·蔡留尼:《马克思的科学逻辑学和〈资本论〉》,第167页。
③ 《列宁全集》中文第Ⅰ版第55卷第142页。

想象的具体的东西，是一个"浑沌的关于整体的表象"①，在对内在的规定性缺少认识时，这一想象的具体的东西本身仍具有抽象性。在科学研究中，各个方面和各种规定性首先必须通过抽象和分析归结为它们的概念。只有在多项式的过程中才能发现把作为组成部分的各单个概念、范畴和规律联结成一个"艺术总体"的那些过渡、推导环节和内在联系。在这一过程中，唯物辩证法的所有工具都以特殊的方式发生作用，例如量和质的分析，辩证的矛盾的揭示，抽象与具体的辩证法，分析与综合，归纳与演绎，一般、特殊与个别的关系，逻辑与历史的关系，本质与现象的关系。在研究过程中，资本主义生产关系在精神上作为"思想整体"逐步得到再现，在科学上作为多样性统一得到反映。现在我们感兴趣的是资本主义生产关系的得到理解的总体，即"丰富的总体"。"具体之所以具体，因为它是许多规定的综合，因而是多样性的统一。"② 所以我们认为，从抽象上升到具体即马克思的科学上正确的方法不仅仅是指叙述方法，而且也指研究方法。如果说，马克思说明他的方法是从抽象上升到具体的方法，那么他指的不仅仅是研究的总过程，而且也指包括在研究中的叙述的总过程，而在某些情况下，在从抽象上升到具体的这一总过程中，（因而也从属于这一运动）从具体过渡到抽象的方法也在方法上得到利用。"这些个别要素一旦多少确定下来和抽象出来，从……简单的东西上升到国家、国际交换和世界市场的各种经济学体系就开始出现了。"③ 这样，马克思把他的研究方法纳入政治经济学的全部历史中。在制定出一般的、抽象的概念后，研究不再从生动的整体出发，不再总是从阐述新概念开始，而是从现有的概念体系出

---

① 《马克思恩格斯全集》第1版第46卷（上）第37页。
② 《马克思恩格斯全集》第1版第46卷（上）第38页。
③ 《马克思恩格斯全集》第1版第46卷（上）第38页。

发，克服逻辑上的矛盾，在生动的总体中检验这些矛盾，以此来进一步阐述这一体系，目的在于抽象地叙述多样性的统一。在这一抽象的叙述中，借助于从抽象上升到具体的方法，变化着的总体在逻辑上得到反映，而在范畴的推导过程中，出现的漏洞使人注意到仍未克服的理论问题。

要看清李嘉图在出发点问题上的错误构思，只凭马克思到1851年为止发展了的方法论手段是不够的。李嘉图把价值与价值形式等同起来，在他的主要著作的第一章中也毫无过渡地采用了利润、平均利润和生产价格等经济学的具体形式。但是，平均利润与生产价格（当时还被称作费用价格）是经济学的形式，在这些形式中，由于为了最大地增殖资本而进行的竞争的作用，价值已发生变化。李嘉图认为价值和生产价格是相同的，然而客观上，它们在物质上虽然是等同的，但数量上是不相等的，而且作为商品的一般实体的价值是所有经济形式的共同根源，价值在经济形式中又表现为经济形式的内在统一，但作为特殊和个别的经济形式同时所包含的只是具有变化了的形式的价值。经济学的任务不仅仅是强调一般即一切形式的共同实体，而且要密切注视实体在形式的转化中所发生的变化。

1851年马克思面临着这样的困难：对政治经济学材料的辩证研究还没有很大进展，以致还不能准确地确定分析的出发点。马克思最初在抽象方面不仅不想走得比李嘉图更远，而且首先还想加上竞争的偶然性来充实分析的出发点，但这也表明是一个死胡同，它首先还给区分价值与生产价格造成困难。

马克思知道上一世纪30年代和40年代资产阶级经济学家对李嘉图的合理指责，即指责在李嘉图的体系中，平均利润率的存在与一般的价值规定相矛盾。但马克思还没有意识到这一批判的影响，这一点是要以发现纯粹形态的剩余价值为前提的。在后来的资产阶级经济学家手中，这一合理的批判不是成为在理论上解决这一二律背反的工具，而是成为完全驳斥李嘉图理论中科学成分的合理性的工具。他们否认内在联系，取而代之的是描述经济形式怎样无关紧要地同时在表面上出现。李嘉图理论的解体导致科学的资产阶级经济学的终结和资产阶级庸俗经济学的上台。在马克思科学地、彻底地解决了这一二律背反后，与他同时代的资产阶级经济学家试图把这个二律背反作为《资本论》第1卷和第3卷之间的所谓的矛盾转嫁到马克思的理论中。马克思从一开始就意识到，只有进一步深入研究李嘉图理论中的科学成分，才能解决李嘉图理论中的二律背反。后来，马克思把简单流通作为资本主义生产方式的抽象领域放在分析的开头，这样他就解决了这一问题。同时他撇开不谈一切不直接涉及到简单商品交换的经济形式。虽然，这里谈的是资本主义生产方式的简单流通，但首先还必须撇开不谈资本的特殊性。商品交换本身固有的矛盾必须通过内在的联系来阐述，与这些矛盾如何以竞争的形式在表面上表现出来还没有直接的联系。这就有必要把注意力集中在这样一个问题上：什么是价值的特殊的经济形式？什么是价值实体？产品的商品形式的特点是：它作为价值形式不同于作为自然形式的本身。商品是使用价值与价值的矛盾统一，资本主义生产方式的各种经济形式，其全部关系的发展都以萌芽状态包含在这一矛盾中。这一矛盾通过实体的变形，通过实体过渡到一个新的范畴即实体的转化形式来解决，然后重新处于变形状态，并求得解决，等等。价值实体的变形是矛盾的必然表现，因为发达形式的商品不是简单地作为商品，而是作为资本的产品去交换，而这些资本生产出的剩余价值不同，但却竞相争取最大地增殖资本。这一竞争斗争的结果是重新分配剩余价值，从而形成一个统一的利润率。

我们认为,加进这一有关生产价格问题(也包括马克思后来的解决办法)的离题较远的插论是适当的,这样才能够说明马克思在1851年下半年在方法论和内容上还面临着哪些没有解决的难题。这些困难只有在研究过程本身中才能认识得愈来愈清楚。这些困难很大,因此马克思不能像他最初所希望的那样,在如此短的时间内就能在一部内容广泛的著作中转而叙述政治经济学。

(原载《马克思恩格斯年鉴》第6期)

(裘艳红 译 王燕华 校)

马克思《伦敦笔记》第 XVII 笔记本中关于休耳曼著作的摘录*

〔民主德国〕弗兰克·舍尔哈尔特

从1850—1853年的《伦敦笔记》第 XVII 笔记本起,马克思的研究与以往笔记本中的以经济体系为中心的研究不同,他转向了对政治经济学的特殊问题的研究。马克思把政治经济学理解为历史的科学,因此他不仅分析了成熟形态的资本主义生产关系,而且还极其重视资本主义以前的生产方式的历史。

尽管马克思在40年代,例如在关于居利希著作的摘录中。对中世纪进行了经济史的研究,但是,为了弄清政治经济学某些方面的未解决的问题,从而能够全面地阐述政治经济学理论,有必要在新的经济学认识的基础上再一次对中世纪进行经济学和经济史方面的研究。与此相联系,马克思也研究了卡尔·迪特里希·休耳曼的著作,并且做了摘录。这些摘录在1850—1853年的《伦敦笔记》第 XVII 笔记本中占了很大的篇幅。马克思在第 XVII 笔记本中研究了中世纪阶段,休耳曼著作的摘录就是属于这种研究的。

卡·迪·休耳曼(1765—1846年)是德国的历史学家和经济史著

---

* 本文选自《马克思恩格斯研究》1991年总第5期。作者弗兰克·舍尔哈尔特系原民主德国马丁·路德大学马列室科研人员。

作家。他曾在哈雷学习神学、哲学、教育学和历史，在这之后，于1786—1792年在布莱梅领导一所私人商业学校，1795年取得大学授课的资格，成为奥得河畔法兰克福大学编外的历史讲师，1797年成为该校副教授，1807年任该校教授，1808年他被柯尼斯堡大学聘为历史学和统计学教授，1818年他在波恩一所新成立的高校担任校长。他的教学活动直到76岁才结束。1841年他退休。休耳曼的政治态度极端保守。"从他的政治信念来看，他极端保守。他是他的科学的仆从，在他进行的极其客观的讲学中，任何时候都不会利用政治成见而有倾向性地歪曲历史事实。"①

休耳曼在他的讲学中除了讲授中世纪的历史以外，还讲授与国家法、国家经济和统计学有关的国家内部的变化。此外，他还讲授德国和普鲁士的现代史，他也是最先讲授文化史的科学家之一。除了学术性的教学活动外，休耳曼还撰写了大量的有关历史的著作。他研究了货币业、德国中世纪的金融史、等级的起源史、拜占庭贸易、国家的史前史和中世纪城市的发展。他研究的另一个重点是法的问题，例如古代的国家法、教会法、罗马基本法等等。休耳曼是一个多产的科学家。他在1803年至1843年间写了20多部著作。其中有的著作分为2至4卷。我认为，他的全部著作对研究中世纪的历史来说，至今还是很有启发的。

在《伦敦笔记》第 XVII 笔记本中，马克思摘录了休耳曼的4部著作。虽然马克思在1835—1836年冬季学期曾在波恩学习，但他没有选听当时在波恩讲授中世纪史的休耳曼的课。1851年，马克思在伦敦认识到面临的任务是：为了进一步推动他的经济学研究，需要了解、研究休耳曼的著作，并对这些著作进行摘录。

---

① 《简明社会科学词典》1892年耶纳版第504页。

《中世纪城市》这一著作共 4 卷，1826—1829 年在波恩出版，它被看作是休耳曼的主要著作。这一著作在科学上给休耳曼带来了极大的声誉。马克思详细地摘录了这一著作。这部分摘录在第 XVII 笔记本中占很大篇幅。有一小部分接在第 XVIII 笔记本中。①

马克思研究过的其他 3 部著作是：《德国等级起源史》1830 年柏林版第 2 版；《德国诸侯等级起源史》1842 年波恩版；《德国中世纪金融史》1805 年柏林版。马克思对这些著作做了较多的摘录。②

马克思在《德国等级起源史》这一著作的摘录中，研究了国家宪法的形成、原始社会状况的变革和由此产生的德国中世纪的社会基本关系的变化。马克思对有关封建土地所有制的形成和封建土地所有制受封建宪法的法律保护的阐述极感兴趣。他对这个问题做了摘录："宫廷同它的附属物不可分割，以及家庭的全部财产，是地产法和遗产法作为基础的准则。"③ 他研究了与封建关系的发展相联系的、存在于整个中世纪的"古代合作式的自我审判权"④。马克思特别重视等级的划分及其内容：I. 高级僧侣，II. 高级贵族，III. 低级贵族，IV. 农民阶层和市民阶层。⑤ 对有关市民阶层及其对资本主义生产关系发展的重要性的表述，马克思非常感兴趣。他摘记下了哪些人在中世纪被视为市民阶层。"这些人是自由的土地占有者，他们除了耕作以外。还从事商品和货币

---

① 参看马克思 1850—1853 年的《伦敦笔记》第 XVII 笔记本第 34—54 页和第 XVIII 笔记本第 1—2 页。

② 马克思 1850—1853 年的《伦敦笔记》第 XVIII 笔记本第 16—20、20—23、23—28 页。

③ 参看马克思 1850—1853 年的《伦敦笔记》第 XVII 笔记本第 16 页。

④ 参看马克思 1850—1853 年的《伦敦笔记》第 XVII 笔记本第 16 页。

⑤ 参看马克思 1850—1853 年的《伦敦笔记》第 XVII 笔记本第 17—19 页。

贸易、金银制品手艺、纺织、航海、饮食业等等。他们主要被称作市民（cives）。"① 但是，属于市民的还有"自由手工业者，他们居住在很小的一块城市土地上，为了获取报酬而劳动"②。马克思研究的另一个重点是行会和同业公会的组织、它们的起源及其作为资本主义生产关系的萌芽的意义。在《德国诸侯等级起源史》这一著作中，马克思研究了上述摘录中的同类问题，在这一摘录的最后，马克思把这一著作的表述概括如下："根据这一著作的研究结果，我国大多数诸侯家中的家庭财产是统治的历史基础和法律基础。王室的'田庄'是家庭财产和帝国封地的混合物，封地因久已失效而成为财产。"③

接着，马克思对休耳曼的《德国中世纪金融史》这一著作进行了摘录。在这一摘录中，马克思把他的研究范围扩大到中世纪的财政制度。他研究了到13世纪末为止的财政制度的历史。而到13世纪末，则形成了许多极不相同的地方性的财政制度。马克思极其详细地研究了休耳曼关于劳动人民负担的"官方贡赋"的论述，这种贡赋划分为宫廷实物贡赋、居住税、军队给养、挽马、摇役、兵役等形式的实物租，还研究了关于首先是诸如请愿、符契、支助、利息和贡物等实际赋税形式。其次是诸如刑罚和治安等法庭租税形式的货币报酬的论述。④ 马克思研究了这些贡赋的经济学内容及其对劳动人民的影响。"贪得无厌的国王们以额外的实物贡赋加重了臣民们的负担。这些负担有时导致人民起义、移民或虐待国家官员。"⑤ 马克思认识到，所述的中世纪的货币

---

① 参看马克思1850—1853年的《伦敦笔记》第XVII笔记本第19页。
② 参看马克思1850—1853年的《伦敦笔记》第XVII笔记本第19页。
③ 马克思1850—1853年的《伦敦笔记》第XVII笔记本第23页。
④ 马克思1850—1853年的《伦敦笔记》第XVII笔记本第24—28页。
⑤ 马克思1850—1853年的《伦敦笔记》第XVII笔记本第24页。

报酬有着极不相同的内容。"中世纪没有一种名称一直只被理解为同一种赋税,相反,大多数名称被混合使用,没有严格的区分。"① 马克思注意到,由于土地所有制,一切货币报酬最终都是索取性的贡赋,因此,中世纪的所有贡赋都是土地税。"按照一般的观念。地租应该只是地主的土地税的名称。但是,提供给君主的赋税也被添加进来。例如人头税、关税、法庭税、非暴力的勒索,这与贡物完全相同。"②

马克思研究的另一个重点是贸易的发展。与此相联系,他研究了当时存在着的各种关税。他非常详细地摘记下了8至13世纪这一时期关税的各种形式,了解德国的贸易并研究了休耳曼有关这一时期输入和输出的论述。"德国是欧洲最早的贸易国之一,因此,它的贸易大多数是活跃的。"③

上述这些著作为马克思提供了许多关于中世纪经济发展状况的详细论述,在有关土地所有制和封建赋税形成的问题上尤其如此。有关贸易和手工业的发展状况及其组织形式的论述为马克思提供了有关生产关系的历史发展的大量经验材料。

通过休耳曼的主要著作《中世纪城市》,马克思对发达的封建时代有了广泛的认识。他了解了历史事实和事件,后来,他把这些历史事实和事件概括为"原始积累"这一概念。中世纪这一时期的特点表现为封建主在物质上和精神上的统治,这一时期对劳动人民来说是昏暗的世纪。但它也表现为自由城市的发展,马克思后来在《资本论》中把这些自由城市称为"中世纪的顶点"④。我认为,这一评价是对休耳曼上

---

① 马克思1850—1853年的《伦敦笔记》第XVII笔记本第25页。
② 马克思1850—1853年的《伦敦笔记》第XVII笔记本第27页。
③ 马克思1850—1853年的《伦敦笔记》第XVII笔记本第27页。
④ 《马克思恩格斯全集》第1版第23卷第784页。

述著作进行研究的结果。

马克思了解了新阶级和阶级斗争新形式的形成，了解了资产阶级文化的形成和资本主义最早的几步。

在 10、11 世纪，封建化过程已经结束。生产力所达到的水平使得手工业不可避免地从农业中分离出来。马克思研究了社会分工的发展。他注意到，在 10、11 世纪，随着大量封地的产生，城市不断向前发展，因而小工业，狭义地说是手工业和贸易，也开始发展。手工业从农业中分离出来以及由此产生的手工业者流入市场（市场不可避免地成为中心），亦即分工，必然导致中世纪城市的形成。这反映在《资本论》第 1 卷的如下认识中："一切发达的、以商品交换为媒介的分工的基础，都是城乡的分离。可以说，社会的全部经济史，都概括为这种对立的运动。"① 这一对立通过中世纪城市的形成得到了解决。手工业和农业之间的分工是商品生产的诞辰，从农业中分离出来的、只生产自己的手工产品的手工业者，如果不转向市场，用他的产品换取农产品，他就无法生存下去。手工业者生产产品，为的是在市场上出售，他成为商品生产者。

在涉及到手工业的形成时，马克思在这一摘录中也研究了手工业对贸易发展的影响。他研究了导致中世纪城市形成的其他事实。"十字军东征对批发商业，从而对欧洲城市的形成也有重大影响，这是因为十字军远征导致在遥远的港口出现了商人居住区，并且产生了贸易评议会，这也导致贸易国际法的制定。"②

随着新经济关系的逐渐形成，出现了同起阻碍作用的旧封建关系进

---

① 《马克思恩格斯全集》第 1 版第 23 卷第 390 页。
② 马克思《伦敦笔记》第 XVII 笔记本第 35 页。

行的政治斗争。手工业者和商人反对教会和贵族的斗争开始了。马克思作了这样的摘录:"极其积极的巴塞罗那同埃及的商业贸易使人们可以很好地看到贸易界反对教会骄横统治的长达200年的斗争,在这一斗争中,富裕的商业城市用黄金这一武器战胜了罗马。"①

　　手工业和贸易的发展为新经济关系的发展提供了各种动力。马克思在研究休耳曼《中世纪城市》这一著作时得出了这样的结论:在中世纪,手工业为资本主义关系的发展所提供的动力比贸易大。"在小工业所发挥的所有促进作用中,最富有成效的是城市居民数量的上升和生活的不断富裕。随着对服装、住房、家用器具、食品等的需求的进一步扩大,以一般需求和中等水平的销售为目标的技术勤奋也提高了。以城市交易为目的的技术勤奋比用于舒适生活和花费的物品更重要。技术勤奋归根到底比贸易更有影响。"②

　　马克思研究了手工业的形成对农业的反作用。例如,英国纺织业对英国农业的反作用。"这些国家的人口不断增长。对农业的影响。耕地转变为牧羊场。"③

　　在城市形成的同时,手工业者的行会也作为小商品生产的合作形式而形成了。"最初的手工业者行会的形成……是谋求更进一步的贸易专一性和参与议事与决策的结果。"④ 马克思研究了行会对技术发展、劳动的熟练技巧的完善、生产经验的积累和生产纪律所产生的进步作用。在14世纪以前,行会一直具有这种进步作用,但是,随着生产力的提高(这是由行会自身引起的),这种进步作用成为资本主义发展中的障

---

① 马克思《伦敦笔记》第 XVII 笔记本第 35 页。
② 马克思《伦敦笔记》第 XVII 笔记本第 36 页。
③ 马克思《伦敦笔记》第 XVII 笔记本第 36 页。
④ 马克思《伦敦笔记》第 XVII 笔记本第 37 页。

碍，这是因为它想保留小生产。马克思非常详细地研究了城市统治直接转到行会之手的时期。研究了何时、为何在这一发展中出现倒退。虽然存在着某些退步，马克思仍然得出结论："通过工业、批发贸易和金钱往来，中产阶级继续迅速发展。"①

在研究行会时，马克思也了解了商人的组织形式：同业公会。"同业公会的产生是因为贸易争执中需要有经验的仲裁人。"②

在研究休耳曼的著作时，马克思也碰到了有关金银转变为货币问题的论述。在1850—1851年研究经济史著作时（见《伦敦笔记》第 III—V 笔记本），这一问题占了很大篇幅。

马克思在休耳曼著作的摘录中研究了货币的一些细节问题，例如现金支付、货币兑换业务及其在中世纪的形成状况。除了研究货币兑换产生的原因以外，马克思还认识到，货币兑换，即金银变为铸币或铸币变为金银，已广泛流行。"当商人周游外国市场时，为了用现金支付起见，他们带上未经铸造的纯银，金也可以。回来的时候，他们也把得到的当地铸币换成未经铸造的金银。因此，兑换业务，即把未铸造的贵金属转换为当地铸币或者把当地铸币转换为未铸造的贵金属，成为非常流行的、有利可图的行业。"③

这些论述为马克思的货币经营资本理论提供了动力，他得以得出结论，正如上面所说，应该从国际贸易的扩大中去寻找中世纪兑换业务的起因，国际贸易是现代货币经营业的基础之一。此外，马克思获得了阐述其货币理论，特别是阐述金银充当世界货币职能问题的其他历史材料。与货币相联系，马克思了解了货币票据的产生。他研究了产生的时

---

① 马克思《伦敦笔记》第 XVII 笔记本第 39 页。
② 马克思《伦敦笔记》第 XVII 笔记本第 38 页。
③ 马克思《伦敦笔记》第 XVII 笔记本第 38 页。

间（大约在13世纪中期），记录了关于兑换业务实际工作的论述。① 马克思看到，这种业务是造币和规定币制权的一部分，例如在10世纪，在威尼斯就已存在这种业务。他认识到，"兑换业务"的概念不单纯只是一个中世纪的概念。

在研究货币经营资本时，马克思也了解了中世纪的利息和高利贷。在中世纪，教会颁布了收息禁令，这大大阻碍了新经济关系的发展。"手工业关系发展中最严重的障碍是教会的收息禁令。"② 马克思特别重视休耳曼的下列论述，即在中世纪，为什么任何一个国家都没有一般的利息率。马克思总结出下列原因："在中世纪，任何一个国家都没有一般的利息率。首先对牧师有严格的规定。法庭对于借贷很少给予保障。因此，在个别场合，利息率就更高。由于货币的流通量少，而在大多数支付上必须使用现金，而且票据业务还不发达。因此，利息相差很悬殊，关于高利贷的概念差别也很大。"③

马克思在休耳曼著作的摘录中所研究的另一个问题，是中世纪的税收和赋税立法。"由于税收问题，资产阶级和它的议员们之间展开了血战。"④ 接着，马克思摘录了如下的话："……在接受时征收入城税，因此引起极大公愤。在德国，它最初叫作赋税。"⑤ 马克思获得了有关直接税和间接税起源的历史证据。通过进一步的研究。马克思认识到，直接税起源于农村，间接税则起源于城市。⑥

---

① 马克思《伦敦笔记》第 XVII 笔记本第 38—40 页。
② 马克思《伦敦笔记》第 XVII 笔记本第 39 页。
③ 《马克思恩格全集》第 1 版第 26 卷第 3 册第 598 页。
④ 马克思《伦敦笔记》第 XVII 笔记本第 40 页。
⑤ 马克思《伦敦笔记》第 XVII 笔记本第 40 页。
⑥ 《马克思恩格全集》第 1 版第 26 卷第 2 册第 260 页。

总的来说，对休耳曼著作的摘录表明，马克思对研究资本主义的历史发展有极大的兴趣。通过对中世纪利息、高利贷、兑换业务等等的研究，马克思得以理解这些范畴的历史发展。这些范畴比资本主义生产关系还要久远，在马克思时代，这些范畴的资本主义内容表现在资产阶级社会的表面上。这样，马克思就为社会形态的理论获得了关于经济关系的历史形成和消亡及其范畴形态的表现的论述和事实。马克思借助休耳曼《中世纪城市》这一著作得以广泛地了解手工业和农业的分离、手工业和贸易的发展及其各种组织形式。通过对这些事实的分析，马克思得以研究在封建社会内部发展起来的资本主义生产关系的萌芽和资本主义的新生产力。马克思从事经济研究的目的在于研究和阐述资本主义的经济运动规律和资本主义的成熟的生产关系。由于他把政治经济学理解为历史的科学，因此他也合乎逻辑地深入研究资本主义以前的生产方式的历史或经济史。

（原载原民主德国马丁·路德大学《马克思恩格斯研究文集》第16辑）

（裘艳红 译）

马克思在《1850—1853年伦敦笔记》第XXII笔记本中对亚细亚土地所有制关系的研究*

〔德〕沃尔弗冈·赖恩

《伦敦笔记》中有4本全部或者大部分是研究欧洲以外地区的。在第XIV和第XXI至XXIII笔记本中,马克思研究了拉丁美洲国家和亚洲国家的殖民地化、土地所有制关系和社会结构,研究了这些国家同欧洲主要都市的贸易以及资本主义前的关系由于生产力的发展而解体。因为马克思在第XIV笔记本中主要论述的是拉美殖民地,所以他在第XXI至第XXIII笔记本中专门致力于探讨亚洲国家,例如:印度、印度尼西亚、中国、伊朗和缅甸。所做的摘录是马克思1853和1857—1859年对印度和中国的研究工作的重要材料依据。但是这些摘录的意义并不局限于担任这样的角色,即马克思为分析日常政治的问题(例如,1853年东印度公司宪章的修改)所用的知识存储器。就一般情况说,马克思是对欧洲以外地区的研究,就个别情况说,在第XXII笔记本中主要是对亚洲土地所有制关系进行的研究,对于所探讨的问题具有其强烈的理论意义。因此马克思在1861—1863年手稿中论述道:"现在本来应该研究:(1)从封建土地所有制到另一种由资本主义生产调节的商业地租的过渡;或者,另一方面,从这种封建土地所有制到自由的农民土地所

---

* 本文选自《马克思恩格斯研究》1993年总第15期。

有制的过渡；（2）在土地最初不是私有财产而资产阶级生产方式至少在形式上一开始就占统治地位的一些国家，如美国，地租是怎样产生的；（3）仍然存在着的土地所有制的亚洲形式。但是这一切都不是这里要谈的。"①

显然，有关亚细亚土地所有制关系的摘录，对在其他论述土地所有制、雇佣劳动、国家、对外贸易和世界市场的书中扩大研究资本关系，具有重大意义。马克思从这一摘录可归入资本主义生产这一角度考虑，特别是为了计划写的一本论述土地所有制的书而十分重视这一摘录。在论资本的书中，有关亚洲国家的摘录是分析英国资本主义从封建生产关系发展起来这一典型例子的例证。对马克思来说，资本主义社会的研究包含它的生成、存在和克敌制胜的过程。加兰德尔在谈到这一论断时指出下述事实：马克思也从欧洲以外地区向资本主义关系过渡或绕过资本主义关系向社会主义过渡的观点出发分析了欧洲以外地区。② 这完全适用于亚细亚土地所有制关系。因此，马克思在给维拉·查苏利奇的三封复信草稿中比较了亚洲和俄国的农村公社的发展。俄国农村公社一直维持到19世纪80年代初，而农村公社在印度则成了英国征服者的猎获物。③

马克思致力于考察亚洲国家的一个动因是为了研究《伦敦笔记》第Ⅸ笔记本中所摘的理查·琼斯的两本著作。琼斯在他的《政治经济学绪论》中提出这样的论点：在亚洲，剩余产品的分配，特别是非生产

---

① 《马克思恩格斯全集》第1版第26卷第2册第36页。

② 参看埃伦弗里德·加兰德尔的《马克思的理论是欧洲中心论吗？机器手稿》第7—8页。

③ 参看《马克思恩格斯全集》第1版第19卷第435页。

阶级对剩余产品的占有，导致社会发展的停滞。① 马克思在其越过资本关系分析而进行的调查研究之中提到这个论点。

马克思在第XXII笔记本中研究亚细亚土地所有制关系时借助了托马斯·斯坦福·莱弗尔斯的《爪哇史》、马尔克·威尔克斯的《印度南部的历史概要。迈索尔历史初探》、罗伯特·佩顿的《亚洲君主制的原则》、约翰·查普曼的《印度的棉花和贸易》和乔治·坎伯尔的《现代印度》。② 马克思从这些著作中获得一系列有关亚细亚土地所有制关系的专门知识。

第一，早在琼斯的《论财富的分配和税收的源泉》中，马克思就发现了下述论断并把它摘进第IX笔记本中：在亚洲，君主是土地的所有者。③ 弗朗斯瓦·贝尔尼埃在他的《大莫卧儿帝国游记》中也表明了这种观点，马克思也把它摘进第XXII笔记本中。④ 第XXII笔记本中的摘录首先证明了这种见解。莱弗尔斯强调指出，在爪哇重视地租的地区，君主是土地所有者。⑤ 马克思在1853年6月14日给恩格斯的信中把这段摘录作为亚洲土地所有制关系的性质的证明。⑥ 罗伯特·佩顿把

---

① 参看卡尔·马克思《理查·琼斯〈政治经济学绪论〉一书摘要》，载于《马克思恩格斯全集》历史考证版第4部分第8卷第563—564页。

② 参看卡尔·马克思《1850—1853年伦敦笔记》第XXII本。

③ 参看卡尔·马克思《理查·琼斯〈论财富的分配和税收的源泉〉一书摘要》，载于《马克思恩格斯全集》历史考证版第4部分第8卷第615页。

④ 参看卡尔·马克思《弗朗斯瓦·贝尔尼埃〈大莫卧儿帝国游记〉一书摘要》，载于《1850—1853年伦敦笔记》第XXII本第66页。

⑤ 参看卡尔·马克思《托·斯·莱弗尔斯〈爪哇史〉一书摘要》，载于《1850—1853年伦敦笔记》第XXII本第2页。

⑥ 《马克思恩格斯全集》第1版第28卷（上）第271页。

亚洲帝国的萧条归因于缺少与王室对立的大土地所有者。①

两段摘录修改了马克思对亚细亚土地所有制关系的见解。根据莱弗尔斯著作中提到的一位荷兰殖民官员的报告，爪哇人认为，土地属于政府，而政府就是君主的代名词。②与此相反，佩顿强调，在亚洲，土地只属于"公众"，因为亚洲帝国实行的是君主政体形式，所以君主就是唯一的占有者。③马克思在《政治经济学批判大纲》中规定亚细亚土地所有制关系时提到上面这些具体的说明。他在描述它的特性时说，剩余劳动部分应属于"最终作为个人而存在的更高的共同体"④。

第二，马克思在摘录时多次遇到一些作者把古印度的农村公社表述为亚细亚土地所有制关系的主要成分。第一次是在莱弗尔斯的《爪哇史》中遇到的。一个农民公社在一块土地上生活，他们用自己的收获赡养许多手工业者和官员，例如，记账员、挑水夫、铁匠、木匠、教书先生等等。这些人为了农村公社的需要而制作劳动资料或承担管理职能。⑤威尔克斯调查了不同国家的官员的名称，从而补充了上面的描述。⑥最后，坎伯尔在《现代印度》中对农村公社的两种不同的主要形

---

① 参看卡尔·马克思《罗伯特·佩顿〈亚洲君主制的原则〉一书摘要》，载于《1850—1853年伦敦笔记》第XXII本第32页。

② 参看卡尔·马克思《托·斯·莱弗尔斯〈爪哇史〉一书摘要》，载于《1850—1853年伦敦笔记》第XXII本第3页。

③ 参看卡尔·马克思《罗伯特·佩顿〈亚洲君主制的原则〉一书摘要》，载于《1850—1853年伦敦笔记》第XXII本第32页。

④ 参看《马克思恩格斯全集》第1版第46卷（上）第473页。

⑤ 参看卡尔·马克思《托·斯·莱弗尔斯〈爪哇史〉一书摘要》，载于《1850—1853年伦敦笔记》第XXII本第5页。

⑥ 参看卡尔·马克思《马尔克·威尔克斯〈印度南部的历史概要。迈索尔历史初探〉一书摘要》，载于《1850—1853年伦敦笔记》第XXII本第6页。

式进行了分类。他区分出了由一个居民首领管理的简单农村公社和由他选出的委员会领导的民主农村公社。坎贝尔还证明印度各个地区都有农村公社。① 在这个认识的基础上，马克思在1861—1863年手稿中界定了亚洲公社的本质。他认为这种农村公社是劳动者和劳动条件之间的原始统一的两种主要形式之一。在这个地方，马克思批判了琼斯，因为他在他的著作《国民政治经济学教程》中在探讨资本主义前的土地所有制形式时没有足够地强调生产者和生产资料的统一，马克思认识到这种自给自足的农村公社的存在是亚洲国家的社会关系的一个重要组成部分；这些国家作为一个整体为社会发展的相对停滞负责。他认为，亚洲公社不适合社会劳动和生产力的发展。马克思由此得出结论，生产者必须同生产资料分离。②

第三，马克思在坎贝尔的著作中找到有关社会经济基础的继续发展的见解。例如，这位作者指出，不列颠人在印度发现各种对土地占有的要求。除了简单的和民主的农村公社之外，村柴明达尔、区柴明达尔、札吉达尔和"纳贡国的首领"，都对土地提出要求。③ 这些占有要求表明原始所有制关系，即最高公社的代表君主的财产和农村公社对土地的占有的解体。由于以前的税收官可能进一步独立，这些要求就具有了从占有要求转变为所有权的倾向和形成土地私人占有的倾向。马克思在坎贝尔描述的民主农村公社中碰到另一个改变原始所有制关系的要素。在这些公社中，土地原本属于整个农村公社，而农民们则每年交换他们的

---

① 参看卡尔·马克思《乔治·坎贝尔〈现代印度〉一书摘要》，载于《1850—1853年伦敦笔记》第XXⅡ本第12页。
② 参看《马克思恩格斯全集》第1版第26卷第3册第466页。
③ 参看卡尔·马克思《乔治·坎贝尔〈现代印度〉一书摘要》，载于《1850—1853年伦敦笔记》第XXⅡ本第12、15—16页。

小块土地。公社定居之后，就不再每年交换土地了。原因在于，农民们在他们的小块土地上打了井，然后就不再愿意离开这块土地。① 政府的税官的独立和个人生产力的发展也改变了社会经济基础。但是正像坎贝尔指出的那样，只是在不列颠人推行新的土地税收制度之后，生产者才同他们的生产资料分离。1793年在孟加拉国推行的柴明达尔制度使大莫卧儿帝国从前的收税官柴明达尔成为其税区的绝对所有者。他们有权向农民征收地租。而柴明达尔必须拿出地租的一大部分作为缴纳给不列颠殖民当局的固定款项。如果不缴纳这笔款项，柴明达尔的征税区就要被卖掉。结果是，印度农民受到残酷的剥削和压迫，还经常被从他们的小块土地上赶走。1813年在首府马德拉斯推行的莱特瓦尔制度也有相似的结果。因为在这里，以前的大莫卧儿帝国政府的收税官不存在了，农民的地租直接缴纳给不列颠殖民当局，按规定，地租应占收成的32%—45%。农民还必须从他们剩下的钱中缴纳其他税，因而越来越穷。他们中的许多人都不能继续耕种土地，因为无法筹措必不可少的地租。英国的殖民管理部门必须运用权力强迫耕种土地。② 这样，资本是怎样使资本主义前的生产形式从属于自己的，就一目了然了。马克思在这一认识的基础上把柴明达尔制度和莱特瓦尔制度称为亚洲历史上的土地革命。③ 他认识到，生产者同生产资料分离的"最外在的形式"是通过资本实现的。因此，他描述了这个过程的矛盾性："一方面是活劳动的比较低级形式的解体，另一方面对直接生产者来说是比较幸福

---

① 参看卡尔·马克思《乔治·坎贝尔〈现代印度〉一书摘要》，载于《1850—1853年伦敦笔记》第XXII本第12、15—16页。

② 参看卡尔·马克思《乔治·坎贝尔〈现代印度〉一书摘要》，载于《1850—1853年伦敦笔记》第XXII本第12、15—16页。

③ 参看《马克思恩格斯全集》第1版第9卷第242页。

的关系的解体。一方面是奴隶制和农奴制的解体。另一方面是这样一种形式的解体,在这种形式中,生产资料是直接作为直接生产者的财产而存在的……最后,是这样一种公社形式的解体,在这种形式中,劳动者作为这种自然发生的公社的器官同时成为自己的生产资料的所有者或占有者。"①

第四,马克思在约翰·查普曼的《印度的棉花和贸易》中遇到有关灌溉在印度的重要作用的一段。这位作者强调说,在高止山脉附近灌溉的土地要比面积相同而不灌溉的土地多纳两倍的税,多用9—11倍的人,多得11—14倍的利益。②马克思借助这个事例在他的文章《不列颠在印度统治的未来结果》中指出人工灌溉在东方的特殊作用。同时,他也强调了建筑铁路对发展灌溉设施的意义。马克思从这个发展中看到在印度遏制饥荒的可能性。③

查普曼在其著作中叙述了生产力的发展和农业产量的增长之间的联系,这就使马克思更坚定了对"土地收益递减规律"的拒绝态度。生产力的发展使相对贫瘠的土地的耕种成为可能。在资本主义前的生产方式中不存在这样的规律。

第五,马克思在佩顿著作的摘录中致力于14世纪苏丹统治区德里在不同统治者统治下地租的发展情况上。阿拉—阿尔—T.穆罕默德·卡尔吉从14世纪开始把地租任意提高到收获的50%,结果是农民贫困化。他的继承者穆罕默德二世统治时继续提高税收,这样,使人民日益贫困,全部田园都荒芜了。而下一个王位继承者菲罗兹·沙·图格鲁

---

① 参看《马克思恩格斯全集》第1版第48卷第101页。
② 参看《马克思恩格斯全集》第1版第9卷第248—249页。
③ 参看《马克思恩格斯全集》第1版第9卷第246—252页。

克，用大量资金发展灌溉设施和重新开垦荒地，又使情况恢复正常。①我们从这些摘录中能够得知，即使是亚洲的独裁者也不能任意规定地租。地租的数额取决于获得的剩余产品和生产力的发展。如果地租数额高于获得的剩余产品，那么甚至会妨碍社会的简单再生产。

《伦敦笔记》中关于欧洲以外地区的摘录的整理工作刚刚开始。对这些摘录的进一步的广泛的分析，将会对下述问题有新的认识：马克思的构成论，他对资本的原始积累的见解，以及国际范围内资本关系的发展和资本主义前的结构从属于资本等问题。

（原载德国马丁·路德大学《马克思恩格斯研究文集》第23辑）

（刘咏梅 译 单志澄 校）

---

① 参看卡尔·马克思《罗伯特·佩顿〈亚洲君主制的原则〉一书摘要》，载于《1850—1853年伦敦笔记》第XXII本第37—38页。

关于马克思《反思》手稿和斯密两种贸易规模相等命题的探讨*

沈志求

在马克思的《伦敦笔记》第 7 本中有一篇马克思在 1851 年 3 月写的、名为《反思》的手稿，这篇手稿一开头就引述了斯密关于实业家和实业家之间的贸易规模同实业家和消费者之间的贸易规模必然相等的命题。马克思在《反思》手稿以后所写的《剩余价值理论》、《资本论》第二卷第Ⅰ稿和第Ⅱ稿、《资本论》第二卷和第三卷中也多次引述过斯密的这个命题，除《反思》手稿以外都是用以批判斯密的如下错误：无论是单个产品、或年产品的价值都只由工资、利润和地租构成，或者说都只分解为收入，这样就把产品价值中包含的生产资料价值、即不变资本抛掉了。马克思把斯密的这个错误称为"斯密教条"①。这个教条阻碍了斯密对社会资本再生产过程进行科学的分析，因为产品价值中包含的生产资料价值如果得不到补偿，就不仅不能进行扩大再生产，连简单再生产也无法维持下去。因此，马克思说："亚当的混乱、矛盾、离题，证明他既然把工资、利润、地租当作产品的交换价值或全部价格的组成部分，在这里就必然寸步难行、陷入困境。"② 因此，"斯密教条"

---

* 本文选自《马列主义研究资料》1989 年第 3 辑。

① "斯密教条"这一名称最早是马克思在《资本论》第一卷中提出来的（见《马克思恩格斯全集》第 1 版第 23 卷第 648 页）。

② 《马克思恩格斯全集》第 1 版第 26 卷第 1 册第 84 页。

既不是斯密的什么社会资本再生产理论、也不是什么包含有社会资本再生产理论的内容,相反地它是一种要科学地阐明社会资本再生产过程的"抗体"。

正因为这样,马克思在制定他的社会资本再生产理论过程中十分重视对"斯密教条"的批判分析,并探讨了这个教条的不同表述方式。斯密的两种贸易规模相等的命题事实上就是用另一种方式表述了他的教条。马克思在《剩余价值理论》中第一次指出了这一点。他说:"亚当·斯密在第二篇第二章考察货币流通和信用制度时提出了同样的看法,即认为一国的年产品分解为工资和利润(地租、利息等等包括在利润之中)。"紧接着马克思就着重地引述了斯密如下一句话:"各种实业家之间流通的商品的价值,绝不能超过实业家和消费者之间流通的商品的价值,因为无论实业家购买什么,最终必然会卖给消费者。"① 马克思在评论时指出:斯密的"这个命题建立在他的一个错误的论点上,按照这个论点,全部产品都归结为收入,而事实上这不过是说,由资本和收入的交换构成的那部分商品交换,等于全部商品交换"②。图克在他于 1844 年出版的《对货币流通规律的研究》一书中,根据斯密的命题得出了如下结论:既然在两种贸易中的价值额相等,所以在两种贸易中流通所需的货币量也相等,即"年收入流通所需要的货币,也足以使全部年产品流通"③。图克像斯密一样漏掉了年产品中包含的生产资料价值,不理解流通这些生产资料也需要一定量的货币。

马克思在《反思》以后所写的手稿和著作中把斯密的两种贸易、图克的两种货币的命题看成"斯密教条"的另一种表述方式,是符合

---

① 《马克思恩格斯全集》第 1 版第 26 卷第 1 册第 111 页。
② 《马克思恩格斯全集》第 1 版第 26 卷第 1 册第 256 页。
③ 《马克思恩格斯全集》第 1 版第 24 卷第 534 页。

它们的本来含义的。如上所述，斯密关于两种贸易规模相等的命题是在他的著作第二篇第二章中提出来的。他在这一章的开头就阐述了如下观点："既然就每一个特殊商品分别来说是如此，那么就形成每一个国家的土地和劳动的全部年产品的一切商品整体来说也必然是如此。这个年产品的全部价格或交换价值，必须分解为同样三个部分，在国内不同居民之间进行分配，或是作为他们的劳动工资，或是作为他们的资本的利润，或是作为他们占有的土地的地租。"① 他的两种贸易规模相等的命题就是根据这个观点而推论出来的。

但是，马克思在《反思》手稿中却把斯密和图克的命题不是看成以另一种方式表述了"斯密教条"，而是看成它同生产过剩危机问题有关系。这种情形使不少《反思》手稿的研究者感到困惑不解，并引起各种各样的见解。实际上，在马克思的早期手稿和著作中经常存在如下情形：在评论资产阶级经济学家的某一个论点时不是针对这个论点的本来含义，而是对这个论点作出了与其本来含义不相同的理解。这种情形在马克思的《伦敦笔记》中不止出现过一次。例如，他在1851年4月所作的笔记第八本中摘录了李嘉图著作中如下一个论点：由于固定资本与流动资本的比例不同，工资的提高会影响商品的价值，使生产中运用固定资本较多的商品的价值下降，使生产中运用固定资本较少的商品价值上升。如马克思在后来所指出，李嘉图的这个论点在于不正确地把商品的生产价格当作价值。事实上，如果考察的是生产价格，那么工资的提高确实会影响生产价格；但如果考察的是价值，那么工资的提高只会减少利润，而不会影响价值。然而，马克思在笔记中却去探讨这样一个

---

① 参看亚当·斯密：《国民财富的性质和原因的研究》上卷，商务印书馆1972年版，第261页。

问题：既然工资的提高会使生产中运用固定资本较多的商品的价值下降，那么资本家是否还会采用机器呢？他的分析的结论是：这种固定资本与流动资本的"比例作为平均数来说是正确的。但是，因为这样的平衡不是立即就产生的，所以资本家们都竞相采用机器"①。这种情形表明：马克思本人的经济学说有一个从不成熟到逐渐成熟的过程，而马克思对资产阶级经济理论的研究也有一个从不完全理解到完全理解的发展过程。《反思》手稿对斯密和图克的命题的评论在事实上就是如此。下面就探讨一下马克思在《反思》手稿中引述斯密和图克的命题时是如何考察生产过剩危机的，这里不可能涉及这个手稿在马克思整个经济学说发展中的重要地位和意义的问题。

马克思在19世纪50年代初对政治经济学的研究可以说还只处于他的整个研究工作的最初阶段，这个阶段的特点就是积累大量的实际材料包括具体的、历史的和理论的材料，并用实践经验来检验和用批判态度来审查他的先驱者所提供的理论。至于对收集的材料进行系统的整理和概括，并在吸收他的先驱者所建树的科学成果基础上来制定自己的学说，则是属于研究工作下一阶段的任务。马克思在当时十分重视资本主义经济制度在其运行中所产生的许多实际问题，如货币流通、信用、危机等等。他用"反思"这一概念作手稿的名称，正是反映出要用这些实际问题来检验和审查资产阶级经济学家的理论。"反思"（Rebbux）这一概念原是黑格尔《逻辑学》中的范畴，意谓反射、反映。黑格尔用反思或自身的映现，来解释本质同现实的、或直接的存在之间的区别。他认为，直接的存在同本质相比较，只是一种犹如直射的光线碰到镜面所反射出来的现象。"在这个现象里有两方面，第一方面是一个直

---

① 《马克思恩格斯全集》第1版第44卷第93页。

接的存在，第二方面同一存在是作为一间接性的或设定起来的东西。当我们反映或……反思一个对象时，情形亦复如此。因此这里我们所要认识的对象，不是它的直接性，而是它的间接的反映过来的现象。"① 马克思在50年代对政治经济学的研究中经常运用黑格尔的"反思"概念。如他在1857—1858年经济学手稿中探讨货币作为商品价值尺度这一职能时指出：用货币来估量的商品价值就是商品价格。但是，在货币执行价值尺度时不需要实在的货币，而只需要想象的货币。因此，"价格不再是商品的直接的规定性，而是商品的反思的规定性"②。马克思在《反思》手稿中事实上把斯密和图克的两种贸易、两种货币的命题看成是实际的生产过剩危机在理论上的反射或反映，犹如商品价格是货币和商品的价值在观念上的反射或反映一样。马克思正是根据这一思想，展开了对斯密和图克的命题的评论。

但是，由于马克思在当时还没有制定出自己的理论，所以在阐述危机问题时事实上以西斯蒙第的理论为依据。这种情形是不足为奇的，因为马克思在当时对政治经济学的研究还只处于初期阶段。西斯蒙第在政治经济学史上最早考察了资本主义条件下的生产过剩危机。他把危机归因于生产与消费的不合比例，即在社会财富增长的同时，人民群众的消费、或有支付能力的需求却没有相应地增长。因此，他认为生产必须适应消费，生产的扩大要受到有支付能力需求的限制。马克思同意西斯蒙第的这种观点。他说："经济学家们证明不可能发生生产过剩，至少是不可能发生普遍生产过剩的一切论断，正像西斯蒙第反驳麦克库洛赫时正确地指出的那样，只涉及实业家和实业家之间的贸易。"麦克库洛赫

---

① 黑格尔：《小逻辑》，商务印书馆1982年版，第242页。
② 《马克思恩格斯全集》第1版第46卷（上）第138页。

以所谓萨伊定律为依据,认为供给、即生产会给自己创造需求,生产的扩大不会受到需求的限制,即生产的扩大是由生产本身决定的。马克思在当时事实上把斯密所说的"实业家和实业家之间的贸易"理解为指生产,而相应地把"实业家和消费者之间的贸易"理解为指需求。因此,他指出:斯密和图克所作的两种贸易、两种货币的区分"是重要的","但是所缺乏的,是这两种贸易、两种货币之间的联系",也就是说,斯密和图克没有看到生产要受消费、要受需求的制约。正因为这样,马克思说:"所有的危机事实上都表明,实业家和实业家之间的贸易,总是超出实业家和消费者之间的贸易为它所设定的界限。"①

由于西斯蒙第片面地把危机解释为生产与消费的不合比例,所以就把资本主义生产看成永远处于生产过剩状态之中。这样,他就强调了资本主义为实现它的过剩产品而寻找国外市场的必要性。马克思事实上正是依据西斯蒙第的这个观点,认为"实业家和实业家之间的贸易,例如在英国,决不[仅]受英国实业家和消费者之间的贸易的限制,而且在或大或小的程度上还受全世界市场上实业家和消费者之间的贸易的限制"②。

西斯蒙第把危机的产生看成日益扩大的生产超出了消费,但并不否认消费也有增长。他认为,随着资本主义的发展和社会财富的增进,富人的奢侈性消费会有所增加,但这种增加比起破产和贫困化的劳动人民所减少的消费要少得多。马克思也认为不能把生产与消费不相适应"这种论断绝对化","由于有产阶级日益奢侈,这种情况有所改变"。③ 但是,有限的消费能力的增长总是跟不上生产的不断扩大。正因为这样,

---

① 《马克思恩格斯全集》第 1 版第 44 卷第 154 页。
② 《马克思恩格斯全集》第 1 版第 44 卷第 155 页。
③ 《马克思恩格斯全集》第 1 版第 44 卷第 155 页。

马克思说："事实上我们也发现，实业家和消费者之间的贸易大多在实业家和实业家之间的贸易面前最终碰壁。"因此，危机的发生在于消费不足，从而"总是最先发生在实业家和消费者之间的贸易中。"①

西斯蒙第认为商业的历史表明，"劳动产品增加后获得利益的并不是工人：工人的工资丝毫没有增加"，而"能够多享受一些奢华的轻佻幸福的"只不过是占全国人口百分之一的农场主和工厂主②。马克思也得出了这样一个观点："生产过剩不只归因于生产的不合比例，而且也归因于资本家阶级和工人阶级之间的关系。"③

马克思在《反思》手稿中还考察了货币流通、信用同危机的关系，探讨了图克的两种货币相等的命题。民主德国的作者沃尔夫冈·扬把图克的这一命题同斯密的两种贸易相等的命题割裂开来，认为马克思在《反思》手稿中所引述的图克的命题不是指图克的两种货币相等，而是指图克在同通货学派论战中反对李嘉图的货币数量论时所区别的两种货币职能、即作为流通手段的货币和作为支付手段的货币，并断言马克思在《反思》手稿中"强调指出图克的功绩——把与这两种贸易形式相应的货币职能区别开来"④。这种说法是不符合于事实的。因为无论在《反思》手稿中，还是在以后的一切手稿和著作中，马克思提到图克的同斯密的两种贸易相联系的两种货币这一命题时，指的都是两种货币在数量上相等的问题，而不是指的两种货币在职能上区别的问题。马克思认为图克在反对李嘉图的货币数量论时区别了货币的不同职能，是他在

---

① 《马克思恩格斯全集》第1版第44卷第156页。
② 西斯蒙第：《政治经济学新原理》，商务印书馆1964年版，第494页。
③ 《马克思恩格斯全集》第1版第44卷第156页。
④ 沃尔夫冈·扬：《关于马克思1851年的〈反思〉手稿》，载于《马列主义研究资料》，1956年第1—2辑合刊，第71页。

1859年出版的《政治经济学批判》中第一次提出来的①。两种货币在数量上相等和两种货币在职能上的区别是两个不相同的问题，不能把它们混淆在一起。

马克思在《反思》手稿中对两种货币的分析同他对两种贸易的分析是相一致的，指出了"确认它们之间的分离是不够的，问题在于它们的联系和相互作用"②。马克思事实上认为实业家和实业家之间贸易中的流通手段，要受实业家和消费者之间贸易中的流通手段的制约。因为他指出：私人的货币、消费者的货币就是居民中不从事贸易的各阶级的收入；他们的"收入超过他们日常开支……的那部分货币以上的余额……是存款的主要来源"，而存款则是真正从事贸易的实业家内部的整个货币运动的基础。在危机期间"信用缺乏时，这些存款就从贸易中抽走"③。因此，实业家和实业家之间贸易中的信用短缺，事实上是由实业家和消费者之间贸易中的货币流通状况引起的。正因为这样，马克思指出："说在危机时全部问题在于缺乏信用而流通手段是无所谓的，这种说法是错误的。"在"事实上缺乏的是流通手段"，使"商品即现实资本不能换成黄金和银行券"④。

由于在危机时"商品不再是货币，它们不能再换成货币"，所以某些人就把这种情形归咎于货币制度或货币制度的某种特殊形式，并幻想用改变货币制度的办法来消除资本不能兑现的状况，即消除危机。马克思批判了这种幻想，指出商品不能实现为货币是同资本主义这种社会生产的组织形式分不开的。他说："在货币制度的存在中不仅包含着［商

---

① 《马克思恩格斯全集》第1版第13卷第175—177页。
② 《马克思恩格斯全集》第1版第44卷第156页。
③ 《马克思恩格斯全集》第1版第44卷第156页。
④ 《马克思恩格斯全集》第1版第44卷第157页。

品与货币]分离的可能性，而且已经存在着这种分离的现实性，并且这种情况证明，正是由于资本同货币相一致，资本不能实现其价值这一状况已经随着资本的存在，因而随着整个生产组织的存在而存在了。"① 马克思的这一思想在后来获得了发展，因为他在后来指出：在简单商品流通中已经包含危机的可能性，而资本主义这种经济组织形式则把这种可能性变为现实性。

马克思也批判了蒲鲁东、格雷等人的"劳动货币"主张，认为他们在事实上仍然"想保留货币，但又不让货币具有货币的属性"，换句话说，仍然要"保留价值和私人交换"，而只是"想好好地安排这种分离的符号，好让这种符号表示同一"。② 马克思在后来的《1857—1858年经济学手稿》中批判蒲鲁东主义信徒达里蒙的理论时，详细地发挥了这一思想。

马克思把货币制度看成"是建立在阶级对立之上的"③。他指出，那些鼓吹在资本主义条件下可以实现平等权利的民主派，"只知道实业家和消费者之间的贸易中的货币。因此，那个爆发冲突的领域、风暴、货币危机和大宗货币交易，他们是不知道的"④。因为在实业家和消费者之间的贸易中，参加交换的双方都只是平等地作为商品或货币的所有者，谈不上阶级对立。马克思把这种表面上的平等看成同各阶级的收入都转化为货币相联系。实际上，工人获得工资、资本家获得利润和土地所有者获得地租反映出各个阶级的对立，但在这些收入转化为货币以后，"收入的特性消失了［Ⅶ—52］，一切阶级的个人都变得模糊而消

---

① 《马克思恩格斯全集》第1版第44卷第159页。
② 《马克思恩格斯全集》第1版第44卷第159页。
③ 《马克思恩格斯全集》第1版第44卷第160页。
④ 《马克思恩格斯全集》第1版第44卷第159页。

失在买者的范畴中,他们在这里同卖者相对立。这就产生一种假象,即在这种买卖的行为中看到的不是阶级的个人,而是没有阶级性的单纯进行购买的个人。"① 因此,马克思得出结论说:"在消费者和实业家之间的贸易行为中,质的阶级差别消失在量的差别中,消失在购买者拥有的货币的多少中,而在同一阶级的内部,量的差别则形成质的差别"②,即形成大资产者、中资产者、小资产者。

综上所述,马克思在《反思》手稿中引述斯密和图克的两种贸易、两种货币的命题所考察的是生产过剩危机,以及在商品交换中所产生的平等假象问题。马克思在当时还不知道他们的命题是"斯密教条"的另一种表述方式。但是,苏联作者维戈茨基却作出了与马克思经济学说发展的实际过程完全不相同的阐述,并把马克思在手稿中的一些论述同马克思在后来才制定的社会资本再生产理论附会在一起。他对《反思》手稿的整个研究的出发点是:马克思在手稿的开头所引述的斯密关于两种贸易的区别"在斯密那里,事实上谈的是广义地理解的社会生产的两个部类"③。他的依据是斯密著作法文本译者加尔涅把斯密所说的"实业家"解释为"是指一国工商业的全体当事人",马克思把它解释为"生产消费者"、"生产者"。下面即将讲到,他的这种观点完全是一种出于望文生义的误解。实际上,斯密关于两种贸易的命题只是用另一种方式表述了"斯密教条",而根据这个教条,单个产品或年产品的价值只分解为收入,即不包含生产资料价值。既然如此,斯密怎么可能把年产品区分为生产资料和消费资料,并相应地把社会生产区分为生产生产

---

① 《马克思恩格斯全集》第1版第44卷第162页。
② 《马克思恩格斯全集》第1版第44卷第163页。
③ 维·维戈茨基:《关于马克思伦敦笔记中的〈反思〉手稿》,中译文载于《马列著作编译资料》第17辑第3页。

资料部类和生产消费资料部类。

斯密由于他的那个教条,使他在社会资本再生产理论上无所建树。但是,他在考察固定资本和流动资本的再生产时却遇到了研究年产品的实现问题必须把社会生产的两个部类区分开来。如上所述,他认为年产品最终必然全部地分解为收入,即全部地归入个人消费。但是,他在考察固定资本和流动资本的再生产问题时却遇到了难题:如果考察的只是年产品的价值,那么这个价值就似乎能够全部地分解为收入,归入个人消费;但如果考察的是以实物形式存在的年产品,那么就无论如何不能把年产品的一部分即生产资料,或如他所说的全部固定资本和一部分流动资本分解为收入,并归入个人消费。为了解决这一难题,他把以价格表现的收入和以实物表现的收入区别开来。他说:"维持固定资本的全部费用……从来都不可能成为社会纯收入的一部分。这种劳动的价格,当然可以是社会纯收入的一部分,因为从事这种劳动的工人,可以把他们工资的全部价值用在他们的直接的消费储备上。"至于流动资本中"不用来维持前者(指固定资本——作者)的那部分可供消费的物品,则全部加入后者(指直接的消费储备——引者),成为社会纯收入的一部分"[①]。马克思在评论斯密的这个观点时说:"亚·斯密在这里碰上了一种非常重要的区别,即生产生产资料的工人和直接生产消费资料的工人之间的区别。"[②] 列宁也说:斯密"已经接近于承认,要阐明实现问题就绝对必须区分两种消费:个人消费和生产消费"[③]。马克思和列宁的评论所针对的不是斯密对两种贸

---

① 参看业当·斯密:《国民财富的性质和原因的研究》上卷,商务印书馆1972年版,第262、264页。
② 《马克思恩格斯全集》第1版第24卷第405页。
③ 《列宁选集》第1卷第177页。

易的区分，而是斯密在考察固定资本和流动资本的再生产时提出的观点。但是，由于马克思和列宁在评论中使用了"生产生产资料的工人"、"直接生产消费资料的工人"、"个人的消费"、"生产的消费"等概念，同马克思把斯密在区分两种贸易中所说的"实业家"解释为"生产消费者"、"生产者"相类似，这就似乎成为维戈茨基作出上述误解的一个依据。应该指出，斯密虽然接近于把社会生产的两个部类区分开来，但由于他的教条，使他不可能把他在分析中"涌现出的一些思想片断综合起来"①，进一步对社会资本再生产问题得出科学的结论。

在维戈茨基看来，既然斯密关于两种贸易的区分就是把社会生产划分为两个部类，而马克思在《反思》手稿中分析了斯密所说的两种贸易，所以《反思》手稿就成为"马克思第一次从社会总产品的实现过程这个角度来开始研究这种划分"②，即开始研究社会生产的两个部类。实际上，在研究年产品的再生产时要把社会生产划分为两个部类，是以批判"斯密教条"为前提。但是，在整个《反思》手稿中则完全没有涉及这个问题。即使马克思在《1857—1858年经济学手稿》中，也仍然同意"斯密教条"。他是为斯密如下论证方法所迷惑：在单个生产部门的产品价值中虽然包含有生产资料价值，但这个生产资料是其他生产部门的劳动产品，因此生产资料价值本身仍然只分解为收入，从而产品价值归根到底只由工资、利润和地租构成。李嘉图在许多方面发展了斯密学说中的科学因素，但没有看出"斯密教条"的错误，并接受了这个教条。马克思在1857—1858年手稿中维护李嘉图根据"斯密教条"而作出的论述。他说："人们指责李嘉图，说他只把利润和工资看作生

---

① 《马克思恩格斯全集》第1版第24卷第407页。
② 《马列著作编译资料》第17辑第3页。

产费用的必要组成部分，而不把原料和工具中包含的资本部分也看作生产费用的必要组成部分，这种指责是十分愚蠢的。因为原料和工具中的原有价值只是被保存，所以就不会形成新的生产费用。至于谈到这些原有价值本身，那么它们又全部归结为物化劳动——必要劳动和剩余劳动——工资和利润。"①

马克思把社会生产划分为两个部类是在他写作《反思》手稿11年以后，即在1861年1、2月间写作《剩余价值理论》手稿头两本②时作出的。他在批判分析斯密的价值和剩余价值理论时，第一次觉察到了"斯密教条"的错误。按照斯密的观点，商品价值由物化在商品中的劳动量决定，只适用于资本积累和土地私有制还没有产生的社会；在资本积累和土地私有制产生以后的社会，商品价值则由工资、利润和地租决定，即由这三种收入相加在一起构成。马克思在考察中发现，即使撇开斯密把三种收入当作价值的源泉这一点错误不谈，斯密把商品价值看成只由三种收入构成也是错误的。马克思指出了在商品价值中还应当包含与这三种收入不相同的第四部分。他说："商品总量的价格或交换价值，无论就单个资本家来说，还是就全国来说，都还包含第四个部分，这部分对任何人都不构成收入，既不能归结为工资、利润，也不能归结为地租。"③ 这个第四部分就是产品价值中的生产资料价值，即不变资本，它作为生产条件必须归还给生产。因此，马克思研究了年产品中包含的不变资本是如何再生产的，并在研究中把社会生产划分为A、B这两个部类："假定A是某种只用于个人消费的产品的生产者"；"B部类提供

---

① 《马克思恩格斯全集》第1版第46卷（上）第336—337页。
② 即马克思的1861—1863年经济学手稿的第6本和第7本。
③ 《马克思恩格斯全集》第1版第26卷第1册第83页。

的是非个人消费的、只加入生产消费、作为生产资料加入生产过程的产品"①。同 A 和 B 这两个部类的区别相适应，"年产品总量就分为两部分：一部分作为收入被消费，另一部分以实物形式补偿已消费的不变资本"②。

因此，马克思分析了在简单再生产条件下，年产品总量的各个组成部分在它们的补偿过程中所发生的三种交换：（1）收入同收入的交换，它发生在 A 部类内部，是 A 部类某一个生产部门的资本家和工人用代表他们的利润和工资、即代表他们的收入的那部分产品，去交换 A 部类另一个生产部门代表收入的那部分产品；（2）收入同资本的交换，它发生在 A 部类和 B 部类之间，是 A 部类用存在于个人消费品形式上的、代表已消耗的不变资本的那部分产品，去同 B 部类存在于生产资料形式上而其价值能由 B 部类资本家和工人所消费的、即代表收入的那部分产品相交换；（3）资本同资本的交换，它发生在 B 部类内部各个生产部门之间，是 B 部类各个生产部门的产品彼此作为生产资料、即不变资本相互补偿。马克思在对这三种交换的分析中，事实上接近于确定年产品的实现条件和两个部类之间的比例关系。

因此，马克思是在《剩余价值理论》手稿中，而不是维戈茨基所说那样在《反思》手稿中划分了社会生产两个部类，以及"制定了他的未来的再生产理论的某些重要要素"③。维戈茨基的观点获得了某些

---

① 《马克思恩格斯全集》第1版第26卷第1册第242页。
② 《马克思恩格斯全集》第1版第26卷第1册第233页。
③ 《马列著作编译资料》第17辑第3页。

作者的附和①。事实上，他们似乎是受如下情形的迷惑：马克思在《反思》以外的许多手稿和著作中提到斯密的两种贸易相等这一命题时，总是用以批判"斯密教条"和论述社会资本再生产问题，既然如此，《反思》手稿提到斯密的这一命题似乎也就当然是同研究再生产问题有关。这种情形不仅迷惑了维戈茨基等作者，似乎也迷惑了某些对维戈茨基观点持异议的作者。因为他们事实上也认为在马克思的所有手稿和著作、包括《反思》手稿在内，提到斯密的两种贸易这一命题总是把这一命题看成同"斯密教条"相联系。因此，有的作者认为维戈茨基过高地估计了马克思于1851年在再生产理论上所达到的水平，但又认为"在《反思》中，马克思还追随亚当·斯密……的错误教条"②，有的不同意维戈茨基把斯密区别两种贸易的论题看成斯密已区分社会生产两个部类，但认为从《反思》手稿的"内容可以看出，马克思这时已经开始对社会总产品实现过程的研究，已经开始批判资产阶级经济学家有关社会资本再生产问题的错误观点"③。还有一些作者虽然认为维戈茨基对《反思》手稿作出了错误估价，并正确地指出这个手稿是研究危机问题的，但同样地不了解马克思早期著作的特点，以致否认斯密两种贸易相等命题的本来含义是用另一种方式表述他的教条，并试图证明斯密的这

---

① 赵洪：《论〈政治经济学批判（1857—1858年草稿）〉在马克思再生产理论形成史上的地位》，载于吉林省《资本论》研究会编：《〈资本论〉研究文选》第1集；于俊文：《十九世纪五六十年代马克思再生产理论的形成过程》，载于《社会科学战线》1988年第2期。

② 沃尔夫冈·扬：《关于马克思1851年的〈反思〉》手稿，载于《马列主义研究资料》1986年第1—2辑合刊第77页。

③ 马健行、郭继严：《〈资本论〉创作史》，山东人民出版社1981年版，第276页。

一命题"讲的是自由贸易问题……和货币流通的问题,而不是论述的社会资本再生产的问题"①。所有这些议论表明:在探讨马克思经济学说发展史时,应当把马克思本人的经济学说和他对资产阶级经济理论的批判分析看成有一个逐渐完善的过程,应当完整地、准确地理解和掌握马克思在每一个时期所写的手稿和著作的内容,不顾马克思在一定时期对政治经济学所作研究的总状况,而只抓住早期手稿或著作中的某些词句,不加分析地同马克思在后来才制定的学说相附会,这不是真正的科学研究方法。

---

① 商德文:《评维戈茨基对〈反思〉手稿的错误估价》,载于《马列主义研究资料》1982年第5辑,第89页。

关于马克思《伦敦笔记》中的《反思》手稿[*]

〔苏〕维·维戈茨基

毫无疑问,编辑出版《马克思恩格斯全集》国际版(MEGA)第二部分各卷的工作,会大大推动从根本上研究马克思经济学遗产的工作,特别是包括许多本摘录笔记的那一部分,而首先就是与50年代的笔记本(《伦敦笔记》)有关的部分。在这些笔记中有一个不长的独立的手稿,马克思把它标题为《反思》。这个手稿写在第7本摘录的第48—52页上,而第7本摘录是在1851年3月写的,其中摘录了许多作者的著作,主要是关于货币理论和货币流通的问题。这个手稿被收入全集国际版第1部分第10卷,它的德文原文最初发表在东德《统一》杂志1977年第5期,俄译文发表在《共产党人》杂志1977年第1期,并被收入了《马克思恩格斯全集》第2版第44卷。

这个手稿的理论水平再现了马克思经济学研究过程的一定时期:进一步收集内容广泛的具体历史和理论材料的时期。这也是从在各个细节上研究资产阶级经济学的各种表现**过渡到**进行概括,过渡到说明在互相作用中具有内部联系的各要素的时期。换句话说,在《反思》中,马

---

[*] 本文选自《马列著作编译资料》1981年第17辑。

原题注:马克思50年代初期的经济学手稿《反思》曾发表在《马列著作编译资料》第1辑,现已收入《马克思恩格斯全集》第1版第44卷。本文从手稿的内容和方法论这两方面进行了论述,对理解该手稿有一定参考价值。

克思从批判地研究资产阶级政治经济学出发,在研究货币流通和危机问题上从具体过渡到抽象方面迈出了决定性的一步。这个过渡在1857—1858年手稿和1861—1863年手稿中在展开的形式上得到了完成。

马克思完全按照他的研究方法,即把正面地制定理论和批判地克服资产阶级观点这两方面结合在一起的方法(见马克思1858年2月22日致拉萨尔的信)①,在《反思》中他在更高的水平上继续进行他在40年代就已开始的对小资产阶级观念的批判。马克思特别批判蒲鲁东的主张,这种主张宣称,经济危机是由于资本主义货币制度的"缺陷"造成的,并力求用人为的办法去设置货币,"但又不让货币具有货币的属性"。(6,159)②

我们努力设法一步一步地弄清《反思》中的一**些新的要素**,这些也是马克思作为自己进一步研究的出发点的要素。这样做之所以尤其有必要,是因为我们能够用来判断马克思50年代前半期经济理论发展的史料并不很多。③

马克思在《反思》中分析了亚·斯密所确定的两类贸易之间的区别:一类是实业家和实业家之间的贸易,另一类是实业家和消费者之间的贸易。马克思在《剩余价值理论》(1862年)中关于亚·斯密进行了相应的论述,在那里他继续分析了斯密的这个论点。斯密著作的法文本译者加尔涅(马克思弄错了,曾认为是斯密本人)加的注释是很重要

---

① 《马克思恩格斯〈资本论〉书信集》第123—124页。
② 括号中前一个数字指本丛书(指《马列著作编译资料》)。——本丛书编者注)第1期的页码,后一个数字指《马克思恩格斯全集》第1版第44卷的页码。下同。
③ 除了摘录本以外,这类史料还有马克思和恩格斯的书信,以及他们写的报刊文章。

的，这个注释指出，实业家"是指全体商人、制造业者、手工业者等等"，"一句话，是指一国工商业的全体当事人"①。后来，马克思至少有两次重新回头来谈到斯密关于实业家的说法。一次马克思把他们说成"生产消费者"，另一次说成"生产者"。② 总之，在斯密那里，事实上谈的是广义地理解的社会生产的两个部类。

照我们的看法，斯密在这里实质上是考察两个部类所生产出来的社会总产品的实现过程：生产资料的生产（实业家之间的交换）和消费资料的生产（实业家和消费者之间的交换）。大家都知道，把社会生产分为两个部类（第Ⅰ部类和第Ⅱ部类）后来为马克思的再生产理论奠定了基础。在《反思》中，马克思第一次从社会总产品的实现过程这个角度来开始研究这种划分。他指出，这种划分很重要，但是在斯密那里这两个部类之间缺乏联系。马克思往下的分析是为了弄清这两个部类的**相互关系**。③ 在这种分析的过程中，马克思制定了他的未来的再生产理论的某些重要要素。

马克思指出，实业家和消费者之间的贸易，即两个社会生产领域④的产品的实现过程，形成第一个领域的一定的界限。马克思指出，那些打算证明生产过剩的危机不可能发生的资产阶级经济学家们只看到第一部类，而撇开了它同第二部类的不可分割的相互关系。这种做法的错误

---

① 《马克思恩格斯全集》第1版第26卷第1册第111页以下。

② 《马克思恩格斯全集》第1版第26卷第1册第256页；第25卷（下）第953页。

③ 再生产理论的主要公式 $(V+m)\,I \geq CII$ 也包括社会生产两个部类之间的关系。这个较早的手稿和"成熟的"马克思之间的原始联系是无可怀疑的。

④ 在这里我们说社会生产领域，而不说部类，是为了强调这个手稿中制定再生产理论的原始性质。

通过实际发生的危机而得到了证实。

然而这个问题的另一方面,就在于第二部类**只是归根到底**表现为第一部类的界限。① 但是对于第二部类来说,第一部类具有相对的独立性,而且,马克思还指出了它对第二部类所起的一定作用。事实上正如马克思所写的:"实业家和消费者之间的交换,至少有四分之三是工人和零售商以及手工业者之间的交换,但这种交换又取决于工人和工业资本家之间的交换,而后一交换又受实业家和实业家之间的交换所制约。"(1,154)

除了这种看法以外,马克思还举出了一系列别的看法,证明第一部类具有决定作用和相对独立的性质。第一:"实业家和实业家之间的贸易,例如在英国,决不仅受英国实业家和消费者之间的贸易的限制,而且在或大或小的程度上还受全世界市场上实业家和消费者之间的贸易的限制"。(2,155)

第二:工人阶级状况的恶化实际上造成生产和消费之间的不相适应,也就是造成生产过剩,"这大部分是正确的。但是,由于有产阶级日益奢侈,这种情况有所改变。把这种论断绝对化,说什么种植园主的贸易取决于他的黑人的消费,也同样是错误的"。(2,155)②

第三,马克思说:"实业家和实业家之间的贸易大部分造成实业家和消费者之间的贸易。例如,如果工厂主从投机商那里得到非常大宗的

---

① 在《资本论》第3卷中马克思指出,劳动人民有限的消费,即社会生产第Ⅱ部类产品实现的有限可能性,是"一切真正的危机的最根本的原因"(《马克思恩格斯全集》第1版第25卷(下)第548页)。

② 这一说法表现了辩证唯物史观关于物质生产对于消费居于首位的最重要要求的具体化。在再生产过程中,这一要求表现为社会生产的第Ⅰ部类对于第Ⅱ部类居于优先地位。上述的说法并不否认第Ⅰ部类的最终界限取决于第Ⅱ部类。

订货，那么工人就大量就业，工人的工资就增加，工人的消费就增加。"（2，156）

最后，马克思在第四点写的是很重要的："生产过剩不只归因于生产的不合比例，而且也归因于资本家阶级和工人阶级之间的关系。"（3，156）

这一点也有利于说明第一部类的决定性作用，因为首先在这当中实现着工人和资本家之间的阶级关系，资产阶级社会的主要生产关系。

马克思考察了社会生产第一部类和第二部类内部的货币流通，并且着重指出："……问题在于它们的联系和相互作用"。（3，156）正像整个第二部类表现为第一部类的界限一样，第二部类的货币流通，非生产阶级的收入超过他们的支出的余额也形成"**存款**的主要来源，而存款又成为**商业货币**的主要基础"。（3，156）①

在《反思》中，马克思分析了资本价值的实现问题。马克思的出发点是，这个问题在于资本总价值的实现："现实的困难是**商品即现实资本不能换成黄金**和银行券。"（4，157）②

在《反思》中，马克思指出了经济危机和资本主义生产方式发挥作用的全部条件之间的深刻联系。这使得他有可能批判一种空想的企图，这种空想的企图打算通过改良货币制度来从根本上改造资产阶级社会。在《哲学的贫困》中已经包含着这种批判了，而在《反思》中他

---

① 在《剩余价值理论》（《马克思恩格斯全集》第 1 版第 26 卷第 1 册第 231—236 页）中，马克思又回过来分析斯密在这个问题上的看法，并且特别着重指出第 I 部类对第 II 部类的相对独立性。列宁在 19 世纪 90 年代自己的著作中也注意到了马克思理论的这个重要论点。

② 后来马克思以及列宁都批判资产阶级和小资产阶级关于实现问题的看法，这些看法认为，困难只在于剩余价值（利润）的补偿。

又以展开的形式进行了这种批判。马克思写道:"**在货币制度的存在中不仅包含着**〔商品和货币〕**分离的可能性,而且已经存在着这种分离的现实性,并且这种情况证明,正是由于资本同货币相一致,资本不能实现其价值这一状况已经随着资本的存在,因而随着整个生产组织的存在而存在了。**"(5,159)改良主义者,例如蒲鲁东派,"想好好安排这种分离的符号,好让这种符号表示同一"。(6,159)

马克思指出,货币制度不是孤立的,而是存在于同资产阶级生产的对抗关系不可分割的联系当中,而且货币制度本身就是资产阶级社会的必要的组成部分:"可见,我们无须证明,货币制度是建立在阶级对立之上的,倒是那些头脑简单的人们①必须证明,不管以前的所有历史经验如何,货币制度甚至在没有阶级对立的情况下也有某种意义,以前所有社会制度的这一环节,在否定以前所有社会制度的那种状态下也能继续存在。"(6—7,160)

在消费者和实业家之间的贸易领域里,进行着收入(工资、利润、利息、地租)同资本的交换,因此,这以存在着资产阶级社会关系和资产阶级社会的阶级为前提。然而,收入的货币形式掩盖着它的阶级性质,并且造成一种资产阶级社会中平等的假象:"另一方面,在货币制度充分发达的社会中,由此事实上造成了个人的实际的资产阶级平等——就他们拥有货币,而不管这种收入的来源而言……在货币同商品的交换中,在实业家和消费者之间的这种贸易中,当工厂主从店铺老板那里购买时,他象他的工人一样是消费者,仆人和主人都

---

① 在《反思》中,马克思特别针对施蒂纳写道:"十足的头脑简单的人,即老实的不学无术的民主派……问题对这些头脑简单者来说,也象一切事物对他们来说一样,是如此的简单和幼稚,就象他们自己一样。"(6,159)。马克思在1851年6月27日致魏德迈的信中从另外的角度重复了这一思想。

是用同一货币价值得到同一商品。因此，在这种交换行为中，转化成货币的收入的特性消失了，一切阶级的个人都变得模糊而消失在买者的范畴中，他们在这里同卖者相对立。这就产生了一种假象，即在这种买卖的行为中看到的不是阶级的个人，而是没有阶级性的单纯进行购买的个人。"（8，161—162）①

在《反思》中，马克思研究了收入的货币形式，工资的货币形式对工人阶级状况的影响。"最大的消费者阶级即工人所购买的物品的范围和品种，受他们的收入的性质的限制。当然，工人可以不为自己的子女买肉和面包，而把工资买白酒喝掉，这是在实物工资制下做不到的。这样一来，他的个人自由就扩大了，也就是说，白酒的支配作用有了更大的活动余地。另一方面，工人阶级用他们超过必要生活资料的积蓄可以不去买肉和面包，而是去买书籍以及请人讲演和召开群众大会。工人阶级有了更大的手段来占有象精神力量这样的普遍社会力量。"（9，162）

不仅是资本主义的否定的特点，而且资本主义同以往的社会形态相比的肯定的特点，即它是比较进步的生产方式（货币工资形式在手稿的上下文联系中是作为资本主义生产方式的必然表现之一出现的），它为工人阶级的智力的发展创造了一定的条件，都被马克思通过逐步克服资产阶级的"工资最低额"的概念而加以证明了。在1857—1858年的手稿中马克思基本上克服了这个概念，而在1861—1863年的手稿中则展

---

① 马克斯豪森指出，在《反思》中反映了商品拜物教理论发展的一定阶段，他把这个阶段叫做"交换价值拜物教"。参看马克斯豪森："商品拜物教理论在马克思1850年至1863年经济学著作中的发展"（载于《马克思恩格斯研究报导》哈勒版1976年第1号第76页以下）。

开了对这一概念的批判。①

* * *

《反思》这一新的理论材料,又一次加深了我们对马克思经济学研究过程的认识,在这个过程中经济理论实行革命变革的各个要素和无产阶级政治经济学得以建立的各个要素逐步成熟起来,直至《资本论》出版时这个过程才算结束。研究这个手稿也有方法论上的重要性,因为这使得我们有可能揭示马克思创作过程的某些重要特点,更深入地认识他的研究方法。

这个手稿清楚地表明,批判地分析资产阶级政治经济学,特别是分析资产阶级古典经济学家的观点,在马克思的研究中起了基本的作用。在40年代下半期,马克思在《哲学的贫困》中第一次着重指出了资产阶级政治经济学的古典学派。在1857年末完成的手稿"巴师夏和凯里"中,他提出了对古典学派的确切评价。马克思在这两个著作中间的时期写的《反思》表明,他在50年代初期已经完全自觉地以资产阶级古典政治经济学为出发点,他在理论上克服它们并在建设性地批判它们的过程中,同时创造了他自己的学说的最早的一些要素,在这里就是再生产理论和经济危机理论的一些要素。

资产阶级古典政治经济学在《反思》中表现为马克思经济理论的最重要的源泉。马克思把政治经济学的历史看作资产阶级社会的历史的反映。通过对资产阶级政治经济学所作的历史的具体的考察,使马克思得出了一些理论事实②,其中包括这样一些基本的理论事实,如资本主

---

① 后来,在《资本论》第二卷中,马克思写了关于资本主义生产方式趋向于工资最低额的趋势,这遇到了工人阶级的反抗。

② 由理论(事实的反映)所表述的、事实的被概括的特性,可以称为理论事实。

义剥削的事实，占有剩余价值的事实，生产价格存在的事实，这种生产价格和价值不同并且是资本主义下市场价格围绕着波动的中心。资产阶级经济学家在劳动价值论的范围内不能解释这些事实（大家知道，这也就导致了古典学派在理论上的破产）；但是他们能够把这些事实肯定下来，由此马克思得出了理论的出发材料，最终使得他能够完成政治经济学的革命。

在《反思》中，马克思从斯密所发现的贸易分为两类出发，确切地说，从分为社会生产的两个部类出发，他分析了在斯密那里所缺乏的这两个部类之间的联系，并且得出结论：在这两个部类之间并不存在斯密所说的价值平衡。后来（在《剩余价值理论》和《资本论》第3卷中）马克思指出，斯密的错误是由他的教条造成的，按照这种教条，社会总产品的价值与收入总额相一致。我们从这个例子可以看出，马克思对他的前辈资产阶级政治经济学古典学派的关系完全符合辩证方法的要求，即肯定和否定的统一，——在这里否定是指"扬弃"，从理论上加以克服。

研究《反思》同马克思在这个手稿以前的那些著作的联系，以及同马克思后来的著作的联系，会更加肯定一个无可争辩的事实，即在"早期的"、"中期的"和"成熟的"马克思之间没有任何裂缝；这里存在着发展的总线。马克思在政治经济学中实现的变革并不是在一天之内发生的。这不是一次的过程，而是一个长期的逐渐发展的过程，在这个过程中，马克思经济学说的各个要素逐步汇集起来。直到1857年10月这种汇集工作完成了。这个过程后来还在继续，但是在1857—1863年具有了新的性质：马克思的经济学说开始作为一个有机的整体形成起来。在《反思》中，我们也可以看到40年代的著作中还没有的一些新质的要素表现出来：再生产理论的要素、危机理论的要素、货币理论的要素等等，但是这并不能认为是和以前著作的关系上的裂缝。相反，这表现了明显的继续关系，例如，在《共产党宣言》和《反思》之间关于资产阶级社会中货币的权力的论述，在《哲学的贫困》和《反思》之间关于资本主义制度下货币必然性的论述，以及对不了解这种必然性的蒲鲁东主义的批判，都是明显的继续关系。

我们还可以在《反思》和1857—1858年手稿以及1861—1863年手稿之间关于资本主义制度下工人阶级地位的分析上，关于再生产理论和危机理论的论述上，发现这种继续的关系。只有把《反思》看作马克思经济理论发展总链条中的一个环节，同它以前和以后的各个环节紧密联系起来，只有同《资本论》的历史联系起来，才能够正确地理解它。另一方面，如果我们不仔细考察马克思的这个手稿，我们对这个历史的了解显然是不完全的。而且，我们对马克思经济理论的理解也会是不完全的，因为我们关于马克思学说的内容必须得出与马克思的全部著作遗产，与不可分割的遗产整体相吻合的认识才行。这是现在所有研究马克思的诚实的工作者都承认的。

《反思》显然也证实了我们关于马克思经济理论的成熟标准及其不同的发展阶段的看法。这种标准的制定，对于确定马克思的这一或那一著作的质的特点及其在《资本论》历史中的地位是很重要的。这同上面所说的一切并不矛盾。马克思理论发展的统一路线并不否认质上的过渡和理论成熟程度的不同阶段，相反，必然以这些东西为前提（否则就没有发展了）。我们至少可以指出马克思经济理论成熟程度的这样三个标准：（1）马克思对资产阶级古典政治经济学的态度；（2）较为具体地分析经济过程并得出经济范畴的制定理论的阶段；（3）从经济上论证科学共产主义理论的水平。①

我们按照这些标准来看一下《反思》。我们知道，马克思关于古典政治经济学的观点经历了本质的发展过程：马克思从40年代前半期否定劳动价值论，到40年代后半期承认这一理论，然后过渡到50年代末从理论上加深这一理论。与此相适应，马克思自己的理论也成熟起来。在《反思》中，马克思不仅已经承认古典学派的学说，而且采取严肃的步骤从理论上克服这一学说，从而创造自己理论的各要素。在这方面，把《反思》同《1844年经济学哲学手稿》加以比较是很有意思的。马克思在这里和在那里一样是从斯密理论出发的，但是在他的早期著作中，他从根本上否定这一理论。然而在《反思》中，他把斯密的概念作为自己分析的出发点。

同时应该指出，《反思》表明了马克思经济理论发展的不平衡性：再生产理论和危机理论在他的经济学说即价值理论奠定基础以前就被他着手制定了，甚至是在他制定剩余价值理论以前。这一事实证实了马克思在《政治经济学批判》②中提出的科学发展的规律性：科学往往在打下地基之前就造起大厦的各层住室。但是另一方面也是重要的。没有打下理论的地基之前，它们的较具体的要素是不能相应地制定出来的。因此，例如货币理论只有在建立了价值理论之后才能够制定出来（发生在1857—1858年手稿中）。剩余价值和利润之间的关系也是如此。作为剩余价值转化形式的利润理论在1857—1858手稿中的制定表明，马克思正是在这时而不是在以前建立了他的剩余价值理论。

作为类似情况，可以指出：生产劳动的理论是剩余价值理论成熟阶

---

① 这些标准是从马克思经济理论的发展过程中产生出来的，并且代表这种理论实质的外部表现和研究方法。在我们看来，这就是上述标准的客观性质。

② 《马克思恩格斯全集》第1版第13卷第47页。

段的直接结果,因而是剩余价值理论成熟阶段的标志;经济危机理论表现为再生产理论成熟阶段的结果和标志;商业资本和借贷资本的理论是平均利润和生产价格理论成熟的标准,最后,地租(绝对地租和级差地租)理论代表平均利润和生产价格理论成熟阶段的直接结果及其标志。

联系到《反思》,这种情况意味着:马克思在那里对危机理论的要素的制定是符合同一手稿中对再生产理论的要素的制定的;危机理论发展的水平反映了再生产理论的水平。另一方面,由于马克思这时缺乏价值理论和剩余价值理论,结果也就缺乏在细节上制定好的较具体的理论,只可能创造出货币理论的单个要素、再生产理论和危机理论的单个要素。

在《反思》中,马克思在科学共产主义理论的三个最重要的经济理由中的一个理由方面大大地前进了一步,即在资产阶级社会中工人阶级的地位和斗争这一个理由方面①。马克思在40年代的著作中高度评价罢工斗争的政治意义,但是,基本上还是否定工人阶级的实际斗争对于提高工资和缩短工作日的可能性和必要性。特别是,马克思和恩格斯在这个时期反对争取十小时工作日法案的斗争。马克思和恩格斯的这种看法来自他们40年代所持有的维持身体的工资最低额的观点,认为在资本主义生产方式条件下劳动力的价格必然趋向于这个最低额。②

在60年代,我们看到了关于这个问题的完全另外的见解。按照1857—1863年所制定的经济理论,首先是按照对"劳动力"商品的分析,马克思发现了工人阶级同资产阶级进行不懈的斗争来争取改善自己在资产阶级社会中的地位的可能性和必要性。马克思说明劳动力商品特征的一个本质要素,就是指出劳动力价值形成的特殊性,它既包括身体

---

① 另外两个方面是,社会主义革命的不可避免性和共产主义社会经济的预测。
② 在《剩余价值理论》中马克思指出,工资最低额的理论表明这个问题的纯资产阶级的观点,它在重农学派那里已经扎下了根。

的要素，也包括社会的要素。劳动力价格（工资）的实际水平，究竟趋向于劳动力价值的维持身体的水平（最低界限）还是趋向于社会水平（最高界限），就要看工人阶级斗争的成就如何，要看他们反对资本家阶级的情况如何。

在《反思》中，我们看到马克思指出，资本主义提供了大大提高工资的社会水平的可能性，并提供了由工人阶级占有社会精神力量的可能性。由此也就可以从逻辑上得出：工人阶级既有为实现这种占有而斗争的可能性，也有为把这种潜在的可能性变成现实而斗争的必要性。然而，马克思在很久以后，即50年代末到60年代初，才得出这种结论。

最后，我想着重指出，《反思》中表现出了马克思手稿的这样一个特点，即在其中研究过程比叙述过程占优势。在马克思的著作中当然表现出这两个过程的内在统一，但它们二者之间的实际区别也是不能否认的。在创作《资本论》的所有阶段上，这两个过程都是不可分割地互相作用着；而研究过程起决定作用的这种互相作用，特别反映在制定《资本论》结构的历史上。马克思在创作他的经济理论时完成了从具体到抽象的过渡①，而这是从抽象上升到具体的必要的先行阶段。但是，在从具体过渡到抽象的每一阶段上都同时存在从抽象上升到具体的情况，但后者表现得比较弱，同样，在从抽象上升到具体的每一阶段上都同时伴随着从具体过渡到抽象的情况，但是后者居于第二位。换句话说：没有叙述也就没有研究，没有研究也就没有叙述。这就是研究和叙述之间差别的相对性。恰当的办法只能说这个过程或那个过程占优势。

---

① 由于马克思的前辈资产阶级古典经济学家们把最简单的抽象定义分出来时没有进行到底，这种过渡就已经是必要的了。

在《反思》中，占优势的无疑是摘录本和经济学手稿中的典型现象，即占优势的是从具体过渡到抽象，从表明资本主义经济某些方面（货币流通、危机等）的事实的整体过渡到决定社会表面现象的较深的过程（在这里是过渡到再生产机制），同时，这里也存在着从抽象到具体的一定的上升，即从再生产上升到危机，只不过这种上升刚刚开始，还没有展开而已。

研究马克思的摘录本，使我们有可能深入看到马克思的创造性活动，更具体地了解马克思掌握现实的方法。所有这一切，为我们把马克思的理论和方法实际地创造性地运用于今天的现实创造了有利的条件。

（原载《我们的党取得了一个胜利》1978年柏林版）

（京祚 译）

评维戈茨基对《反思》手稿的错误估价[*]

商德文

　　1977年东德《统一》杂志（第5期）首次用原文（德文）发表了马克思《伦敦笔记》中的《反思》手稿一文。同年，它又被译成俄文刊登在苏联《共产党人》杂志1977年第一期上。随着《反思》手稿的发表，在国际学术界也引起了一些不同的看法和对它作出了不同的评价。1978年苏联经济学家维·维戈茨基发表了题为《关于马克思〈伦敦笔记〉中的〈反思〉手稿》一文，对它作了解释，并且给予极高的评价。维戈茨基的文章一方面提供了某些参考性的意见，如他对经济危机和货币学说的解释基本上是正确的。但是，他的文章中的主要观点和论据则是错误的，缺乏事实根据，是主观臆断的。维戈茨基的主要错误观点集中表现在他对《反思》手稿中的再生产理论的评价方面，以及他的错误的研究方法。本文拟就维戈茨基对《反思》手稿中的上述两方面的错误进行批评分析，以求得正确的解释。不妥之处，请读者批评指正。

---

[*] 本文选自《马列主义研究资料》1982年第5辑。本文对维·维戈茨基评价马克思的手稿《反思》的文章，提出了反驳意见，现刊登出来，供研究参考。维戈茨基文章的中译文发表在《马列著作编译资料》第17辑。——编者注

一、奇妙的逻辑推论

维戈茨基在《关于马克思〈伦敦笔记〉中的〈反思〉手稿》一文中认为，马克思在 50 年代初，即在《反思》手稿中就已经制定了关于社会资本再生产的初步原理，探讨了两大部类的交换和比例关系问题，论述了关于两大部类的货币流通和第一部类优先增长的原理等等。维戈茨基的逻辑推理是：因为亚当·斯密在《国富论》中提出了划分两类不同贸易的学说，即把贸易区分为实业家和实业家之间的贸易，实业家和消费者之间的贸易。他认为斯密讲的关于两类贸易的划分就是两大部类的划分，用他自己的话说就是在这里斯密"事实上谈的是广义地理解的社会生产的两个部类"①。然后，他又进一步推论到"马克思从斯密所发现的贸易分为两类出发，确切地说，从分为社会生产的两个部类出发，他分析了在斯密那里所缺乏的这两个部类之间的联系……"②。

按照上述的思路，维戈茨基继续往下推论，于是他提出了下面这样四条具体的论据，以证明在《反思》手稿中，马克思确实已经初步制定了自己的再生产理论。请看维戈茨基下列论据：

（Ⅰ）"照我们的看法，斯密在这里实质上是考察两个部类所生产出来的社会总产品的实现过程：生产资料的生产（实业家之间的交换）和消费资料的生产（实业家和消费者之间的交换）……在《反思》中，马克思第一次从社会总产品的实现过程这个角度来开始研究这种划分……马克思往下的分析是为了弄清这两个部类**相互关系**。

---

① 《马列著作编译资料》第 17 辑，第 3 页。
② 《马列著作编译资料》第 17 辑，第 9 页。

在这种分析的过程中,马克思制定了他的未来的再生产理论的某些重要要素。"①

(Ⅱ)在《反思》中,马克思分析了资本价值的实现问题。马克思的出发点是,这个问题在于资本总价值的实现:"现实的困难是**商品即现实资本不能换成黄金**和银行券。"②

(Ⅲ)"马克思还举出了一系列别的看法,证明第一部类具有决定作用和相对独立的性质。"③

(Ⅳ)"马克思考察了社会生产第一部类和第二部类内部的货币流通,并且着重指出:'……问题在于它们的联系和相互作用。'"④

我认为,假定维戈茨基文章中的上述论据能够成立的话,那么马克思的确在《反思》手稿中不仅已经初步地制定,而且是已经制定出相当成熟形态的社会资本再生产和流通的学说了。因为从维戈茨基的话中,我们不仅可以看到马克思已经形成了两大部类的明确概念,而且他还进而论述了社会总产品和总资本的实现问题,以及两大部类内部的货币流通问题,甚至马克思还提出了关于第一部类优先增长的原理呢。但是,必须指出,维戈茨基的假定是不存在的,从而他的看法是错误的。

众所周知,判断一个经济学家的某一种经济学说形成的年代,主要的根据不是注释者的臆造、猜测,或无根据的推论,而应当是原作者的原话,即原意。而维戈茨基正是犯了这种毛病。他对马克思的再生产理论持生搬硬套的态度,于是就把马克思的成熟的再生产理论套在了《反思》手稿上。更为甚者,是他为了达到自己能自圆其说的目的,还不惜

---

① 《马列著作编译资料》第17辑,第3页。
② 《马列著作编译资料》第17辑,第5页。
③ 《马列著作编译资料》第17辑,第4页和第4页注②。
④ 《马列著作编译资料》第17辑,第5页。

把两大部类的桂冠戴在了亚当·斯密的头上。他的目的驱使他这样思考问题：因为在亚当·斯密那里已经有了关于两大部类划分的学说，而马克思在当时只不过是斯密的一个追随者而已。或者用维戈茨基自己的话来讲，就是马克思是从斯密"出发"或把斯密当成自己的"最重要的源泉"。① 于是，这样一来，维戈茨基就认为马克思制定了关于社会资本再生产的两大部类的初步原理。因此，在维戈茨基的眼中，在《反思》手稿中，马克思与斯密基本上是一致的，不同之处仅在于马克思指出了再生产两大部类之间的关系。请看，这是一个多么和谐的结论。但需指出，它却是一个荒唐之极的谬论！

因此，对于维戈茨基歪曲马克思《反思》手稿的观点，必须予以严肃的批评。

为了回答维戈茨基的挑战和弄清楚《反思》手稿中的经济理论发展的成熟程度，不妨先提出以下几个问题：第一，在再生产理论问题上，马克思的经济学说与亚当·斯密的经济理论是一种什么关系？第二，马克思《反思》手稿的主要研究对象是什么？是再生产理论还是经济危机理论，或者像维戈茨基的观点，二者都有，但重点是再生产理论。第三，为了确实弄清楚第二个问题，我们还需要考证一下斯密和马克思有关的一些原文到底讲的是什么意思。第四，与上述问题有关，我们还要简略地谈谈维戈茨基在研究方法上的主要错误倾向。我个人认为，如果我们弄清了以上四个问题，也就基本上弄清了《反思》手稿的原意，从而恢复了马克思的经济理论的真面目。对于上述第一、三个问题将在本文的第一部分中予以答复，第四个问题将在本文第二部分中予以说明，第二个问题将在本文的第三部分中作出解答。

---

① 《马列著作编译资料》第 77 辑，第 8、9 页。

下面让我们先论述第一、三问题。

第一，马克思的再生产理论是在批判和突破了"斯密教条"[①]的基础上制定出来的。因此，在社会资本再生产理论方面，马克思与亚当·斯密的关系决不是什么像维戈茨基所讲的那样的一种单纯的继承关系，而是批判，是否定，是扬弃，是前者克服和战胜后者的一种关系或过程。不了解这一点，就等于对马克思的再生产理论形成史一窍不通。而且，我认为在再生产理论方面，斯密留给后人的是被马克思和列宁早已指明的"斯密教条"。而正是这一"教条"在马克思经济学以前的经济学历史中始终占据着统治地位，从而妨碍了对再生产问题的分析。在《国富论》中，斯密虽然在有的地方谈到过再生产的某些问题，但他却始终都没有解决关于不变资本的补偿这个重要的问题。列宁在评价马克思和斯密的再生产理论的关系时，着重强调了对"斯密教条"的批判。他指出："纠正了斯密的上述两点错误（从产品价值中抛掉不变资本，把个人消费和生产消费混同起来），才使马克思有可能建立起他的关于资本主义社会中社会产品实现的卓越理论。"[②] 不言而喻，这里所讲的社会产品实现的理论，也就是再生产理论。

第二，下面再让我们引证《国富论》的原文来看看维戈茨基的观点能否成立。亚当·斯密在《国富论》中说："国内货物的流通，可分作二途：（一）商人彼此间的流通；（二）商人与消费者间的流通。……商人彼此间流通的货物的价值，决不能超过商人和消费者间流通的货物的价值。商人所买的一切，终须卖归消费者。商人彼此间的交

[①] 所谓"斯密教条"，按照马克思和列宁的提法是在再生产的理论分析中，撇开了不变资本（C）补偿的分析，这是由斯密的庸俗价值论，即收入决定价值的理论（V+m=W）决定的。

[②] 《列宁选集》第1卷第177页。

易,往往是批发,所以每次总须有大量货币。商人和消费者间的交易,往往是零售,所以每次有小量货币(如一先令或甚至半便士)就够了。但小量货币流通得比大量货币快得多。由于流通速度较快,同一枚货币,作为消费者购买手段的次数,比作为商人购买手段的次数多得多。"① 上述引文即是马克思《反思》手稿中对斯密两类贸易学说转述和分析的那一段话(参看《马列著作编译资料》第1辑第1—3页)。在这里,我想就上述引文指明两点:(1)十分清楚,斯密在这段话中讲的是自由贸易问题,或者说关于两类自由贸易和货币流通的问题,而不是论述的社会资本再生产的问题;(2)上述引文中的"商人"和"流通"二词在《国富论》(参看1926年伦敦版第286—287页)中分别为dealers和circulation,前者(dealers)原意是指商人和交易者,后者(circulation)可译为流通、循环和销路。因此,根据《国富论》的原文(中、英文版本)来看,并不存在维戈茨基所讲的斯密发明了关于两大部类的再生产理论。也就是说这里并不存在维戈茨基所讲的"斯密在这里实质上是考察两个部类所生产出来的社会总产品的实现过程:生产资料的生产(实业家之间的交换)和消费资料的生产(实业家和消费者之间的交换)"。所以,在这里,维戈茨基不仅歪曲了马克思,而且还误解了亚当·斯密。他是通过抬高斯密的手段达到歪曲马克思的目的。因此,很显然,他的主要论点只能说是虚构的,而毫无科学的根据。

此外,如果我们把《反思》手稿中有关的原文和《剩余价值理论》(《马恩全集》第26卷第1册第111页)中的原文、引文对照和比较一下,也足以证明维戈茨基的论点是不能成立的。

请看《反思》手稿下列原文:

---

① 《国富论》,郭大力、王亚南译,上卷,第296页。

"一方面是实业家和实业家之间的贸易,另一方面是实业家和消费者之间的贸易,前者是资本的转移,后者是收入和资本的交换;前者靠他们自己的货币来实现,后者靠他们自己的铸币来实现;——亚·斯密所作的这种区分是重要的……但是,唯一缺乏的,是这两种贸易、两种货币之间的联系。"

"(1)所有的危机事实上都表明,实业家和实业家之间的贸易,总是超出实业家和消费者之间的贸易为它所设定的界限。经济学家们证明不可能发生生产过剩,至少是不可能发生普遍生产过剩的一切论断……只涉及实业家和实业家之间的贸易。"① 在上述引文中说明了马克思这样一些思想,第一,它说明马克思当时认为斯密关于两类贸易划分的学说虽然有某些可取之处,但也有它的局限性。因为英国的古典经济学家和庸俗经济学家曾用它来否认经济危机的必然性。第二,马克思在这里用它来证明的直接问题并不是再生产问题,而是经济危机的问题。第三,斯密两类贸易学说的划分,经过马克思的分析批判,包含有资本循环和货币流通的思想。因此,如果从广义来说,在某种意义上也可以说它包含有马克思商品资本和货币流通思想的初步萌芽。但是,在这里却并不存在关于社会资本再生产划分为两大部类的学说。

下面再让我们进一步地考察一下《剩余价值理论》中马克思对斯密《国富论》中的原文是怎么解释和评价的。

马克思指出:"[2836]亚当·斯密在第二篇第二章考察货币流通和信用制度时提出了同样的看法,即认为一国的年产品分解为工资和利润(地租、利息等等包括在利润之中),在那里,他说:'每一个国家的流通都可以认为是分成两个不同的领域:实业家(dealers)〈这里注

---

① 《马列著作编译资料》第1辑,第1页。

明：dealers 是指"全体商人、制造业者、手工业者等等，一句话，是指一国工商业的全体当事人"〉之间的流通，实业家和消费者之间的流通……各种实业家之间流通的商品的价值，绝不能超过实业家和消费者之间流通的商品的价值，因为无论实业家购买什么，最终必然会卖给消费者。（第 2 卷第 2 篇第 2 章第 292—293 页）"① 这段话与《国富论》（中、英文本）的引文基本一致，同马克思在《反思》手稿中对斯密思想的概括也是吻合的。根据马克思对上述引文的解释，在这里我想谈两点看法：（1）马克思认为亚当·斯密的两类不同贸易的学说是在他考察货币流通和信用制度的那一部分中讲到的，即属于流通领域中的问题。也就是说，它并不属于直接研究再生产的那一部分。这一点十分重要，因为它涉及到理论的归属和范围的问题。（2）如果说，在《反思》中，马克思主要是从研究经济危机的必然性的角度批判地分析两类贸易理论的话，那么在《剩余价值理论》中（即《马恩全集》第 26 卷第 1 册）则是从批判"斯密教条"的角度，即从社会不变资本补偿的角度进行了批判。前者对斯密曾作了某些肯定，而后者则基本上是否定的。从而，《反思》手稿同 60 年代马克思经济学手稿的差别的基础在于价值论。我们知道，在 50 年代末期马克思制定了自己的价值论，并用它去批判斯密的收入价值论，批判"斯密教条"。从 60 年代到 70 年代，马克思继续了这一批判工作。而在《反思》手稿中，马克思却尚未明确地提出这一任务。于是，他的思路（他的表述方式）就转到了经济危机理论方面，而这是符合他的思维发展逻辑的。请问维戈茨基，如果马克思不批判和突破"斯密教条"，那么他怎么能够建立科学的再生产理论呢？

---

① 《马克思恩格斯全集》第 1 版第 26 卷第 1 册第 111 页。

总之，根据以上大量的材料证明，像维戈茨基讲的马克思在《反思》手稿中已经制定了关于再生产两大部类的学说是根本不存在的。而且也根本不可能存在。所以，他的基本论点是不能成立的，他立论的前提纯粹是虚构的，凭主观推测出来的。

二、研究方法中的错误倾向

在分析了上述问题之后，现在我们要提出一个问题，即造成维戈茨基错误观点的原因是什么？大家知道研究任何问题，包括经济思想在内，切忌片面性和主观随意性，而必须对具体问题进行具体分析。特别是研究历史，例如研究马恩经济思想史、《资本论》创作史，更应当结合当时的历史背景、马克思的革命活动和科学活动来研究，反对静止地、孤立地和形而上学地看问题。而维戈茨基却正是在这方面犯了错误。他对《反思》手稿的解释中的错误观点主要是由于他的方法论上的错误造成的。归纳起来大致有如下三点：第一，维戈茨基为了考察和探索马克思经济思想的形成，他采用了所谓因素分析法。例如，他说："马克思制定了他的未来的再生产理论的某些重要要素"[①] 或者说"再生产理论……的单个要素"[②]。而且，他认为随着各个要素的积累，汇集在一起就形成了马克思的经济学说。[③] 实际上，我们知道，马克思的经济学说是一个整体，而不是单个要素的集合体，它乃是一个科学的体系。因素分析法往往会导致对整个体系的断伤、割裂和隔离，即把一个事物的整体切成无数的碎片。从而，在认识论上，为偷换概念，篡改命

---

① 《马列著作编译资料》第17辑第3页。
② 《马列著作编译资料》第17辑第12页。
③ 《马列著作编译资料》第17辑第9页。

题的伎俩打开了方便之门。从经济思想史上来看，不少庸俗经济学家就曾十分强调这种方法（如萨伊和马歇尔等人①）。维戈茨基虽然没有明目张胆地提倡这种方法，但他在对《反思》的解释中却在实际上使用了这种方法。所以，不管他的主观动机如何，他实质上却站在了资产阶级庸俗经济学家的立场上。

第二，抽象继承法，所谓抽象继承法是指史学领域中的一种资产阶级的研究方法，其特点是只讲继承，不讲批判，尤其是它否认某种学说的阶级性和党性。而维戈茨基在关于《反思》手稿的解释中把古典政治经济学作为"马克思经济理论的最重要的源泉"②。他还把"马克思对资产阶级古典政治经济学的态度"作为"马克思经济理论成熟程度的……标准"③，而且把它列为头条标准。诚然，资产阶级古典政治经济学是马克思主义的三个来源之一，而且是马克思经济学的直接来源。但它是作为文化遗产和思想资料被批判地加以吸收的。古典经济学在其现成的理论形态上是不能为无产阶级服务的。尤其是在再生产理论问题上，马克思对"斯密教条"的关系，更不是继承关系，而是批判，就是在《反思》手稿中对亚当·斯密的理论也是批判的，而绝不是什么"出发点"。

第三，维戈茨基在他的文章中，又借口马克思经济学说发展的不平衡性，来为他自己的错误观点辩护。他说："《反思》表明了马克思经济理论发展的不平衡性：再生产理论和危机理论在他的经济学说即价值理论奠定基础以前就被他着手制定了，甚至是在他制定剩余价值理论以

---

① 萨伊主张生产三要素论，而马歇尔主张在生产和分配中进行因素分析。
② 《马列著作编译资料》第17辑，第8页。
③ 《马列著作编译资料》第17辑，第10页。

前。"① 并且，他还进而认为"经济危机理论表现为再生产理论成熟阶段的结果和标志"②。假如说维戈茨基的论点能够成立的话，那我们也可以反问一句，照这样的逻辑，再生产理论也可以说成是经济危机理论成熟的标志了。这种循环论证的方法，实际上等于什么也没有证明。因此，正确的提法应当是，上述两种理论存在着极为密切的联系，它们互相制约，但不能说它们互为标志。至于说在马克思的价值论和剩余价值论形成之前，就能着手制定再生产学说，这也完全违背了马克思创立无产阶级政治经济学的历史过程。首先，价值论和剩余价值论是马克思的经济学说的基础。而马克思的再生产理论中的一条重要原理就是价值和实物形式的补偿。试问，如果没有价值和实物补偿，社会再生产中两大部类之间和内部又如何平衡呢？可见，维戈茨基的观点纯属奇谈怪论。其次，从《资本论》第2卷手稿形成的年代来看，它在马克思的经济学体系中形成的时间最晚，主要集中于19世纪70年代。尽管他的比较接近成熟的思想在60年代已趋于形成。因此，再生产理论恰恰是在他的价值论和剩余价值论形成之后而不是在它之前制定的。由此可见，维戈茨基是企图借用马克思的经济思想发展不平衡性这个抽象的命题，而在专门的理论问题上对它形成的具体历史加以歪曲。诚然，马克思的经济思想的发展如同任何事物一样是不平衡的，但在分析时要作出具体的实事求是的分析，而反对概念化和公式化。总之，正是基于上述方法论中的错误，才导致了维戈茨基对《反思》手稿中再生产理论的错误评价。

---

① 《马列著作编译资料》第17辑，第11页。
② 《马列著作编译资料》第17辑，第11页。

三、如何正确评价《反思》手稿

既然维戈茨基对《反思》手稿的解释包含着许多严重的错误，所以在指出他的观点中的片面认识之后，就存在一个如何正确评价和对待《反思》手稿的问题。实际上，在以上部分中我们已经表明了我们的立场。下面只是比较集中而又概括地阐述一下我们的看法。

首先，《反思》手稿是在马克思定居伦敦约一年之后，即大约于1851年3月写成的。当时，虽然欧洲的1848—1849年的资产阶级民主革命已告失败，然而马克思在50年代上半期为了迎接新的革命高潮的到来，一方面认真总结1848—1849年革命失败的经验教训，同时全力以赴地加紧研究他的政治经济学，以便判明形势的发展，观察和预测经济危机，探索经济危机与革命的关系。《反思》手稿就是在这样的历史条件下写成的。

其次，从《反思》手稿的结构来看，全文共五条，一气呵成，层次分明，集中论述经济危机和货币流通学说。全文渗透着辩证唯物主义观点和鲜明的无产阶级立场。从《反思》手稿中可以看出，马克思对一些经济问题的论证比40年代后期的著作，如《哲学的贫困》、《共产党宣言》中的观点更加具体和深刻了。马克思在《反思》手稿中通过对斯密两类贸易学说的批判揭示了资本主义经济危机的必然性和实质。因此，《反思》手稿的主要研究对象是经济危机问题。其中的商品、货币、信用制度问题虽然具有一定的相对独立性，但总的是服从于经济危机问题的分析。至于再生产问题在手稿中是间接地谈到的，因为马克思在论述危机的段落中也涉及到产品的实现问题。从思想的发展和表述方式上来看,《反思》手稿还没有像后来的《剩余价值理论》和《资本论》① 第 3 卷中那样直接地和明确地论述再生产理论问题。

第三,在《反思》手稿中,马克思还批判了资产阶级经济学中的伯明翰学派和蒲鲁东派的错误观点。在《反思》手稿中,马克思对货币流通理论和信用制度学说的分析已经接近于成熟。诸如,他分析了货币制度存在的基础是资本主义生产方式,他还阐明了银行信用、商业信用和经济危机的相互关系问题。马克思在批判伯明翰学派和蒲鲁东及格雷时尖锐地指出:"在**货币**制度的存在中不仅包含着[商品与货币]分离的可能性,而且已经存在着这种分离的现实性,并且这种情况证明,正是由于资本同货币相一致,资本不能实现其价值这一状况已经随着资本的存在,因而随着整个生产组织的存在而存在了。但是,说什么对货币市场的这种压力只是由信用欺诈引起的,这种说法也是错误的。货币本身又造成了信用制度……伯明翰派当然是些蠢人,他们想靠发行大量货币,或使货币的标准贬值,来消除货币的不便之处。蒲鲁东、格雷等人也是些蠢人,他们想保留货币,但又不让货币具有货币的属性。因为货币市场上发生了普遍危机,而资产阶级生产的全面恢复表现为一些征兆,这些征兆不用说会突然重新成为[普遍危机]的原因,所以,再简单不过的事情,莫过于那些目光短浅的、坚持资产阶级基础的改良家们希望改革货币了。"② 上述引文可以说是马克思《反思》手稿中关于货币理论的一个缩影,是它的基本的论点之一。它说明了马克思当时已经清楚地知道了在资本主义的商品货币关系中潜伏着经济危机的可能性。从而,在理论上初步回答了危机

---

① 参看《马克思恩格斯全集》第 1 版第 25 卷(下)953 页和 26 卷第 1 册第 256 页,在那里马克思针对"斯密教条"进行了批判。

② 《马列著作编译资料》第 1 辑,第 5—6 页。

的必然性、可能性及其实质问题。

因此，我们可以看到，马克思在《反思》手稿中对经济危机问题的分析是比较全面的、系统的，而不是支离破碎的。而且，马克思对经济危机的分析已经摆脱了19世纪40年代一般的抽象的特点，而转入到经济学本身的论证上来向着更成熟的形态发展。他集中说明了经济危机爆发的必然性、可能性、周期性，以及它同货币流通、信用制度的关系。

应当指出，《反思》手稿中经济危机理论与其他经济理论的关系并不是像维戈茨基所讲的是一种平列的关系，而是表现为主从关系。例如，货币、信用学说就是服从于论证经济危机问题的。而关于再生产理论中的某些论点，也是从经济危机的角度（或侧面）谈的。在《反思》手稿中，马克思虽然涉及到了再生产理论中的一些问题，如商品、货币和资本的流通问题；两类贸易的价值平衡问题①；产品和资本的实现问题。这些问题，在《反思》手稿中虽然提到或顺便提到，但并未展开论述，也没有十分明确的结论。所以，《反思》手稿属于马克思的政治经济学形成时期的历史文献，其中的许多思想和观点具有过渡性、易逝性和不稳定性的特点。

综上所述，在维戈茨基对《反思》手稿的解释中包含有一种混同马克思的政治经济学同资产阶级经济学的有害的和危险的倾向。这是当前研究马恩经济思想史和《资本论》创作史中应当警惕的一个原则性的问题。

---

① 参阅《马列著作编译资料》第1辑，第1—2页；《马克思恩格斯全集》第1版第26卷第1册第256页。

论 19 世纪 50 年代初期马克思与制定劳动价值理论有关的经济学研究

(《伦敦笔记》概述)*

〔苏〕 А. Г. 瑟罗夫

19 世纪 50 年代是马克思创立经济学说的过程中具有决定意义的时期。在这个时期，他完成了第二个伟大的发现：在唯物主义历史观的基础上制定了剩余价值理论。对于这个时期，可以说马克思不只是发展了经济学理论的某些要素，而且是创立了他自己的经济学体系，这个体系在作为《资本论》草稿的 1857—1858 年的经济学手稿中得到了体现。

写作这些手稿之前，花了 8 年时间（1850—1858 年）积累资料。虽然这段时间是马克思 40 年代（在巴黎、曼彻斯特和布鲁塞尔）从事经济学研究的直接继续，但是从质量上看它是经济学研究的新阶段。马克思说明这个时期时写道："英国博物馆中堆积着政治经济学史的大量资料，伦敦对于考察资产阶级社会是一个方便的地点，最后，随着加利福尼亚和澳大利亚金矿的发现，资产阶级社会似乎踏进了新的发展阶段，这一切决定我再从头开始，用批判的精神来透彻地研究新的材料。"①

---

* 本文选自《马列主义研究资料》1984 年第 3 辑。作者 А. Г. 瑟罗夫系苏共中央马列主义研究院研究人员。——译者注

① 《马克思恩格斯全集》第 1 版第 13 卷第 10 页。

马克思在着手这种研究的过程中，摘录了资产阶级经济学家的著作、英国议会的官方文件、定期刊物和其他方面的资料，做了许多笔记。详细研究这些笔记，对于掌握马克思的研究方法，深入体验他的写作活动具有很大意义。

本文的任务，是从马克思研究劳动价值理论这个狭窄的具体的方面来对这些笔记进行分析。所以，我们分析的对象不是全部笔记。为了确定研究的范围，我们认为有必要再叙述一下这些摘录笔记的总的结构。

属于马克思伦敦笔记的，① 有24个**最初**的研究资料笔记本，按罗马字编号，时间在1850年9月和1853年8月之间。这些笔记多半是英国资料的摘录。

除了马克思的摘录和自己加的一些评注以外，笔记中有两份原稿，对于无论是在一般经济理论问题方面，尤其是在劳动价值理论方面弄清马克思当时所达到的理论成熟程度，是颇为有益的。我们指的是马克思第7本笔记中篇幅不大的手稿《反思》和他在大·李嘉图《政治经济学原理》一书摘要中所加的详细评注（《货币学说》的第一部分在第4个笔记本，第二部分在第8个笔记本）②。

在上述的24本笔记中，还有稍晚一些时期作的两本笔记，即图克《价格史》（1858年5—6月）和麦克劳德《银行业的理论与实践》（约1857年6月）的摘要。

---

① 应当预先声明，我们指的只是在写作1857—1858年经济学手稿以前出现的，并专门阐述经济学问题的笔记。

② 《反思》和李嘉图著作的摘要发表在《马克思恩格斯全集》第1版第44卷第71—163页。另见维·维戈茨荃：《关于马克思伦敦笔记中的〈反思〉手稿》，中译文载《马列著作编译资料》，第17辑，第1—14页。

属于《伦敦笔记》的还有第二批研究资料笔记本，它们反映了按专题把资料进行分类和系统化的过程。这些笔记本有：《完成的货币体系》（1551年3—4月）、《货币、信用、危机》（1854年11月—12月至1855年初）、《短评》（1855年1月）和《摘录笔记》（1859年2月—1861年）。

《伦敦笔记》没有专门阐述对价值问题的研究。我们只能说发展和研究了这个理论的一些要素。和价值理论有关的资料，分散在各个笔记本之中。因此我们只能特别注意从马克思研究价值理论角度来看是比较清楚地说明问题的三组材料。

第一组材料——这首先是马克思的前7本笔记，它们包括构成货币和货币流通问题的一些经验材料，马克思借助经验材料，早在19世纪50年代初期就推翻了李嘉图的货币数量论。

我们把《反思》、詹·斯图亚特《政治经济学原理研究》一书摘要和第7本笔记中的大·李嘉图的主要著作《政治经济学原理》摘要的第二部分，归为第二组材料。

最后，第三组材料是李嘉图以后时期的政治经济学代表人物的著作摘要，特别是赛·贝利、托·德·昆西、托·罗·马尔萨斯、罗·托伦斯、约·格雷、皮·莱文斯顿、托·霍吉斯金以及其他人的著作摘要。这些人中间有李嘉图的劳动价值论的追随者和把这种理论庸俗化的反对者。

和较后一个时期相比，在这个时期，马克思必须多花力量弄清与价值理论混在一起的一些问题，以便考虑和研究理论本身的某个要素或原理，这里特别是指危机、再生产等问题。这就是为什么我们要离开文章主要题目的原因。

卢森贝关于马克思在巴黎所作的亚·斯密主要著作的摘要写道，

"摘录自身却自然得出了批评"①。这完全适用于《伦敦笔记》。

到19世纪50年代初这个时期，马克思已经改变了自己原先对古典经济学家的劳动价值理论所采取的态度，坚决立足于这个理论，严格从工人阶级立场对它进行阐释，接近于自己劳动两重性的主要发现，然而，他还未完成这方面的转变。但是，这时马克思对李嘉图的货币理论还未采取批判的态度，尽管他在40年代在一些问题上已经大大超过了李嘉图，指出了货币、商品和价值的历史性质，把货币看作"作为现存的和起作用的价值概念"②。可以说，他当时已经直接从价值理论得出了货币理论。

马克思同意李嘉图的看法，货币是商品，但是它又不同于商品，他把货币理解为不寻常的商品。这个商品的特殊性和本质，无论李嘉图还是其他资产阶级经济学家，不仅不理解，也未研究过，而且也没给自己提出过这个问题。马克思需要对它们作出回答。

马克思的《伦敦笔记》用资产阶级经济学家的著作摘录解答了货币和货币流通问题。我们认为，这绝非偶然，是有很多原因的。亚·马雷什《马克思主义政治经济学的形成》一书中肯地指出了其中的一个原因。他写道："资本主义世界矛盾的本质集中地反映在货币这个焦点上。简单货币形式是政治经济学的最抽象、最困难的部分。商品、价值、价格等范畴都同货币相联系，而理解这些范畴正是正确地和科学地考察其他所有经济范畴的必要前提。"③

---

① 德·伊·卢森贝：《十九世纪四十年代马克思和恩格斯经济学说发展概论》，三联书店1958年版，第57页。

② 《马克思恩格斯全集》第1版第42卷第155页。

③ 亚·马雷什：《马克思主义政治经济学的形成》，四川人民出版社1983年版，第237页。

另一方面，在19世纪40年代末和50年代初，马克思对经济危机问题发生了浓厚兴趣，当时他和恩格斯是危机和革命形势之间存在无情联系的拥护者①。资产阶级经济学家——马克思在这方面已注意到他们的著作——首先在政府和银行的愚蠢的货币政策中看到了发生危机的原因。正如后来马克思自己所写的那样，"1830年以来，值得提到的经济学文献主要是论述通货、信用和危机的"②。

从发展起来的、成熟的马克思主义的立场来看，货币是作为资产阶级社会的商品和价值关系的分析结果而出现的。在这个分析阶段，货币合乎逻辑地随着适应从抽象到具体的方法论原则的商品分析而出现，首先反映在《政治经济学批判》和《资本论》之中。

但是，在马克思经济理论发展的早期阶段，即相当于伦敦时期的摘录笔记阶段，在价值理论本身的演化中呈现出来的主要是由具体到抽象、由货币到价值的相反的运动过程。

同时，在认识过程的开始阶段，具体的东西本身是作为感觉上的具体的东西出现的，而在终结阶段则是作为思维中的具体东西出现的。在伦敦笔记中，马克思深入研究经济学理论是在批判分析资产阶级经济学家的著作过程中进行的。

这时，资产阶级经济思想界两派围绕1844—1845年罗·皮尔银行法的争论，在货币和货币流通问题上占据优势地位。关于纸币发行对经济的周期发展的影响问题，成为这一争论本身的注意中心。第一派（作为货币学派在文献中是知名的）的代表人物，是李嘉图货币流通理论的拥护者，认为货币数量的改变是价格波动的直接原因。他们把经济危机

---

① 《马克思恩格斯全集》第1版第7卷第514页、第27卷第539页。
② 《马克思恩格斯全集》第1版第25卷（下）第558页。

同货币危机混为一谈，并由此引申出实际上的一切危机现象。

根据这一点，这一学派代表人物想的是只有通过国家银行政策的相应措施稳定行情，而这一措施又应以李嘉图发现的纯金属流通的规律为基础。

在马克思所作的货币学派拥护者的著作摘要中间，我们可以找到这一学派的几乎全部主要代表人物，如赛·琼·劳埃德、乔·诺曼、罗·托伦斯、威·克莱、托·阿特伍德、约·哈伯德等人[1]。

皮尔银行法遭到彻底破产，实际上表明货币学派的毫无根据。我们认为，这在某种程度上能解释马克思对相反的学派发生兴趣，即首先对银行学派主要代表人物托·图克、约·富拉顿、阿·艾利生、威·布莱克等人发生兴趣。

银行学派的代表人物证明，货币学派拥护者的所有提议无益于挽救危机，相反还会加深危机。但是，他们也看不到危机的真正原因，单纯地把这些原因归结到行情的通常过热。

对图克著作《价格史》的分析，在马克思那里占特殊地位。图克首先作为这样一种经济学家使他感兴趣，这个经济学家自己过去是李嘉图货币流通理论的拥护者，然后由于自己的研究，作出了关于上述理论是错误的结论。后来马克思写道："图克不是从某种理论中，而是从认真分析1793年到1856年的商品价格史中得出他的原理的。"[2]

在伦敦期间，马克思在50年代初期（1850年9—10月）和末期（1857年5—7月）[3] 两次注意摘录图克的主要著作《价格史》。

---

[1] 这些作者的著作摘录包括在伦敦时期摘录的第I—VII笔记本内。

[2] 《马克思恩格斯全集》第1版第13卷第175页。

[3] 见苏共中央马列主义研究院档案。图克的60卷著作在1838—1857年出版。

图克著作中关于经济危机的产生和发展，黄金流动、商品价格和票据行情的运动搜集了大量的统计资料。图克在比较五十年期间的价格和流通的货币数量时，用经验的方法得出了与李嘉图货币和货币流通理论相反的结论。他在自己的研究过程中发现，流通量本身的变化是价格运动的结果，"黄金的数量依赖价格的上涨，而不是价格上涨依赖货币数量"①。

这实际上承认了商品价格不依赖正处在流通中的货币数量。

我们认为，对图克基本著作的详尽的摘要，其中包括对价格的认真分析，使马克思对李嘉图的货币数量论的正确性产生了怀疑。图克的研究是对这个理论从纯经验上进行批驳的特殊方案。然而，他对李嘉图的货币流通理论的分析，未被马克思接受来证明这种理论的错误。因为他没有揭示货币流通的内部的相互联系和规律性。但是，这时马克思大概发现了李嘉图的价值理论和货币理论之间缺乏逻辑联系。

资产阶级古典政治经济学家的两位伟大先驱，著名的哲学家大·休谟和约·洛克的著作摘录，给马克思提供了关于货币数量理论的丰富的经验材料。

在伦敦笔记中，马克思对大·休谟的著作《论货币》和《论利息》和约·洛克《略论降低利息和提高货币价值的结果》和《再论……货币价值的上升》做了详尽的摘录，后来他把休谟作为货币数量理论的"最重要的"②代表人物来加以评述。

马克思认为两位作者的功绩是，他们还是在货币主义和重商主义制度兴盛时期就反对把货币作为财富的唯一源泉和"流通的结晶产物"③

---

① 图克的这一重要结论，马克思在第Ⅰ本笔记中做了记载。
② 《马克思恩格斯全集》第1版第13卷第150页。
③ 苏共中央马列主义研究院档案。

的观点。詹·斯图亚特在《政治经济学原理研究》一书中给货币数量理论的实质下了恰当的定义。① 后来，马克思在1857—1858年经济学手稿中以及在以后的《政治经济学批判》中又重复了对休谟理论的这一评述，例如："休谟的流通理论可以归结为下列几条原理：（1）一国中商品的价格决定于国内存在的货币量（实在的货币或象征性的货币）。（2）一国中流通着的货币代表国内现有的所有商品。按照代表即货币的数量增加的比例，每个代表所代表的被代表物就有多有少。（3）如果商品增加，商品的价格就降低，或货币的价值就提高。如果货币增加，那末，相反地，商品的价格就提高，货币的价值就降低。"②

马克思特别感兴趣的是，李嘉图怎样推进了货币数量理论。所以，他在休谟和洛克著作摘录中首先注意他们对这一理论的不同说法的实质和特点。例如，马克思在休谟的著作中只发现货币的一种职能——流通手段的职能，休谟把这种职能理想化了（一般说来，这是货币数量论的代表人物的特点）。货币的这个职能与亚·斯密所下的经典定义——"流通的车轮"不同，休谟把它称之为不是"商业的车轮，而只是上车轮的油，这些车轮上了油以后才运动得轻快"③。马克思还注意到（在自己摘录中强调这一点）休谟所指出的事实，"尽管提高**商品价格是金和银增加的必然结果**，但是这种提高并不是在这种增加之后马上发生的"④。后来，马克思写道，休谟以"仅仅是贵金属本身的价值发生革命的时代，也就是价值尺度发生革命的时代"⑤ 作为自己分析货币的例

---

① 苏共中央马列主义研究院档案。
② 《马克思恩格斯全集》第1版第13卷第152页和第46卷下册第400页。
③ 苏共中央马列主义研究院档案。
④ 苏共中央马列主义研究院档案。
⑤ 《马克思恩格斯全集》第1版第13卷第151页。

子，这就使他得出错误的结论，因为科学的分析应依据货币材料的稳定价值。

按照洛克的看法，贵金属转变为货币要根据人们之间的协议。金和银被赋予某种假定的价值，它们是在交换过程中作为商品的代表取得这种价值的。这种价值的增加取决于贵金属和商品的数量之间形成的比例。洛克是所谓理想的计算货币单位理论的第一批拥护者之一，根据这一理论，金和银只作为想象的、计算的货币执行职能。马克思摘录洛克的话："**提高货币价值**的说法在今天相当混乱，这要么是指提高我们的货币价值，而这是办不到的；要么就是指**提高我们的铸币的名称**。""把以前称作半克朗的例如称作 1 克朗。它的价值仍然由金属含量决定。"马克思记载了洛克的结论："用来偿还债务和购买商品的是银，不是名称。"①

但是，洛克对待货币数量理论的立场是动摇的。例如，关于商品价格依赖流通着的货币的思想，他忽而接受，忽而否定②。

这些动摇之所以出现，是因为他的观念是和货币名义理论紧密联系在一起的，从这种理论出发，得出了洛克关于货币数量论的说法。根据名义理论，货币只是作为价值的符号出现，而没有内在价值。洛克在《略论……》一书中用金和银价值的数量计算来解释它们缺乏价值。马克思根据这个理由把洛克的意见记入摘要："人们同意赋予金和银以想象的价值……这些金属的内在价值不外乎是一种数量。"③

研究银行学派和货币学派之间的争论和弄清货币数量论的错误，研

---

① 苏共中央马列主义研究所档案，《马克思恩格斯全集》第 1 版第 46 卷（下）第 329 页。

② 《马克思恩格斯全集》第 1 版第 13 卷第 150 页。

③ 苏共中央马列主义研究院档案。

究作为李嘉图货币数量论的先驱休谟和洛克的著作向马克思指出,这个理论是站不住脚的,它不能解释货币流通的现实过程。马克思面临的任务是对处于资产阶级经济学家争论中心的这个理论进行批判。

李嘉图的主要著作《政治经济学和赋税原理》摘要的第一部分,马克思加的标题是《关于货币的学说》(李嘉图不是专门详尽研究关于货币的学说),收在第Ⅳ本笔记的末尾,日期是1850年11—12月,内容包括马克思第一次反对李嘉图的货币数量论,这种理论在价格变动过程和流通中的货币数量之间建立了不正确的因果关系。

与金属理论和名义理论不同,数量理论首先提出了货币的价值问题。因此,马克思对李嘉图著作的摘要在很大程度上包括关于金和银的开采以及贵金属价值的变动的资料。马克思注意李嘉图关于货币价值的变动所引起的各种后果,关于金属货币对对外贸易以及其他一些问题的影响的议论。他指出,李嘉图著作中包含对开采黄金和白银的劳动作用的正确规定,即贵金属的价值最终依赖"取得金属并把它们运往市场所必需的劳动总量"①,李嘉图对金和银的价值波动也像对所有其他商品一样作了正确理解。

马克思正是在李嘉图著作中发现了金和银执行价值尺度的职能,强调他的观点说,金和银"是作为**可以表示、估计其他物品的价值这样一种尺度**出现的"②。

从马克思的摘要中可以看出,李嘉图关于货币的学说依据的是劳动时间决定商品的交换价值,而在贵金属的价值中物化着一定数量的劳动时间。由此得出结论,如果所有其他商品的价值由金和银计量,就像由

---

① 《马克思恩格斯全集》第1版第44卷第73页。
② 《马克思恩格斯全集》第1版第44卷第73页。

具有一定价值的商品计量一样,那么流通手段的数量应该由这个货币尺度的价值来决定。马克思为自己作了短评:"金银是**价值的标准,计算的工具、单位,比较点。**"① 诚然,宣布和判定货币的职能是**价值尺度**,这一点实质上李嘉图自己始终没有注意到,所以他始终停留在纯粹形式上。

马克思在自己的评注中注意到那个事实,即李嘉图企图解释货币流通的规律性时,却经常陷入循环论证。例如,马克思摘录了李嘉图的原理:"**对货币的需求完全是由货币的价值决定的,而货币的价值又是由它的数量决定的**","**货币的数量是由它的价值决定的**"②,并且指出,可见李嘉图总是停留在表面现象上,并不能解释即解决自己体系的矛盾。马克思写道:"李嘉图认为,黄金的生产费用只有在黄金的数量因此而增加或减少时才能产生影响,而这种影响只有很晚才会表现出来。另一方面,按照这种说法,流通中的货币量有多少是完全无关紧要的,因为流通的是许多价值低的金属还是少量价值高的金属,这是无关紧要的。"③ 我们看到,马克思在这里实际上责备李嘉图把金属货币和纸币的流通规律混为一谈。

可见,李嘉图开始时曾正确地认为,在商品的价值既定的条件下,流通中的货币量依赖货币的价值,接着却得出了不正确的最后结论,即货币的价值依赖它的数量。

几乎在摘录李嘉图主要著作的第一部分的同时,马克思(1851年2月3日)写信给恩格斯,在这封信中比在摘要中更系统地对李嘉图货币

---

① 《马克思恩格斯全集》第1版第44卷第73页。
② 《马克思恩格斯全集》第1版第44卷第81页。
③ 《马克思恩格斯全集》第1版第44卷第81—82页。

流通理论进行了批判。①

我们把关于李嘉图货币数量理论的上述说明作一简短总结。可以说，马克思在这个阶段已经揭示了这一理论的两个基本缺陷。第一个缺陷，就是把作为流通手段的货币职能理想化，实际上忽视它的价值尺度的最重要的职能。马克思指出，为了执行这一职能，货币本身应具有价值，它由体现在货币中的劳动量决定，而不是像李嘉图及其拥护者所断言的那样，由流通中的货币量决定。第二个缺陷，就是断言任何数量的货币都可以投入流通，而不是当时情况下所必需的数量才能投入流通。

此时马克思已经明确，李嘉图没有看到货币产生的真正原因。

资产阶级政治经济学把货币和商品的价值当作两种完全不同的价值。对于马克思来说，研究货币，或更确切地说，研究货币价值的问题，只是局部的问题，只是研究商品价值一般的一个方面。

马克思批判货币数量论得出了什么结论呢？我们认为，由于这一批判，他首先证明了，李嘉图的货币理论绝不是像李嘉图自己所确认的那样，来源于他的劳动价值理论。马克思在这个时期已经了解，李嘉图"总想证明不同的经济范畴或关系**同价值理论并不矛盾**，而不是相反地从这个基础出发，去**阐明**这些范畴以及它们的表面上的矛盾"②。

批判货币数量论是马克思制定他自己的价值理论的重要阶段。在研究资产阶级政治经济学货币理论当中，他找到了识破价值秘密的钥匙。正如《资本论》作者后来所说的那样："困难不在于了解货币是商品，而在于了解商品怎样、为什么、通过什么成为货币。"③ 这种意见也可以适用于我们所说的这个时期。正是在这个时候，50 年代初期，他所

---

① 《马克思恩格斯全集》第 1 版第 44 卷第 27 卷第 192—199 页。
② 《马克思恩格斯全集》第 1 版第 26 卷第 2 分册第 164 页。
③ 《马克思恩格斯全集》第 1 版第 23 卷第 110 页。

面临的任务是研究这种商品的特殊性质。

为此，他需要对所积累的摘自资产阶级经济学家著作中的资料进行概括。这一概括的第一个成果就是称之为《反思》的手稿，这篇手稿不长，写在《伦敦笔记》的第 7 个笔记本的 48—52 页上，大约是在 1851 年 3 月写完的①。手稿的这个名称符合马克思在该阶段研究工作的性质。虽然这个手稿没有直接针对价值理论，但是马克思在手稿中研究了某些接近的一般经济性质的问题，对价值理论本身的发展作了一定程度的推动。

解决商品"为什么变为货币"的问题，首先是与解释货币的实质，商品和货币之间建立的联系分不开的。在马克思的这个研究阶段，这一点反映在分析资本主义生产机制的进程中货币向价值的辩证转变。马克思依据图克在他的著作《对货币流通规律的研究》中所指出的斯密关于实业家②和消费者之间贸易的意见，对理解再生产过程向前跨了非常重要的一步，实际上查明了社会再生产两个部门即生产资料的生产和消费品生产的发育不全的形式中的差别。这一点使他能够说明资本主义生产危机的机制本身："所有的危机事实上都表明，实业家和实业家之间的贸易，总是超出实业家和消费者之间的贸易为它所设定的界限"；这"就会造成生产和消费之间的不相适应，从而造成生产过剩"③。换句话说，马克思在这里指出，居民的有支付能力的需求和资本的供给之间的平衡经常遭到破坏是危机发生的原因。他强调，"危机总是最先发生在

---

① 《马克思恩格斯全集》第 1 版第 44 卷第 154—163 页。

② 斯密著作法文版的译著（热·加尔涅）说明，斯密说的"实业家"（"dealers"）是指"全体商人、制造业者、手工业者等等，一句话，是指一国工商业的全体当事人"。（《马克思恩格斯全集》第 1 版第 26 卷第 1 分册第 111 页）。

③ 《马克思恩格斯全集》第 1 版第 44 卷第 154—155 页。

实业家和消费者之间的贸易中"①，也就是说，再生产的界限先是在第二部类中遭到破坏。

在这个研究阶段对社会再生产和危机范畴的考察，使马克思能够深入货币的本质。他在指出货币同社会再生产两个部类的联系时，实际上把第一部类同货币作为资本的职能联系起来，把第二部类同货币作为货币的职能联系起来，他说："前者是资本的转移，后者是收入和资本的交换。"同时，马克思还指出，前者靠"自己的货币"来实现交换，"而后者靠他们自己的铸币来实现"。②

在确定货币作为货币和货币作为资本的职能之间的差别之后，马克思集中精力研究实业家和消费者之间交换的一个方面，在这里"收入同商品即一部分资本"③ 相交换。马克思揭露了图克和银行学派代表人物的错误认识，他们正式认为票据和银行券执行货币职能，但与作为铸币的货币不同。图克断定，作为支付手段的铸币和作为支付手段的货币也像票据和银行券一样，本身在商品实现的过程中"只是流通手段"，只有在货币制度的"特殊"形式的条件下才转化为资本，马克思把这种货币制度同"现有生产方式"，同这种生产方式特有的"私人交换制度"④ 联系在一起。马克思指出，在危机时期，"资本会贬值，不能实现自己的价值"，也就是不能"转化成流通手段，而资本的价值正在于可交换性"。⑤

马克思指出资产阶级经济思想的两个学派——银行学派和货币学派

---

① 《马克思恩格斯全集》第1版第44卷第156页。
② 《马克思恩格斯全集》第1版第44卷第154页。
③ 《马克思恩格斯全集》第1版第44卷第156页。
④ 《马克思恩格斯全集》第1版第46卷（上）第514页。
⑤ 《马克思恩格斯全集》第1版第44卷第157页。

观点的错误，这两个学派想"通过某种人为的措施和改变**货币制度**的办法"来消除资本主义制度的弊病，马克思认为"想在这一基础上改变这种状况，那就取消了货币所以是货币的属性"①。马克思在这里又着手研究关于货币的实质问题，确认了在"**货币制度的存在**"本身中商品和货币分离的"可能性"和"现实性"。② 他由此得出结论，危机的抽象的可能性已经同商品和货币存在的简单事实有密切关系。马克思认为下面这种方案是幼稚的：这种方案的作者想"靠发行大量货币，或使货币的标准贬值"，来免除"货币的不便之处"，③ 或者保存货币，使它们免除货币的属性。马克思指出，这类理论的代表人物把货币的概念只限定为实业家和消费者之间的交换，然而所有的复杂性都产生在实业家彼此之间的关系方面。在这种交换的界限之外，他们看到的只是"价值对价值的交换"，同时货币已经以拜物教的形式出现，表现为社会组织的"重要的组成部分"。④

马克思确认了商品和货币分离的可能性后，接着研究商品和货币之间的关系。在这种交易行为中首先表现出"总和的阶级关系"，其次，表现出"事先存在着一定的社会关系，这就使财富具有资本的性质，并使资本和收入分开"。⑤

在一定的发展阶段，收入转化为货币，"已经不能让人看出，它所归属的个人，只是作为属于某一阶级的个人"，掩盖了它的阶级性质。⑥

---

① 《马克思恩格斯全集》第 1 版第 44 卷第 158 页。
② 《马克思恩格斯全集》第 1 版第 44 卷第 159 页。
③ 《马克思恩格斯全集》第 1 版第 44 卷第 159 页。
④ 《马克思恩格斯全集》第 1 版第 44 卷第 160 页。
⑤ 《马克思恩格斯全集》第 1 版第 44 卷第 160、161 页。
⑥ 《马克思恩格斯全集》第 1 版第 44 卷第 161 页。

货币转化为"一般交换手段"①。马克思把货币规定为"阶级对立的最高表现"。货币"使宗教的、等级的、智力的和个人的差别变得模糊"。② 在物质关系后面,商品—货币实现了资产阶级社会的全部阶级关系,马克思看到自己的任务在于,揭示掩盖在这种关系后面的阶级矛盾的客观性质,也就是揭示资本主义生产关系的拜物教性质。

马克思在《反思》中已经接近解决自己价值理论的许多重要问题,指出了进一步解决这些问题的一定任务。例如,他确认商品的内在矛盾以它能同货币交换的形式表现在外表上,在危机时,"现实的困难是**商品即现实资本不能换成**黄金和银行券"③。关于货币与纸币和金属货币之间的差别的理解,由马克思下述的论断得到证实:"商品和黄金之间的每一中间环节或代表(例如纸币——作者注),终归只是代表,因而没有价值。"④

这样一来,在《反思》里批判各种资产阶级理论中,马克思分析了货币和商品的矛盾的相互关系(资产阶级经济学家指出的只是货币和商品之间存在的关系),由此得出如下的结论:货币——这只是表现价值的必要形式。

马克思在摘录资产阶级经济学家著作里关于货币和货币问题的过程中,开始了自己的分析,他"发现了"价值的"足迹"。他通过对货币本质的研究,弄清了货币作为特殊商品,即作为价值存在的意义。

从货币向价值的这种过渡,使马克思感到在40年代的摘录之后,现在有更加深入研究资产阶级经济学家著作中的价值问题的真正必要。

---

① 《马克思恩格斯全集》第 1 版第 44 卷第 161 页。
② 《马克思恩格斯全集》第 1 版第 44 卷第 163 页。
③ 《马克思恩格斯全集》第 1 版第 44 卷第 157 页。
④ 《马克思恩格斯全集》第 1 版第 44 卷第 158 页。

故而马克思转向詹·斯图亚特和大·李嘉图的著作。我们认为，非常有趣的一个事实是，马克思轮流摘录这两位作者的著作，所以也就是同时进行阅读。

斯图亚特是第一个制定了资产阶级政治经济学的完整体系的英国人，他的著作的摘要不同于马克思在伦敦初期对李嘉图著作的摘要。

在资产阶级经济学家著作中，马克思发现了他们对货币的各种职能的理解。① 但是，先驱者们把货币的本质归结为一种或两种职能，并把它们绝对化。其他职能他们不是忽略就是看作这一职能的变种。

马克思在斯图亚特著作中虽然是在萌芽的形式上，但确实是摸索到了货币的各种职能的区别，并记入自己的摘要笔记。

斯图亚特是提出下列问题的第一个经济学家：流通中的货币量究竟是由商品价格决定，还是相反。同时，马克思指出："虽然，由于他关于价值尺度的奇怪观点、关于一般交换价值的摇摆不定的解释和重商主义的残余，他的阐述模糊不清，但他还是发现了货币的各种基本的形式规定性和货币流通的一般规律，因为他不是机械地把商品放在一边和把货币放在另一边，而是实事求是地从商品交换本身的因素中来说明货币的各种职能。"②

这里重要的是，斯图亚特根据自己的价值观念总结了自己关于货币流通和货币问题的观点。马克思把这一点记入了自己的摘要笔记。斯图亚特写道："既然商品的价值依赖于影响商品的各种情况的总和和人们的变化无常，那么商品的价值应看作只是在商品相互关系中变化着的价值。所有扰乱了**借助普遍的、一定的和不变的标准来准确规定比例改变**

---

① 苏共中央马列主义研究院档案。
② 《马克思恩格斯全集》第1版第13卷第155—156页。

的东西,也都是影响贸易的有害形式和让渡的障碍……因此,应区分视为尺度的价格(即铸币)和作为价值的等价物的**价格。货币才是用来进行平等分配的理想标准。**"①

可见,斯图亚特把作为价值尺度的货币职能同价格标准混为一谈,因而使理想的货币同现实的货币(在金和银的形式中)分离开来。

但是,斯图亚特的功绩在于,他企图辨别价值的内在尺度,他认为这个尺度是劳动,它不同于外在尺度即货币。无疑,斯图亚特的所有这些研究还不够成熟,并具有特别紊乱和矛盾的性质。

马克思在自己的摘要中摘录了斯图亚特称之为内在价值或实际价值的交换价值的矛盾定义:"实际价值是由以下三个要素决定的:1.该国劳动者通常……在一天、一周、一月等等时间所能完成的劳动量;2.无论为便于工人个人需要所必需的或者……为他购置适合于他的职业所必需占有的工具所必需的生存资料和费用的价值";3."原材料的价值"。②

另一方面,斯图亚特特别分出商品的使用价值,认为它是自然和人的劳动的产物。"前者(交换价值——作者注)本身是某种实在的东西……而**使用价值则相反,它必须依照为生产它而耗费的劳动来估计。**为改变物质形式而耗费的劳动,代表一个人的时间的一部分。"③

其次,马克思把斯图亚特的下述思想记入摘要中:"如果这三项是已知的,那么产品的价格就确定了。它不能低于这三项的总和,它也是现实的(实际的)价值,超过这个价格的剩余形成工厂主的利润;这

---

① 苏共中央马列主义研究院档案。
② 苏共中央马列主义研究院档案。
③ 苏共中央马列主义研究院档案。

个利润将始终同需求成正比,将随情况而进行波动。"① 这样,斯图亚特就阐述了他自己关于他称之为"让渡利润"② 的利润的理解。因此,按照斯图亚特的看法,让渡利润是由于商品的价值超过它们的实际价值,或者更确切地说,商品高于它们的价值出卖而产生的。

后来,马克思认为斯图亚特的功绩在于,他叙述了自己的**价格理论**,把需求、竞争的概念引进了科学圈子,并阐发了简单的和复杂的需求,简单的和双重的竞争的概念③。同时,马克思注意到斯图亚特区分了表现在交换价值中的特殊社会劳动和生产使用价值的实在劳动,马克思也注意到他对创造交换价值的劳动作出明确的历史评论。后来,马克思写道:"斯图亚特比他的先辈和后辈杰出的地方,在于他清楚地划分了表现在交换价值中的特殊社会劳动和获取使用价值的实在劳动之间的区别。"④

同时,斯图亚特把"那种通过自身转移而创造出一般等价物"的劳动,称之为产业。他不仅把这种劳动同实在劳动区别开来,而且也同"劳动的其他社会形式"区别开来。他认为,这种劳动是资产阶级形式的,是同它的古代形式和中世纪形式相对立的。⑤

马克思接着指出了斯图亚特的如下认识:商品成为财富的基本的原素形式,转让是资产阶级社会中占有的主导形式,因此,生产交换价值的劳动也是资产阶级性质的。⑥

---

① 苏共中央马列主义研究院档案。
② 《马克思恩格斯全集》第1版第26卷第1册第12页。
③ 苏共中央马列主义研究院档案。
④ 《马克思恩格斯全集》第1版第13卷第48页。
⑤ 《马克思恩格斯全集》第1版第13卷第48页。
⑥ 《马克思恩格斯全集》第1版第13卷第48—49页。

斯图亚特的著作是重商主义的最高成就。在方法论上，他作为重商主义者承认形式重于内容。在这个意义上说，斯图亚特把自己的注意力集中在货币形式中的交换价值上，并弄清了其历史性质，所以他远远超过了自己的先辈如休谟和洛克，后者把货币归结为简单的流通工具，而看不到 T—Д—T 和 T—T 公式之间的原则差别。

从马克思深入研究劳动价值论的观点来看，《伦敦笔记》中特别有趣的是李嘉图主要著作《政治经济学和赋税原理》①的新摘要，首先是这个摘要的第二部分，在第 VIII 个笔记本中，注明的日期大约是 1851 年 3—4 月。② 这个摘要不同于 40 年代的巴黎摘要笔记，马克思这时是根据英文第 3 版（1821）作的。它的第二部分中的很大篇幅专门叙述的是价值问题。

在《反思》中对资本主义生产机制的分析，促使马克思更加深入理解货币的本质。这一分析又使马克思在对李嘉图《原理》的这些摘要所加的评注中揭示了李嘉图价值理论的错误观点，并在自己的价值理论的深入研究中前进了一步。

例如，马克思指出了在李嘉图那里价值（交换价值）范畴和财富（照李嘉图的看法，财富是由使用价值构成的，资产阶级生产本身变成为了财富的生产）之间的形式上的不同，强调说，资产阶级社会的目的完全不是"满足需求"，它的目的是获取交换价值："商品生产的增长**从来**不是资产阶级生产的目的，**价值**生产的增长才是它的目的。"③ 不

---

① 在 19 世纪 40 年代，马克思摘录了李嘉图这一著作的法文版（1835 年）。但是，该摘录是一般性质的，其中马克思并没有特别注意哪一个问题，其中包括价值理论问题。

② 《马克思恩格斯全集》第 1 版第 44 卷第 71 页。

③ 《马克思恩格斯全集》第 1 版第 44 卷第 110 页。

但如此，马克思还指出，"生产力的增加"和资产阶级的生产背道而驰，由于这种不相适应而产生的矛盾成为资产阶级经济危机的基础。马克思指出的交换价值和使用价值之间的矛盾，是他认清价值两重性方面的重大步骤。

斯密和李嘉图所了解的交换价值范畴，在这些评说中已作出了马克思主义的解释，因为资产阶级经济思想虽然承认使用价值和交换价值之间关系的存在，但是看不到它们之间的矛盾，不理解它们之间的内在联系。①

劳动产品理解为交换价值和使用价值的矛盾统一，使马克思在这一矛盾中能发现商品生产的推动因素，而在该研究阶段，这一点反映在对生产出价值的劳动所进行的研究中。马克思在确定价值实体时，说李嘉图超过了其所有的先辈，他指出李嘉图把"劳动、活动即生产本身，即创造的行为"②当作调节者。换言之，马克思肯定了李嘉图的功绩。李嘉图把劳动过程同直接生产者联系起来，"人处处要和自己的生产率打交道"③。这种思想在马克思了解作为价值源泉的活劳动职能时起了很重要的作用，使之有可能在这一阶段把生产过程作为具有两重性的过程，作为劳动过程和创造价值过程的统一，因而在克服劳动商品和制定劳动两重性学说中前进了极重要的一步。

但是，马克思批判李嘉图在价值规定中忽视了交换的作用。因此，马克思发展了自己关于商品的价值在交换中得到最后决定的思想。"**交换使商品价值有了实现的可能性**。任何可以交换的新的对象，归根到底其本身就是新的价值，所以会增加价值量。……交换的能力创造新的劳

---

① 《马克思恩格斯全集》第 1 版第 44 卷第 143—144 页。
② 《马克思恩格斯全集》第 1 版第 44 卷第 115 页。
③ 《马克思恩格斯全集》第 1 版第 44 卷第 115 页。

动。"所有这一切都是李嘉图所未发现的。"不然的话,这就等于说,似乎商品的价值是由包含在商品中的劳动时间提供的,所以,即使商品还不是可以**被交换的**,它也是**价值**。"① 马克思在这里给商品的最重要的特性之一,商品的互相交换性,下了定义,并指出了一个事实,即商品价值并不是先验地由劳动时间和生产费用决定的。"劳动时间是价值尺度,即和某一第三个量相交换的商品数量的尺度……价值尺度本身不是**价值**,不是被衡量之物。"这种衡量发生在交换之中,为此"**首先必须商品互相交换**"。② 换言之,价值不是由体现在商品中的劳动时间,而是由为生产产品当时所必需的劳动时间决定的。所以,马克思已在这里明确地规定了活劳动在生产过程中作为价值源泉的作用和这一过程的成果在其中得以实现的交换领域的作用。

马克思对价值规律的理解与 40 年代(《哲学的贫困》、《雇佣劳动和资本》)相比也有了明显的改正。他在批评李嘉图时写道:"李嘉图把他认为是**偶然的东西**抽象掉了。然而叙述**实际过程**,则是另一回事,因为在这个过程中,不论是他称为偶然的运动但却是稳定的和现实的东西,还是它的**规律**,即平均关系,两者同样都是本质的东西。"③ 马克思在这里确定了他自己同李嘉图关于价值规律的解释的分歧,后者把引起价格波动并影响工资和资本利润的临时性影响抽象掉了。马克思所持的出发点是,实在过程恰恰包括这些波动,价值规律的职能在于得出平均比例,得出这些波动的平均水平。他利用的还是李嘉图的术语,却作出了如下的结论:"'自然价格'是在与**市场价格**的关系中为自己开辟

---

① 《马克思恩格斯全集》第 1 版第 44 卷第 118、119 页。
② 《马克思恩格斯全集》第 1 版第 44 卷第 118 页。
③ 《马克思恩格斯全集》第 1 版第 44 卷第 108 页。

道路的，但这种斗争与李嘉图的简单的平均化毫无共同之处。"①

使价格波动得到平衡的主要机制是竞争，它的使命在于经常使市场价格归结为实际价格，也就是**"把资本按比例地使用到各不同的生产部门"**。竞争本身"又是由需求的变化决定的"②。照马克思的说法，价格这时已经由劳动时间决定，由需求和供给来校正；它是作为价值的货币表现而出现的。③

在这个时期，马克思重新批判了李嘉图的价值理论。但是，现在的批判已经不是因为价值规律本身和实际的经济现实不一致，而是因为李嘉图错误地理解这一规律的职能，即在现代资本主义现实的条件下规律作用的特点。

资产阶级政治经济学把资本主义生产和"生产一般"混为一谈，并正式地把简单商品生产条件下的价值规律的作用搬到资本主义关系中去。

马克思注意到资产阶级政治经济学特别是李嘉图指出的一个事实，即资本家的利润决不是由某个企业生产的商品价值决定的，而是由投入资本的数额决定的，这直接证明了价值规律遭到破坏。马克思在这个时期已经明确，通过简单拉平的办法不可能建立上述相适应的关系。照马克思的看法，规律的职能恰恰在于，通过残酷的竞争斗争使市场价格和"自然价格"（使用李嘉图的术语）相适应。

但是，马克思在这个研究阶段还只是看到价值规律的本质在于把价格归结为价值，没有区分价值规律中的各个层次，没有谈到价值转化为生产价格，价值规律本身向平均利润规律的变形。同时，与李嘉图不

---

① 《马克思恩格斯全集》第 1 版第 44 卷第 112 页。

② 《马克思恩格斯全集》第 1 版第 44 卷第 113 页。

③ 《马克思恩格斯全集》第 1 版第 44 卷第 112—113 页。

同，马克思认识到，在资本主义现实中，在竞争影响下形成价格的机制中发生重大变化。

自然，在这个时期还不能说马克思建立了自己的价值理论的完整方案。他只是在区分李嘉图价值理论的中心矛盾和批评这一理论的某些观点过程中开始制定自己理论的某些要素。

马克思第一次发表意见批判李嘉图的价值理论，使研究李嘉图以后的资产阶级政治经济学的发展过程成为迫切的需要。

从这个时期记录的李嘉图的资产阶级拥护者的著作摘要来看，马克思最感兴趣的两位作者是罗·托伦斯和德·昆西。他在《伦敦笔记》中对托伦斯的五部著作做了摘要。从价值理论的观点来看，对《论财富的生产》这部著作发生兴趣。托伦斯是看到李嘉图价值理论的主要矛盾，并确认这种矛盾是价值和生产费用之间的矛盾的第一批经济学家之一。

马克思在托伦斯著作中特别注意财富、使用价值和交换价值的概念。托伦斯在自己著作的第一章中确认财富是人们有用的和期望的消费品的全部总和，这些消费品的制造和贮藏要花费一定的劳动。根据马克思的摘要得出的结论是，托伦斯把使用价值单纯理解为物的有用性，把交换价值理解为只是出现在交换经济中的价值范畴。[①] 照托伦斯的看法，交换价值绝不构成财富，财富也不依赖交换价值，而单纯是物的偶然属性。

马克思指出，托伦斯从交换的发展和劳动分工的观点划分了三个历史时期，把交换价值的产生列入第三个时期，即和他同时的时期，那时资本家和工人已经分成两个不同的阶级。马克思特别注意的正是这个阶

---

① 苏共中央马列主义研究院档案。

段，照托伦斯的看法，在这个阶段资本花费相同的情况下商品价值相等的规律是商品交换的占统治地位的规律。

同时，马克思还注意到，托伦斯把商品的交换价值和价格，甚至两种价格即市场价格和自然价格作了区别。"市场价格总是包含当时通常的利润率。自然价格由**生产费用**构成，换言之，由生产或制造商品时花费的资本构成，它不包含利润率。"①

所以，自然价格不外是生产费用。市场价格不同于自然价格的地方，照托伦斯的看法，只在于市场价格决定于生产费用加上利润。"真正的需求在于消费者的能力和意向：通过直接或间接的交换，为商品提供了比商品生产花费的资本更多的资本组成部分。"②

如上所述，托伦斯在《论财富的生产》的开头从李嘉图发现的价值规律和有机构成不同的资本获得同等利润之间的矛盾出发，但不是为了解决这个矛盾，而是为了把它说成是规律③。

马克思注意的那个事实是，照托伦斯的看法，价值规律本身发生变化，或更确切地说，作为理论结构的价值规律同资本主义生产的现象是有矛盾的。

而托伦斯对这一规律贡献了什么呢？除了同量资本带来同等利润这种空洞的口头解释以外，实际上什么也没有提出来。马克思在自己的摘要中④援引了这个地方。照托伦斯的构想，商品的费用价格等于预付资本的价格加平均利润。如果说李嘉图企图证明，除了某些例外，资本和雇佣劳动的分离在商品价值的规定中没有改变什么，那么托伦斯正是根

---

① 苏共中央马列主义研究院档案。
② 苏共中央马列主义研究院档案。
③ 苏共中央马列主义研究院档案。
④ 苏共中央马列主义研究院档案。

据这种例外否定规律本身,他实际上证明,一旦商品作为资本开始出现,对于作为商品的商品来说是实在的规律,就变成非实在的规律了。

后来,马克思在《剩余价值理论》中指出了托伦斯和其他资产阶级经济学家把整个社会的生产费用和单个资本家的费用混为一谈的谬误的原因。

托伦斯追随李嘉图,用花费在商品中的劳动量规定商品的价值,但是后来的补充把这一规定庸俗化了,他把劳动理解为只是积累的劳动,即物化劳动。可见,如果把商品当作资本,即当作生产条件来看,那么商品的价值归结为直接劳动,而以产品和生产过程的结果表现出来的那个商品,它的价值已不是由商品本身中积累的劳动决定,而是由商品生产的条件中积累的劳动决定。所以,托伦斯用生产商品的那个资本的价值决定商品的价值。可见,他没有看到,相同数量的积累劳动使各种数量的直接劳动开动起来,完全没有考虑到相同数量的资本发挥作用的长久性。他也像其他许多资产阶级经济学家一样,把利润视为某种已知的、硬性规定的和无需作任何证明的东西。

马克思非常详细地对托伦斯著作第六章第六节作了摘要,后者在其中发挥了供求理论。托伦斯企图在这里研究变动着的供求关系,说明究竟什么是最初的原因——是供给的增加还是需求的提高。他作出结论说,供应的增加是最初的原因。

托伦斯以此为出发点,认定主要的实际问题就是组织生产的正确比例,使供求的关系平衡,或"为交换其他商品而投入市场的资本构成部分的数量至少须同生产这些商品耗费的资本构成部分相等"[1]。

马克思还摘录了李嘉图的其他追随者——德·昆西的《三位法学家

---

[1] 苏共中央马列主义研究院档案。

关于政治经济学的对话》和《政治经济学逻辑》两部主要著作。

德·昆西为捍卫李嘉图的学说而反驳马尔萨斯的攻击，所以马克思在自己的摘要中特别注意德·昆西关于李嘉图以前的价值理论成熟程度的意见，以及他对李嘉图价值理论的理解。

马克思在《三位法学家……的对话》摘要中记下了德·昆西的如下意见："在李嘉图以前的经济学家那里情况是这样的：当人们问他们，所有商品的价值是由什么决定的，他们就回答说，它主要是由工资决定的；当再有人问，工资是由什么决定的？那他们就说，工资应该和工资花费在上面的那些商品的价值相符；回答实际上归结为：工资是由商品价值决定的。"①

马克思在另外一个摘要中注意到德·昆西指出的李嘉图观点和以前的资产阶级经济学家的观点不同的地方，并指出德·昆西没有"企图通过重新解释来削弱或抛弃问题中所有独特的东西，只在文句上加以保留"②。

马克思把德·昆西对李嘉图理论的下述评价记入自己的摘要："新的政治经济学指出，任何商品价格都是由生产它的劳动的相对量决定的，仅此而已。既然价格本身已被决定，那它就决定应从中获得自己的特殊份额、工资和利润的那个总额。"③

后来，马克思在这一处作评注时看到，由于李嘉图学派把利润不是看作剩余价值的派生形式，而是看作生产费用的一部分，所以在产品价值由相对的劳动时间决定和实践中价格的实际决定之间存在着矛盾。

马克思特别注意德·昆西驳斥李嘉图理论反对者的论据。昆西在

---

① 苏共中央马列主义研究院档案。
② 《马克思恩格斯全集》第1版第26卷第3册第133页。
③ 苏共中央马列主义研究院档案。

《三位法学家……的对话》中写道："政治经济学的一切困难可以归结为：什么是交换价值的基础？"①

但是，后来马克思指出，在李嘉图那里，实际的困难不是像德·昆西断定的那样由价值规定产生，而是由于李嘉图在这个基础上不能把自己的理论贯彻到底，"由于他强制地和直接地使比较具体的关系去适应简单的价值关系"②，前者指的是现代的资本主义现实。

无论托伦斯，还是昆西，作为李嘉图的拥护者和追随者，都不能解决他们在李嘉图理论中看到的矛盾，甚至在某些问题上滑向把李嘉图学说本身庸俗化的道路。

考察李嘉图追随者的论据，合乎逻辑地使马克思去研究相反的学派——李嘉图的反对者。马克思在做《伦敦笔记》期间摘录的这派作者中间，最感兴趣的是马尔萨斯和贝利。

马克思在第Ⅸ和Ⅹ本笔记中摘记了五部马尔萨斯的著作，从价值理论来看，有三部著作即《价值尺度》、《政治经济学定义》（1827年第1版）和《政治经济学原理》（1836年版）是他最关心的。③

马克思在自己的摘要中指出，马尔萨斯正确地发现了李嘉图价值理论的薄弱方面。

这主要关系到两个方面。第一，马尔萨斯和李嘉图不同，他注意劳动同资本的交换，并指出在这里进行的是非等价交换。他得出了驳斥李嘉图价值理论的结论，即劳动同资本的交换是和价值规律相矛盾的。

马尔萨斯指出的李嘉图价值理论的另一个弱点是，李嘉图不能解决如下的矛盾：商品按照与商品生产花费的劳动相一致的价值规律进行交

---

① 《马克思恩格斯全集》第1版第26卷第3册第132页。
② 《马克思恩格斯全集》第1版第26卷第3册第132页。
③ 苏共中央马列主义研究院档案。

换，是同商品按照相当于生产费用加平均利润的价格出售的事实相矛盾的。

马尔萨斯也像李嘉图那样断定商品价格由生产费用决定，然而马尔萨斯规定价值则不同，也就是说，他不是用包含在商品中的劳动量，而是用商品能够支配的劳动量来规定价值。马尔萨斯区分了生产者的价格和购买者的价格。

可见，马尔萨斯实际上是利用李嘉图价值理论的错误因素来制定自己的庸俗价值论。

马尔萨斯企图依靠斯密来建立自己的价值论，但他又立即放弃了价值决定于耗费的劳动这种科学规定，并宣称自己主张价值决定于被购买的劳动。

马尔萨斯在价值论中的新发现，用他的话来说，在于对"价值尺度"的解释。他在自己的论断中利用了斯密关于劳动的价值不变的论点，把作为商品的劳动，而不是把生产某种商品所必需的劳动量当作价值规定的基础。他就这一点宣布说，"劳动价值不变"，所以一般说来是价值的真正尺度。[①]

马尔萨斯在证明劳动价值不变性时断言："随着社会的进步，许多商品（如原产品）和劳动相比，价格上涨，而工业品的价格却下降。因此，差不多可以这样说：一定的劳动量在同一国家中支配的商品量，平均说来，在几百年的过程内不可能发生重大的变化。"[②] 马克思在他的马尔萨斯《政治经济学定义》一书摘要中记下了这个论点。

马克思在《价值尺度》一书摘要中还指出了马尔萨斯的一些其他

---

① 苏共中央马列主义研究院档案。
② 苏共中央马列主义研究院档案。

论断，例如关于存在劳动的不变的、固定的价值问题。马尔萨斯写道："如果对劳动的需求增加了，那末，工人的较高工资就不是由劳动价值的提高，而是由劳动所交换的产品的价值的降低引起的。在劳动过剩的情况下，工人的低工资是由产品价值的提高，而不是由劳动价值的降低引起的。"①

所以，如果货币的价值同劳动相比降低了，马尔萨斯不是去证明所有商品的价值同货币相比提高了，而是证明相反的东西。

在马尔萨斯的另一个"发现"中也没有任何独创性的东西，他发现，商品的价值等于商品中所包含的劳动量加代表利润的劳动量（因而在生产费用中包含活劳动和物化劳动）。马克思在《政治经济学定义》②摘要中注意到这种错误论述，同时摘录了马尔萨斯自命不凡的发现，其发现的理由是，他似乎在任何地方"都没有看到过这样的表述：某一商品通常支配的**劳动量**，必定代表并衡量**生产这一商品花费的劳动量加利润**……当劳动代表生产某一商品花费的劳动量加利润时，它就代表商品供给的自然的和必要的条件，或生产某一商品构成的费用"③。

照马尔萨斯的看法，商品不包含任何无酬劳动部分，只包含补偿等价物的劳动，如果商品价值由商品中所包含的劳动决定，它就不提供任何利润。

综上所述，可以明显地看出，马尔萨斯否定劳动作为价值源泉的唯一作用。他把利润包含在价值源泉之中，利润在他那里是作为某种独立于劳动之外的东西。照马尔萨斯的看法，利润是商品价格超过商品中所

---

① 《马克思恩格斯全集》第 1 版第 26 卷第 3 册第 21 页。

② 后来，马克思再一次摘录这部著作（1853 年版）。这个摘要写在 1859—1862 年第 VII 本笔记中。

③ 苏共中央马列主义研究院档案。

包含的劳动的余额。因而，为了使商品按照它的价值出卖，商品必须包含这样一个劳动量，它等于用在商品生产上的劳动加一个代表商品出卖时所实现的利润的劳动余额。

后来，马克思在《剩余价值理论》中评注马尔萨斯的这些议论时，指出这种论断的错误："因为马尔萨斯把作为资本的货币或商品的**价值增殖**，因而也就是把它们在执行资本的特殊职能时的**价值**，同**商品**本身的**价值**混淆起来。"① 可见，马尔萨斯的利润是来自：卖主出卖商品不仅高于商品的成本，而且也高于商品的价值。所以，他自己解释利润时，实际上把它当作让渡利润，而这恰恰是货币主义的特有见解。

我们认为，马克思记在第Ⅴ本笔记中②的、李嘉图价值论的其他反对者赛米尔·贝利《货币及其价值的变动》的摘要，毫无疑问是颇有意义的。

贝利攻击李嘉图体系的出发点，是反对把价值由某种相对的东西变为绝对的东西。③ 贝利看到的只是价值的表现形式即交换价值，而不是它的本质，结晶化的劳动。他利用自己的术语断言，只存在相对价值。而贝利在自己的著作中批评李嘉图，是因为后者也承认绝对价值，即表现商品生产中所耗费的劳动的那种价值。贝利自己从价值的主观规定出发，把价值看成两种商品的关系，"**物和物之间的关系**"④。

照贝利的看法，每种商品具有的价值不是一种，而是许多种，即自

---

① 《马克思恩格斯全集》第1版第26卷第3册第8页。

② 可惜，马克思在这一时期还没有摘录贝利的主要著作《对价值的本质、尺度和原因的批判研究》（1925年伦敦版），就像这里分析的匿名著作那样，其中他在价值问题方面的观点叙述得更加认真而详细。

③ 《马克思恩格斯全集》第1版第26卷第3册第118页。

④ 《马克思恩格斯全集》第1版第26卷第3册第159页。

然界存在多少商品，就有多少价值①。商品的货币价值只是商品许多价值之一。贝利把这种货币价值的产生解释为：假如"全部商品都用货币进行交换，那么商品 A 和 B 的彼此价值必然表现在它们的货币价值或价格中"②。照他的看法，商品价值或货币价值的减少和增加，不外乎是该商品用来交换的其他商品量的减少和增加。

贝利否定价值的内在尺度，而只承认外在尺度。他认为货币就是这种外在的价值尺度。这就是说，在社会表面上商品互相比较并借助于货币进行衡量。

马克思在贝利著作的摘要中，一开始就摘录了他对货币所作的说明。"货币——这首先是具有普遍销路的商品，或任何人用来做生意以取得其他商品的那种商品"，"货币——伟大的商品媒介"。"货币——契约中的**一般商品**，或表现将来必须完成的多数财产交易的那种商品。""最后，货币是'**价值尺度**'……"③

马克思在自己的贝利著作摘要中正是特别注意货币的这种职能④。后来他写道："他的著作只有一个积极的贡献：他最早比较正确地阐明了价值尺度，实际上就是阐明了货币的一种职能，或者说，阐明了具有特殊的形式规定性的货币。"⑤

但是，贝利同样也不能解决货币之谜，因为他甚至没有提出这样的问题：货币怎样和为什么成为这种价值尺度，并使商品可以互相比较。而贝利把货币能担当价值尺度的职能解释如下："货币价值能经常变动，

---

① 苏共中央马列主义研究院档案。
② 苏共中央马列主义研究院档案。
③ 苏共中央马列主义研究院档案。
④ 苏共中央马列主义研究院档案。
⑤ 《马克思恩格斯全集》第 1 版第 26 卷第 3 册第 143 页。

然而它们就像它们在自己价值方面保持完全不变那样能充当很好的价值尺度。"①

然而，马克思在自己的摘要中指出，贝利总算正确地认定货币执行这种职能的事实，尽管货币在执行这个职能时，货币的交换价值本身也发生变动。②

后来，马克思还把下一事实归功于贝利，即他实际上否定了资产阶级经济学早在亚·斯密时起，特别是马尔萨斯，就着手搜寻的不变的价值尺度问题。

马克思从贝利著作中摘录了证实这一思想的下述说法："人们如此渴望的、使货币充当商品媒介和契约中的商品的那种价值不变性，对于作为价值尺度的货币来说是完全无关紧要的。"③

忽视货币的最重要职能——价值尺度职能，是货币数量论的一个根本缺陷。马克思看到了资产阶级经济学家，特别是贝利对这一事实提出的批评，更深入地探索了货币和价值之间存在的联系，并深入到了价值现象的本质。

马克思摘自贝利著作的内容表明，贝利不能彻底揭示作为价值尺度的货币职能，停留在表面现象上，承认作为价值**外在**尺度的货币，否定商品固有的内在价值。照贝利的看法，价值实际上等于价格，它们之间毫无差别。货币执行上述职能经常被资产阶级经济学家所忽视，因为货币在这里只是作为想象的货币表现出来（商品价值的规定发生**在**用货币交换商品**以前**），这要求有更高水平的抽象分析，但资产阶级政治经济学及其伟大代表李嘉图的思想不可能达到这样的水平。一些资产阶级经

---

① 苏共中央马列主义研究院档案。
② 苏共中央马列主义研究院档案。
③ 苏共中央马列主义研究院档案。

济学家（包括贝利）甚至能理解货币这种职能的外在方面，这个方面在于价格水平取决于现实货币材料的价值，并在以供求关系为转移的情况下价格围绕价值波动的过程中被确定下来。

后来，马克思在《资本论》第一卷的一个脚注中写道："少数经济学家，例如赛·贝利，曾分析价值形式，但没有得到任何结果，这首先是因为他们把价值形式同价值混为一谈，其次，是因为在讲求实用的资产者的粗鄙的影响下，他们一开始就只注意量的规定性。'对量的支配……构成价值。'（《货币及其价值的变动》1837年伦敦版第11页）。"①

除了上述资产阶级经济学家赞成和反对李嘉图价值论的理由以外，马克思也像40年代一样，关心社会主义李嘉图学派在这方面的研究。

正如后来马克思在《剩余价值理论》中所写的那样，他考察的"只是本身从政治经济学家的前提出发的反对派"，那些人"实际上都是从李嘉图的形式出发的"。② 在《伦敦笔记》中属于这一派的有格雷、霍吉斯金和莱文斯顿。

然而，霍吉斯金和莱文斯顿虽然根据古典作家的价值论，认为劳动是价值的源泉和尺度，但是再未前进一步，没有写出自己关于这一理论的独创性作品。从深入研究价值理论问题角度来看，约·格雷是社会主义李嘉图学派中最典型和最值得注意的人物。

在伦敦时期，马克思摘录了格雷的两部主要著作：《关于货币的本质和用途的讲义》和《社会制度。论交换原理》。③

格雷第一个制定了劳动时间是直接的货币计量单位的学说。照格雷

---

① 《马克思恩格斯全集》第1版第23卷第63页。
② 《马克思恩格斯全集》第1版第26卷第3册第260页。
③ 苏共中央马列主义研究院档案。

的想法，劳动是价值的尺度，因而它也就是货币。由此得出的结论是，完全不需要金属货币，货币只是表现价值的不成功的想象的手段，可加以取消，把价值直接表现在劳动时间的工时中。格雷写道："我们应该保持我们**想象出来的**价值尺度——**金**，从而束缚一国的生产力呢，还是我们应该改用**自然的**价值尺度——**劳动**。"① 马克思把这段话记入了自己的笔记中。

为了劳动能执行直接的价值尺度的职能，需要有专门设立的市场。为此目的，要成立发行特殊的"劳动货币"的银行，这种货币是商品中包含的一定劳动时间的收据。在这个问题上，马克思做了如下摘录："货币应该仅仅是一张收据，证明这张收据的持有者或者曾经对现存的国民财富贡献了一定的价值，或者曾经从贡献劳动价值的人那里取得了对于这一价值的支配权。"②

综上所述证明，马克思注意到格雷不了解货币同价值的内在联系。格雷不能解决实际上由他自己提出的主要问题，也就是说，回答"为什么一切商品都用一种分离出来的商品来估计自己的价值"③，即用货币来估计自己的价值。

在格雷的空想方案中，实际上表现出来他不理解商品中包含的劳动的特点，这种劳动直接是私人的劳动，它的社会性质只有在市场上，在直接生产者让渡的过程中才能表现出来。格雷也像其他小资产阶级社会主义者那样，把商品中包含的劳动时间直接当作社会时间。④

马克思指出格雷的著作中的一个事实，即他不理解劳动本质，这很

---

① 苏共中央马列主义研究院档案。
② 苏共中央马列主义研究院档案。
③ 《马克思恩格斯全集》第 1 版第 13 卷第 75 页。
④ 苏共中央马列主义研究院档案。

明显地表现为他不理解商品和货币的特性，因为在他那里，商品和货币之间的差别完全消失了。这种不理解是对于马克思的很重要的推动，促使他去思考商品生产的劳动性质，去了解体现在特殊商品——货币中的一般的社会劳动。

*　　*　　*

可见，了解马克思19世纪50年代作的伦敦笔记，就有可能查明摘录资料的安排是井然有序的，从他所研究的有关价值论问题角度来看，可以分成三组资料。

由于仔细考察银行学派和货币学派关于1844—1845年的英国法案的争论，由于研究了图克的主要著作《价格史》、了解作为货币数量论的先辈休谟和洛克的著作，弄清了货币数量论的错误，50年代初，马克思已经在李嘉图《政治经济学和赋税原理》摘录的第一部分中对李嘉图货币数量理论进行了详尽的批判。

在《反思》中对社会再生产机制和危机的考察，使马克思能深入思考自己关于货币的概念。研究货币作为商品的特性，引导他去揭示商品和货币之间存在的联系。在这里研究了商品和货币之间发生的关系后，马克思指出，商品的内在矛盾在经济的表面上以商品不能同货币相交换的形式表现出来。故而，马克思弄清危机的爆发是不可避免的。

在第二阶段，马克思在斯图亚特著作的摘要中摸索到许多重要思想，推动他去研究价值理论。例如，特别是在斯图亚特《政治经济学原理研究》中，马克思已看到实际上货币的全部五种职能的区别，虽然还是最初的萌芽形式。这使马克思能够深入思考关于货币本质的概念。在这个研究阶段，对货币总和的全部职能的考察，使马克思能够确定货币职能的一定顺序，完成由货币外在职能（如世界货币、支付手段和流通手段这样的职能）向它的内在职能（价值尺度）的转变，前几种职能马克思早在银行学派代表人物的著作摘要中已指出来,后一种职能已被斯图亚特注意到了,哪怕是在最"幻想的"和矛盾的形式中。

马克思所指出的重要因素是,斯图亚特企图从价值的一般概念中得出自己关于货币的观点,他第一个企图规定不同于价值外在尺度(货币)的价值内在尺度(劳动),并对它作了特有的历史的说明。

但是,同时马克思也注意到斯图亚特在价值问题方面,特别是在价值量的规定、劳动范畴的说明和利润的解释等等问题上,有许多概念包含着矛盾,不成熟,甚至错误。

在对李嘉图《政治经济学和赋税原理》摘要的评注中,马克思继续考察了价值范畴,进一步研究了自己价值理论的一些因素。

马克思在这里记录了如下的情况:资产阶级社会的目的不在于满足需求,而在于交换价值,确认了使用价值和交换价值之间存在着矛盾。他高度评价了李嘉图在价值研究中取得的成就,他把劳动过程和直接生产者联系起来。这又使马克思能够把生产过程本身当作劳动过程和价值创造过程的统一体。他也揭示了商品交换和商品价值的相互关系,并着重指出商品的一个最重要特点——可交换性。马克思在这里还指出自己对价值规律的解释和李嘉图对价值规律的解释之间的区别。李嘉图把引起价格波动和作用于工资和资本利润的"偶然"影响抽象掉了,与此不同,马克思所依据的则是,实际过程恰好包含所有这些波动,而价值规律的职能在于确定这些波动的平均水平。可是,马克思在自己考察的这个阶段,暂时还没有涉及价值变形为生产价格,以及价值规律变形为生产价格规律的问题。

在我们划分的第三个阶段,可以看出马克思对李嘉图以后时期的资产阶级经济学思想界代表人物著作所采取的态度。

这些年代马克思摘录的那许多著作的作者们,虽然对价值理论作的解释各有不同,却都指出了李嘉图价值论的许多矛盾论点,但是由于他们的阶级局限性,不能解决李嘉图理论的矛盾,实际上滑向庸俗化的道路。这一点马克思已在他的摘要笔记中指出来了。

可见,在作总结时可以明确地指出,这个时期马克思对待资产阶级和小资产阶级关于价值理论的不同作品的态度发生了根本的变化,并且马克思开始制定自己的价值理论。

(原载《马克思列宁主义和国际工人运动史论丛》
1982年莫斯科版第54—89页)

(晓鸣 译)

马克思在伦敦时期的研究对
制定他的使用价值理论的意义[*]

〔民主德国〕吉·施皮勒

马克思从 1850 年 8 月至 1853 年 6 月在伦敦重新进行经济学研究的目的是再一次对各门学科中的资产阶级代表人物的观点和认识进行批判分析。这些经济学研究构成了马克思批判迄今为止的政治经济学观点的理论基础,同时也是制定他的经济学理论的出发点。这些经济学研究的成果是 24 本内容广泛的笔记本,即所谓的《伦敦笔记》。这些笔记现在正准备在原文版第四部分首次全文发表。

马克思在《伦敦笔记》中明显地转向了政治经济学的理论基础,由此他也在价值理论和使用价值理论方面达到了重大的认识上的进步,这些认识上的进步是马克思通过批判各种各样的有时自相矛盾的资产阶级观点达到的。这些认识上的进步应该看作是马克思经济理论中的新质阶段的准备阶段。

尽管各个摘录笔记本的内容主题不同,但还是可以看到马克思的重点。《伦敦笔记》中有若干基本论题很明显与使用价值在政治经济学中的作用有关,虽然马克思事先没有明确地把这些基本论题看作是使用价值研究的内容,但是这些论题最终还是被纳入了使用价值研究的范围。

---

[*] 本文选自《马列主义研究资料》1988 年第 2 辑。

马克思研究的对象是更深入地探究已经把握住的资本主义生产方式的基本矛盾（所有其他一切矛盾都从属于这一基本矛盾），与这一基本矛盾联系在一起的矛盾以及在这一矛盾中潜在地包含着的危机原因和这些原因在政治、经济和文化中的表现形式。

马克思把由他和恩格斯阐明并首次运用于研究政治经济学问题的形式——内容的辩证法的哲学认识作为方法来应用。这种哲学认识使得有可能深入研究经济过程并揭示这一过程的矛盾。

因此，《伦敦笔记》指出了基本矛盾和危机的主要特征，最终——从前面提到的那些论题来看——在自身中包含着从总体上对资本主义商品生产以及在具体细节上对使用价值和价值的反复分析。

《1857—1858年经济学手稿》所得出的认识是：不应该仅仅在范畴的历史发展中来研究范畴，而且应该根据这些范畴在生产方式内部具有的相互关系来评价范畴①。这一认识是以马克思在40年代中期得出并且在《伦敦笔记》中明显地表现出来的基本认识②为基础的。对各个经济关系的研究同时表明，马克思力图在经济范畴的总体上以及这些范畴的相互关系中深入理解这些经济范畴的本质，以便重新证明，经济范畴是通过与一个有机的总结构的结合形成"一个统一的整体"③的物质生产关系的一个侧面的理论表现、抽象。马克思的分析和方法的这种历史逻辑性使我们有可能考虑"具体环境里的历史过程的**客观**内容"④以及相应的对经济范畴和经济规律的次序安排的评价或推导。

---

① 《马克思恩格斯全集》第1版第46卷（上）第44—45页。
② "经济范畴只是这些现实关系的抽象，它们仅仅在这些关系存在的时候才是真实的。"（《马克思恩格斯全集》第1版第27卷第482页）
③ 《马克思恩格斯全集》第1版第4卷第144页。
④ 《列宁全集》中文第1版第26卷第140页。

与资产阶级古典经济学家相反,马克思对他在《伦敦笔记》中所分析的范畴始终是在这些范畴的矛盾的统一性中并且从质和量互为条件和相互作用的角度加以考察的。

马克思在1847年于布鲁塞尔写的《哲学的贫困》中已经批判分析了蒲鲁东对范畴的看法:"两个矛盾方面的共存、斗争以及融合成一个新范畴,就是辩证运动的实质。"① 在这里可以看到许多重要思想的萌芽,这些思想不仅包含着关于使用价值和价值②的关系的最初阐述,而且首先还是从《政治经济学批判大纲》到《评阿·瓦格纳的〈政治经济学教科书〉》③中明确提出和多次广泛论证的商品内在矛盾即最终在外在矛盾中、在商品分为商品和货币的二重化中得到表现的使用价值和价值之间的矛盾的基础。

当然,为了揭示和阐明这些作为资本主义生产方式的基本矛盾的表现的关系,在50年代初还需进行广泛的研究,就像在《伦敦笔记》中所研究的那样。

马克思对亚当·斯密和大卫·李嘉图的主要著作的重新摘录及马克思与这些理论叙述的明显区别特别在第8笔记本即所谓的"李嘉图摘录笔记"中可以看到。这个笔记本包含着马克思自己写的评注,成为后来马克思对这两位资产阶级古典经济学代表人物进行批判分析的基础。这一批判分析首先在《剩余价值理论》中得到了反映。

马克思在50年代初还不加评注地采用了李嘉图对"使用价值"和"交换价值",即"某种物品的效用和购买其他商品的能力"④ 的区分,

---

① 《马克思恩格斯全集》第1版第4卷第146页。
② 《马克思恩格斯全集》第1版第4卷第77页。
③ 《马克思恩格斯全集》第1版第19卷第396页及以下几页。
④ 《马克思恩格斯全集》第1版第44卷第90页。

这一点表明，马克思当时主要还是着眼于一般关系，以便在此基础上进行进一步的具体分析。只是在《资本论》的最后草稿和《资本论》本身中才明确地对各个范畴作了详细的评价和分类。

马克思的摘录笔记同时表明，李嘉图对使用价值和交换价值的看法超过了斯密的有关看法，然而概念区分只是形式上的，李嘉图并没有认识到两个范畴的内在矛盾。

因此，虽然李嘉图把物的效用看成交换价值的前提，并认识到效用不能成为交换价值的尺度，"效用对交换价值来说虽然是绝对必要的"①，但是，两者之间的真正联系仍然被掩盖着。这一点也可以从下面的情况中看出：一种商品如果全然没有用处，就不会具有交换价值，因为"商品的价值或其所能交换的任何另一种商品的量"，取决于"其生产所必需的相对劳动量"②。

但是，李嘉图的这些进了一步的见解也带有主观价值标准，他根据斯密的观点在价值决定中引进了产品的稀少性。"具有效用的商品，其交换价值是从两个泉源得来的，——一个是它们的稀少性，另一个是获取时所必需的劳动量。"③

因此毫无疑问，李嘉图在表述他对商品的价值和使用价值观点时并没有发现两个范畴之间的辩证法，也没有克服他的价值理论中占支配地位的数量考察方法。李嘉图的上述见解中有些思想也被边际效用理论家

---

① 《马克思恩格斯全集》第1版第44卷第90页。
② 李嘉图：《政治经济学及赋税原理》，1972年商务印书馆版，第7页。
③ 李嘉图：《政治经济学及赋税原理》，1972年商务印书馆版，第7页。

所利用，并且在今天还被他们用来论证自己的观点和宣传市场经济。①

李嘉图曾批判地评价过斯密的价值学说观点，马克思在李嘉图的基础上进一步揭示了斯密的错误看法的原因。马克思认识到，这位资产阶级古典经济学家进行的"双重任务"②是他的错误的根源。"一方面，他探索各种经济范畴的内在联系，或者说，资产阶级经济制度的隐蔽结构。另一方面，他同时又按照联系在竞争现象中表面上所表现的那个样子，也就是按照它在非科学的观察者眼中……把联系提出来。……这两种理解方法在斯密的著作中不仅安然并存，而且相互交错，不断自相矛盾。"③

斯密试图解释资本主义生产的现象，但他在这样做的时候从外在特征出发，从而不能深入到资本主义生产的本质。马克思认为，造成这种情况的原因是斯密所采用的"内在的"，而另一方面又是"外在的"分析方法。

李嘉图首先采用了新方法，从而得出了进一步的认识，包括他在劳动时间的基础上完成了的价值决定论中的进一步认识。李嘉图"迫使科学抛弃原来的陈规旧套，要科学讲清楚：它所阐明和提出的其余范畴——生产关系和交往关系——同这个基础、这个出发点适合或矛盾到什么程度；……同资产阶级社会的内在联系即现实生理学所依据的，或者说成为它的出发点的那个基础适合到什么程度；一般说来，这个制度的

---

① 参看 E. 卡累尔：《国民经济学说概论》，1951 年海德堡版，第 8 页；H. 列曼：《边际效用学说》，1968 年柏林版，第 58 页；H. 迈斯纳：《没有前途的资产阶级经济学家》，1976 年柏林版；F. 贝伦斯：《政治经济学史纲》，1979 年柏林版，第 3 卷第 185 页及以下各页；J. A. 熊彼特：《论计算问题》，1952 年杜宾根版，第 329 页。

② 《马克思恩格斯全集》第 1 版第 26 卷第 2 册第 182 页。

③ 《马克思恩格斯全集》第 1 版第 26 卷第 2 册第 181—182 页。

表面运动和它的实际运动之间的矛盾是怎么回事。李嘉图在科学上的巨大历史意义也就在这里"。①

相反,斯密仍局限于他的价值观点,他的"双重任务"阻碍了他达到进一步的认识。虽然他认识到,劳动产品是使用价值,劳动是财富的源泉;但是,正如马克思所说的那样,他把价值在历史上的效用范围向前推到"亚当以前的时代"。"换句话说,从简单商品的观点看来他以为是真实的东西,一到资本、雇佣劳动、地租等等比较高级和比较复杂的形式代替了这种商品时,他就看不清了。"②

斯密的其他一些错误看法可以在他的"价值悖论"或者他的"价值二律背反"中看到。有一个极端的例子表明,价值和使用价值之间不存在直接的或职能上的联系,也就是说,使用价值极大的东西交换价值往往极小或完全没有。"反之,交换价值极大的东西,使用价值往往极小或完全没有。"③

马克思对资产阶级古典政治经济学两位代表人物关于价值和使用价值的观点的批评也许是随意进行的。但是,总的来说可以认为强调了这样一点:斯密和李嘉图在形式上对使用价值和价值的概念区分不仅掩盖了作为商品生产的经济关系的表现的使用价值和价值的内在矛盾,而且忽视了使用价值是价值的承担者,是当时的生产关系的承担者。

马克思深入研究价值和使用价值的辩证法,深入研究这两个范畴与财富的关系的理论含义,是马克思完善了经济理论过程的组成部分,而在这一完善过程中可以明显地看到马克思与斯密和李嘉图之间的距离愈来愈大。马克思在李嘉图摘录笔记本中所作的评注也应该从这一角度加

---

① 《马克思恩格斯全集》第1版第26卷第2册第183页。
② 《马克思恩格斯全集》第1版第13卷第49页。
③ 李嘉图:《政治经济学及赋税原理》1972年商务印书馆版第7页。

以评价。马克思在这些评注中写下了批判性的意见:"李嘉图只在**概念上**去分清价值与财富的**区别**,他消除不了困难。资产阶级的财富和资产阶级全部生产的目的是**交换价值**。"① 针对李嘉图把资本和它的使用价值实体混为一谈的情况,马克思进一步写道:"财富只是资本的材料。资本总是重新供生产利用的**价值总和**;它不单是产品的总和,也不是为了去生产产品的,而是为了去生产价值的。"②

这样,马克思达到了区分使用价值和价值这个一般性命题,当然这个一般性命题在这里还是局限于资本,表现出资本的物质内容和它的社会形式,而没有明确地提到使用价值概念。

马克思通过这种方式才深入到资本主义矛盾的核心,马克思在他的成熟理论中把这些以商品的内在矛盾、以使用价值和价值之间的矛盾为基础的资本主义矛盾表述为基本矛盾的表现形式。

在《伦敦笔记》中已经可以看到上述思想的萌芽,马克思明确了关于使用价值的可交换性思想并把使用价值通过价值实现其可交换性确定为进一步的价值创造的必要条件,他说:"(1)……推动更多的工人,(2)这就在与该部门进行交换的其他部门中引起相应的劳动。"③

这些阐述同时包括对李嘉图财富观点的进一步批判,因为在李嘉图那里,"始终不能理解,价值以及资本怎么会增加,而同时又不象地租的情况那样,一人的所得就是他人的所失"④。

马克思由此得出了正确的结论,即资产阶级生产的目的不是享受品,不是使用价值,而是提高交换价值,与此同时他也就说明,一方面

---

① 《马克思恩格斯全集》第 1 版第 44 卷第 109 页。
② 《马克思恩格斯全集》第 1 版第 44 卷第 111 页。
③ 《马克思恩格斯全集》第 1 版第 44 卷第 112 页。
④ 《马克思恩格斯全集》第 1 版第 44 卷第 111 页。

交换价值是资本主义生产方式的决定性动力,表现出"资产阶级的进步"。另一方面,马克思回过来利用他在"早期著作"的思想,把货币称为"一切纽带的**纽带**"①,把它称为商品交换的媒介。马克思把这种职能性的称呼同带有阶级性的评价即货币是资本主义生产的"真正的**力量和唯一的目的**"②结合起来了。

此外,马克思的研究还包括对资本主义生产的不平衡发展规律的分析,这种不平衡发展的原因是使用价值和价值之间的矛盾,也就是成为推动力量的使用价值生产和交换价值生产之间的矛盾。由于这种不平衡发展,"一切冲突就发生了",这些冲突在竞争条件下使产品(使用价值产品和价值产品)增加,从而是一切危机出现的基础。③

由于区分了财富和资本,(马克思在这个问题上大大超过了李嘉图),马克思阐明了这样一点,即在使用不等量生产资本的情况下有可能产生超额利润,这一点在这里只是提到,在《资本论》的剩余价值理论中得到了论证和进一步的论述。但是马克思在第8笔记本中谈到差别的平均化时已经表述了这样的思想:"使用价值诚然依旧增加,但资本却不再按同一比例增加了。"④ 这里显然包含着重要的思想,即劳动生产率的提高会对增加使用价值起作用,但同时会降低单个产品的价值。这样,马克思再次指出了使用价值和价值的不同的职能和运动形式,从而加深了他在这一方面的认识。

马克思联系固定资本的生产力所作的关于劳动生产率的这些论述,表明了固定资本与可变资本以及流动资本相比而言的特征,也表明了不

---

① 《马克思恩格斯全集》第1版第42卷第153页。
② 《马克思恩格斯全集》第1版第42卷第140页。
③ 《马克思恩格斯全集》第1版第44卷第110页。
④ 《马克思恩格斯全集》第1版第44卷第111页。

同资本对价值增殖过程的影响。

当然，对马克思在这一时期的理论发展不应评价过高。在《伦敦笔记》中固然有些重要的理论观点，但是这些观点在马克思的成熟的理论中，特别是在《资本论》中又有了进一步的重要发展和详细说明。对固定资本和流动资本还没有完全按照价值和使用价值来作区分这一点也属于这种情况。①

《伦敦笔记》中表现出来的马克思价值理论的进步，是同对劳动在价值形成过程中的作用的愈来愈清楚的认识紧密联系在一起的。正因为如此，马克思才再一次确认了他在《哲学的贫困》中已经表述的认识②，并且现在在批判斯密、萨伊和李嘉图的观点时进一步明确了这些认识。一个商品的价值取决于"生产商品的活动……不取决于得到报酬的劳动，而取决于生产的劳动，不取决于本身是商品的劳动，而取决于创造商品的劳动"③。

马克思在没有说明生产劳动，也没提出具有历史局限性和联系的抽象形式劳动的情况下研究了价值和使用价值在劳动过程和价值形成过程中的意义。这些研究是《资本论》中论证的生产商品的劳动的二重性（理解政治经济学的关节点）的重要基础，也是劳动力商品的使用价值规定的重要基础。

我们得出上述评价并不是由于这样一个事实，即马克思主要是从使用价值和价值④的发展的量的比较出发进行论证，而质的区分在他的这

---

① 《马克思恩格斯全集》第1版第44卷第91页。
② 《马克思恩格斯全集》第1版第4卷第88—90页。
③ 《马克思恩格斯全集》第1版第44卷第115—116页。
④ 图赫舍雷尔：《马克思经济理论的形成和发展》，1981年人民出版社版，第270页。

一时期的著作中还只限于提示,虽然这里对价值的质的规定已经作了初步的思考。

在李嘉图看来,价值表现为某种绝对的东西。相反,马克思则努力探讨价值的本质,而且首先也是在交换过程中研究价值。如果劳动时间是价值的尺度,即和某一第三个量相交换的商品数量的尺度,那么,下述说法也同样是正确的:"价值尺度本身不是**价值**,不是被衡量之物,因而,为了能够衡量商品互相交换的数量,**首先必须商品互相交换**。因此,**交换**使**商品价值**有了**实现的可能性**。"①

《伦敦笔记》中的这些评注表明,马克思显然在50年代初就已经转向从质和量上对劳动进行分析,而且分析的范围比书面文字中可以看到的范围更宽。这一看法还可以通过下述事实来证实:马克思在李嘉图著作摘录笔记中已经对工人卖给资本家的"劳动"商品和处在价值形成职能中的劳动作了区分。此外,从马克思对斯密的主要著作《国民财富的性质和原因的研究》②再一次的分析批判中可以看到马克思为解决价值问题所作的努力。

马克思在第7个笔记本的斯密(威克菲尔德)著作摘录中详细分析了斯密的观点。从这一分析中可以得出这样的结论:马克思在这里找到了进一步弄清楚资本和劳动之间的交换的要点。③斯密著作摘录中四个从历史和地理的角度加以限定的例子的对比也表明了这一点。

1. "资本与工人相比份额大,与生产领域相比份额小。"(工资份额高,工资总额也高,利润份额小,但利润总额大——例如美国)。

2. "资本与劳动相比份额大,与生产领域相比份额也大。"(高工

---

① 《马克思恩格斯全集》第1版第44卷第118页。
② 参看马克思:《伦敦笔记》第7笔记本原件。
③ 参看马克思:《伦敦笔记》第7笔记本原件,第75页及以下各页。

资和低利润——例如革命战争结束时的法国）。

3. "资本与劳动相比份额小，与生产领域相比份额也小。"（低工资和高利润——例如孟加拉）。

4. "资本与劳动相比份额小，与生产领域相比份额大。"（低工资和低利润——例如：热那亚、威尼斯、荷兰、英国）。①

从不同方面对资本和劳动之间的交换进行的反复研究使马克思得出以下结论，利润仅仅在交换过程中实现，然而它的源泉却要到生产过程中去寻找。由此，马克思在第8笔记本中分析威克菲尔德关于利润和工资的关系时才能确定，"工人从花费了20个工作日的产品中，只得到值10个等等工作日的产品"。② 这样，马克思证明了，新价值分为工人的工资和资本家所得的剩余物。由此马克思已经十分接近于认识纯粹形态的剩余价值的特征，从而为在《资本论》中科学创立出能够证明剩余价值生产是资本主义生产方式的动力和生存基础的剩余价值理论奠定了重要的基础。

除了上面提到的同样在使用价值——价值辩证法基础上完成的以及涉及到这一辩证法的研究之外，还可以指出另一些研究，例如在第4笔记本对李嘉图货币理论的研究，这些研究包含马克思自己写的评注以及关于货币职能的最初表述。与此同时还指出了使用价值的不同的物质化形式③。

马克思在提出了货币作为价值尺度、作为交换手段、作为流通手段等等的使用价值属性后，分析了货币的特殊的使用价值以及货币作为信

---

① 参看马克思：《伦敦笔记》第7笔记本原件，第75页。
② 《马克思恩格斯全集》第1版第44卷第141页。
③ 《马克思恩格斯全集》第1版第44卷第73页及以下几页。

贷货币和流动资金的作用①，还批判分析了李嘉图在汇兑率和本位问题上的看法。这些货币理论的研究在《资本论》第3卷中作了最后的理论加工。②

与此同时马克思就有可能论证李嘉图没有解决的商品和货币之间的内在联系，确定货币与商品相对而言的相对独立性，以及象征性货币（货币替代物）与货币商品相对而言的相对独立性，并提出货币这一特殊商品的使用价值属性。③

主要包含"通货学派"和"银行学派"的论述的第1至第7笔记本对货币理论问题的分析具有特别重要的意义。这里还要着重指出马克思于1851年写作的、包含在第7笔记本上的《反思》手稿。④ 这一手稿的特点在于马克思超出了以往主要是做摘录的范围，更多地把第1至第7笔记本中资产阶级经济学家的观点同自己的认识结合起来。这部主要是为了自己弄清问题的手稿是马克思研究过程的某种中间成果。

基本上在同一时期写作的手稿《金银条块。完成的货币制度》同样也包含着马克思的货币理论的进一步发展。根据对使用价值的分析可以看到，马克思达到了新的重要的认识，他用理论上的深入研究代替了经验地掌握物质现象形式的阶段，达到了抽象，从而超出了资产阶级古典经济学的视野。但是无论在这一手稿中还是在第4笔记本所包含的关于李嘉图货币理论的叙述中，马克思都没有得出货币理论的一般性结论。

然而，可以这样说，马克思在这个时期已经克服了斯密和李嘉图的

---

① 《马克思恩格斯全集》第1版第44卷第73页。
② 《马克思恩格斯全集》第1版第25卷。
③ 《马克思恩格斯全集》第1版第13卷第160页。
④ 《马克思恩格斯全集》第1版第44卷第154—163页。

货币数量理论。① 这样马克思就为在价值规律基础上阐明资本和劳动之间的交换创造了条件，也为论证价值规律在资本主义再生产过程的所有阶段上都起作用创造了条件。

因此，马克思得出的某些结论具有重要意义，这些结论产生于使用价值和价值的区分，反映在不同的价值形式（等价形式）中，同时也在隐蔽着的阶级性职能比如工资、利润、利息、地租等等中表现出来，从而是阶级关系的表现形式。"在货币的形式上，在金银或银行券的形式上"，它们无法被认识，或者正像马克思所说的，"转化为金银，抹杀和掩盖了阶级性质"。② 也就是说，货币一方面"作为阶级对立的最高表现"③，另一方面，通过交换"……收入的特性……，一切阶级的个人"④ 都变得模糊了。

马克思在《哲学的贫困》中对货币所作的分析即把货币看作被物掩盖着的一种生产关系⑤，在《反思》中又有了进一步发展，由于下述认识而变得更丰富了，这一认识是：使用价值和价值之间的矛盾在阶级社会中会对货币制度和货币职能产生直接的影响，从而会影响再生产过程产生。由此马克思为他在《资本论》中制定的货币理论建立了重要的出发点。

马克思把对货币的阶级性质的认识用于研究经济危机的本质和表现形式。同时他特别注意揭示资产阶级把"错误的"货币政策看作危机原因的观点。与资产阶级的观点相反，马克思提出了有根据的理论，这

---

① 《马克思恩格斯全集》第 1 版第 27 卷第 193 页。
② 《马克思恩格斯全集》第 1 版第 44 卷第 161 页。
③ 《马克思恩格斯全集》第 1 版第 44 卷第 163 页。
④ 《马克思恩格斯全集》第 1 版第 44 卷第 162 页。
⑤ 《马克思恩格斯全集》第 1 版第 4 卷第 125—126 页。

一理论揭示了资本主义特有的货币政策和经济政策的内在规律性以及这一规律性在价值和使用价值的发展上的反映,从而揭示了危机的真正原因。

马克思在《反思》中尤其清楚地论述了资本主义生产的目的和产生经济危机的外在可能性之间的内在联系。因此,马克思确信,流通领域固然受危机影响,在交换过程中,在市场上可以看到危机的起因,但是这种起因却应当在生产领域中存在的基本矛盾中去寻找。"所有的危机事实上都表明,实业家和实业家之间的贸易,总是超出实业家和消费者之间的贸易为它所设定的界限。"①

对交换关系的分析包括商品在危机状况下的不可兑现性以及商品的不可使用性,也就是商品的价值属性即使用价值和交换价值的丧失。由此马克思论证了现存的生产出来的商品的使用价值和在当时由危机引起的价值的不可实现性之间的必然差别。马克思说:"商品不再是货币,它们不能再换成货币。"②

这一思想的基础是资本主义商品生产的内在矛盾。但是,马克思同时反对把货币制度的职能看作是不可兑现性的原因,因为"在**货币制度的存在中**不仅包含着"使用价值和价值"分离的可能性,而且已经存在着这种分离的现实性"③,资本由于危机状况下缺乏交换能力(不可兑现性)而成为不可使用的东西这一事实证明了这一点。马克思的这一观点的基础就是他在《资本论》中广泛论证的使用价值和价值之间的矛盾,这一矛盾发展成为商品和货币之间的矛盾,并且以对抗性的生产条件下私人劳动和社会劳动之间的矛盾为基础。

---

① 《马克思恩格斯全集》第 1 版第 44 卷第 154 页。
② 《马克思恩格斯全集》第 1 版第 44 卷第 158 页。
③ 《马克思恩格斯全集》第 1 版第 44 卷第 159 页。

除了上面已经阐述的马克思在《反思》这一著作中表明的有关货币理论、危机和资本主义再生产过程的观点之外，我们还可以看到关于使用价值——价值的辩证法方面的分析。这些分析是基本的概括性的准备工作，在《政治经济学批判大纲》中有了重要的发展，在《1861—1863年手稿》中，在分析"斯密教条"和斯密的再生产理论时又作了进一步的详细阐述，最后在《资本论》中导致了马克思的再生产理论的完成。马克思的思想进程的整体性还表现在他不是把经济危机的产生仅仅归因于资本主义生产过程的不连续性，归因于生产过剩、"生产的不合比例"，而是归因于"资本家阶级和工人阶级之间的关系"。①

在《伦敦笔记》中，与使用价值问题有关的农业问题和地租理论问题占了很大篇幅。在1851年3月至6月间写成的第8至第10笔记本中，马克思摘录了各个经济学家的内容广泛的论述，还摘录了许多有关地租问题的观点。除了关于地租理论的阐述外，在这些笔记本中还有关于土地所有权的历史发展的摘录，对马尔萨斯建立的敌视人类的"人口理论"以及由马尔萨斯主义者阐述的"土地收入递减规律"的深入批判。这些笔记本还包括马克思对李嘉图的农业观点和地租观点②的再一次批判，并在这些批判中增加了威克菲尔德的论述。③

从《伦敦笔记》可以看到，马克思一方面批判地分析了地租形成问题上的各种意见，另一方面仅仅摘录了提高土地使用价值的重要思想，而没有加上自己的意见。④ 此外，笔记本还表明，马克思的目的是要弄清楚以提高肥力的形式出现的提高农业土地的使用价值和增加农业

---

① 《马克思恩格斯全集》第1版第44卷第156页。
② 参看《伦敦笔记》第5笔记本第9页。
③ 《马克思恩格斯全集》第1版第27卷第175页及以下几页。
④ 《马克思恩格斯全集》第1版第44卷第96、97、102页。

产品（使用价值）的量之间的相互关系。

与斯密和李嘉图的地租观点相比，马克思在这个问题上的认识提高了。马克思区分了"自然"肥力（暂时还只是不同于"人工"肥力）和表示各块土地在使用价值上的差别并构成级差地租的基础的"相对"肥力。由于生产力的发展，人类能够把"自然"肥力或"一般"肥力提高到较高等的水平，也就是提高土地的使用价值，但是这一发展会直接影响"相对"肥力，最终使这种"相对"肥力不断地重新平均化为自然肥力。① 历史已经表明的生产力的发展即在工业部门中同提高生产资料的使用价值结合在一起并以资本积累为前提的生产力的发展，目的在于提高土地的使用价值——在这一点上马克思也超过了李嘉图。同时这要以提高农业劳动者的技能为条件②，也就是要以提高劳动力商品的特殊使用价值为条件。

马克思的理论还认为，在农业中也必须使用科学的工作方法，日益提高的工业化和化学化程度会普遍改善土地肥力，从而对土地的使用价值产生直接的影响。第 11 和第 12 笔记本特别阐明了提高土地的使用价值的意义，马克思在这两个笔记本中详细摘录了许多农业经济著作。虽然马克思在这两个笔记本中只是偶尔才加上自己的评注，但是这些评注表明，马克思在他所作的精密的研究中赋予农业生产力的发展以特殊的意义。生产力的这种发展有两方面的目的，一方面在于提高农业有用面积的使用价值，另一方面在于发展农业产品的使用价值的质和量。

马克思在《哲学的贫困》中已经表明，肥力不是土地的自然属性，它会由于当时的生产关系而发生变化。由此，马克思把他的关于物质内

---

① 《马克思恩格斯全集》第 1 版第 44 卷第 106 页。
② 《马克思恩格斯全集》第 1 版第 44 卷第 106 页。

容和社会形式之间的辩证联系的理论与农业联系起来,并指出,使用价值在这里也受当时的生产关系的影响,甚至成为经济的形式规定性。当时虽然有几位资产阶级科学家实质上已经指出了有效的工作方法、大农田作物栽培制和提高肥力之间的联系①,但他们并没有认识到,生产力发展和(在当时)以日益增大的规模不断发展的资本主义生产关系的性质之间的相互关系,不知道资本主义生产关系也会对农业生产发生影响。只有马克思通过他的辩证的研究方法才能建立起这些包含着一切生产领域的历史联系的关系。

恩格斯在致马克思的一封信中阐明了马克思在作为政治经济学组成部分的地租理论——这里指级差地租——方面的新认识所具有的意义,他在信中写道:"……这使你有进一步的理由获得地租问题经济学家的称号。如果世间还有公理和正义的话,那末至少一年的全部地租现在应该归于你。"②

从对马克思的《伦敦笔记》的研究中可以看出,这时马克思在许多方面仍处于研究过程中,他使用的是研究方法,只是在50年代后期才转用叙述方法。马克思的这些以辩证唯物主义和历史唯物主义为基础并且始终以物质内容和社会形式的统一为特征的研究表明,资本主义生产方式的物质内容以商品的使用价值为自己的表现形式,是物的基础,是生产力发展的代表,同时是当时的生产方式的社会关系的承担者。

但是马克思在完成他的包含具有特殊性和规定性的使用价值内容的经济理论,最终把使用价值看作是政治经济学的对象的组成部分之前,

---

① 《伦敦笔记》第7笔记本中对加斯克尔、霍普金斯、威斯特、汤姆森著作的摘录。

② 《马克思恩格斯全集》第1版第27卷第189—190页。

还需要更深入地研究经济理论并继续批判资产阶级古典经济学家代表人物的观点。因此,《伦敦笔记》是马克思的研究和著述中的一个重要的认识阶段,它不仅对制定马克思的理论有重大的意义,而且对当前研究和运用马克思的认识,以便进一步建设发达社会主义社会具有重大的现实意义。

(原载马丁·路德大学学报《马克思恩格斯研究论丛》
1984年第17期第165—183页)

(章丽莉 译 冯文光 校)

马克思在《伦敦笔记》中对科学技术机器生产和工艺学的研究（12 卷 122 页）[*]

张钟朴

机器大工业和科学技术在生产中的应用，是资本主义生产的重要物质技术基础。其发展程度和状况对资本主义的生产关系和上层建筑产生重大的影响。对这个问题以及对资产阶级工艺学的批判研究，不仅在马克思的经济学理论中占有重要地位，而且在他的历史唯物主义理论中也占有重要地位。马克思早在上世纪 40 年代就对这方面的问题进行了研究，1845 年马克思在布鲁塞尔作了专门的摘录笔记，他的研究成果反映在当时写的一些著作中。1847—1848 年欧洲革命失败后，马克思侨居伦敦。在 50 年代初潜心研究经济学理论时，对这个问题又进一步进行了研究。他的科技和工艺学摘录笔记是他的《伦敦笔记》中的重要组成部分。在以后，他一直不断研究这个问题。著名的《1857—1858 年经济学手稿》，特别是《1861—1863 年经济学手稿》中，都包含有关于这方面的大量论述。直到最后在《资本论》中，马克思对机器大工业和工厂制度作出了非常精辟的论述，这已是众所周知的事实。但是，在过去很长时期里，由于资料没有发表，人们对马克思 1850—1853 年在写《伦敦笔记》时期有关机器大工业、科学技术和工艺学的研究情

---

[*] 本文选自《马克思恩格斯研究》1994 年总第 17 期。

况却知之甚少。现在我们来考察和叙述一下马克思在这个时期的研究情况。

一、《伦敦笔记》以前40年代马克思对机器和工厂制度的研究

早在上世纪40年代初期，马克思在研究和制定历史唯物主义理论的过程中，逐步转入对经济学的研究。他从1843年起开始研究资产阶级经济学的各种著作，在1844年写成了《1844年经济学哲学手稿》，并从1845年初起，打算写一部两卷集的《政治和国民经济学批判》的著作，为此和出版家列斯凯签订了合同。但后来，由于客观条件的限制，马克思的这一愿望未能实现。与此同时，无论是1844年在巴黎时期，还是紧接着在1845年移居布鲁塞尔时期，马克思都写了大量的经济学读书笔记，被称为《巴黎笔记》和《布鲁塞尔笔记》。这些是马克思最初研究经济学理论的重要纪录。在1845年写的《布鲁塞尔笔记》中，载有马克思阅读资产阶级经济学家查理·拜比吉《论机器和工厂的节约》一书和资产阶级"工厂哲学家"安得鲁·尤尔《工厂哲学》一书的读书笔记，这是马克思第一次研究机器生产和工厂制度问题。

在资产阶级的一些著名经济学家的著作中，几乎都谈到工厂制度和机器生产问题。亚当·斯密的《国富论》中详细分析了手工工场中的分工和机器问题，而大卫·李嘉图的《政治经济学及赋税原理》中，则有论机器的专章。这些显然是促使马克思研究机器体系和工厂制度的原因。大家知道，恩格斯研究经济学问题比马克思早，并且对马克思的研究起过重大的推动作用。恩格斯在1843年底至1844年初写的《国民经济学批判大纲》中，分析了科学技术和机器的发明对提高社会劳动生

产力和对工人阶级的影响。恩格斯在该著作的最后，论述了在资本主义制度下资本家如何利用科学和技术为自己服务，并用来对付劳动者的反抗。他引用尤尔的《工厂哲学》一书，指出自动纺机的发明摧毁了劳动在反对资本斗争中的最后一点力量。恩格斯在同一时期写的《英国状况》的几篇通讯，也都包含有英国工厂制度的描写。而恩格斯在1844年底至1845年期间写的《英国工人阶级状况》一书中，又多次引用了尤尔的著作中的材料。另外，马克思在研究经济学和计划写他的《政治和国民经济学批判》这一著作时，曾以法国经济学家阿道夫·布朗基的大部头著作《欧洲政治经济学史》作为导线。这部书中曾专门介绍了拜比吉和尤尔这两位作者，并对他们的著作给予了应有的评价，说他们的著作是研究机器和大工业问题的极重要的资料，具有很高的参考价值。也许正是以上这些事实，成了直接促使马克思研究和摘录这两个人的著作的原因。

(1) **对拜比吉著作的摘录**。查理·拜比吉（1792—1871），英国数学家和发明家，生于德文郡，其父是英国的地方银行家。拜比吉1817年取得剑桥大学的硕士学位，他最初从事分析数学的研究并参加了"分析学会"的筹建，这个学会对英国的数学复兴有一定的推动作用。当时英国是世界贸易的中心，客观上迫切需要精确地计算航海和天文历表。拜比吉想发明一种计算机，这种想法最初得到了英国政府的赞助。他为了熟悉机械技术的一切方法，参观了英国的工厂和机器制造厂，并在1827—1828年期间周游欧洲大陆，参观了荷、法、意、德等国的工厂，搜集了很多资料。在此基础上他写成了出色的著作《论机器和工厂的节约》，于1832年出版。拜比吉对多种学科有兴趣，除数学和天文学外，还研究过多种科学，被吸收为许多学术团体的会员。他的计算机的研究虽然没有完成，但他的《论机器和工厂的节约》一书却对机器理论和工艺学作出了贡献。他的这本书中的许多论述，成为马克思经济学中论述机器大工业和工厂制度时的重要资料来源。除这一次马克思对全书作了摘录外，在1860—1861年前后，马克思第二次又对该书作了摘录，可见对它的重视。这本书出版后曾多次再版，并被译成多种文字。马克思这时所摘录的是1833年巴黎出版的法译本。

拜比吉《论机器和工厂的节约》 这本书共分两编：第一编是关于机器部分的分析，共12章，其中包括机器、工具和工艺学等问题；第二编是关于工厂内部经济问题的分析，共23章，其中包括产品的价值和价格问题，分工和劳动组织问题，工厂经营问题，工厂中工人的状况等问题，马克思是从第二编开始摘录的，从篇幅来看，这一部分摘录所占的比重也最大。由此可见，马克思当时比较感兴趣的问题在于工厂中的经济问题。下面，我们分别叙述摘录的内容。

关于机器的产生和定义。 拜比吉认为，机器是由工具组合而成，并由一个发动机来推动的。由此，他认为机器和工具的区别是机器由蒸汽等自然力推动，而工具是由人力推动。马克思摘录了拜比吉的机器定义。他说，由于分工，每一项单独的操作都使用一种简单的工具，"把所有这些工具结合起来，由一个发动机来推动，便成为机器"。从机器的产生来说，拜比吉的这个定义是有道理的。在《哲学的贫困》中，马克思曾引用这个定义来批驳蒲鲁东的错误说法，蒲鲁东把机器看作分工的结果，说什么机器是分工的"反题"，是分散了的劳动重归统一的"合题"。马克思指出，这是把机器看作工人本身各种操作的组合了，这显然是荒谬的。相反，机器是劳动工具的结合，而不是工人本身各种操作的组合。① 但是，拜比吉把工具和机器从动力上加以区别，认为工

---

① 《马克思恩格斯全集》第1版第4卷第167—168页。

具的动力是人，机器的动力是自然力，则是不正确的。马克思在《资本论》中对此作了批判。① 在批判地继承拜比吉这个机器定义的基础上，马克思在《资本论》中写道："作为工业革命起点的机器，是用一个机构代替只使用一个工具的工人，这个机构用许多同样的或同种的工具一起作业，由一个单一的动力来推动，而不管这个动力具有什么形式。"②

马克思还摘录了拜比吉关于机器的另一个定义，这是拜比吉按照用途从工艺学来说的，这个定义在书中第一章就谈到了："机器分为：（1）生产动力的机器；（2）单纯传送动力的和完成工作的机器。"在这里，拜比吉虽然把机器分为两种，其实包括三类，一种是产生动力的，一种是传送动力的，还有一种是完成作业的。拜比吉的这个定义基本上也是正确的。正是在此基础上，马克思在《资本论》中作出了科学的规定："所有发达的机器都由三个本质上不同的部分组成：发动机，传动机构，工具机或工作机。"③ 接着马克思对每一组成部分都作了详细的分析和论述。

关于机器使用寿命和无形损耗问题。拜比吉的书中包含有机器无形损耗的思想，这些地方也受到了马克思的重视并作了摘录。马克思摘录拜比吉的话说："产品固然由于磨损而变旧，但有时却是由于当时普遍爱好的变化，制造方法的改进，即产品形状或款式的改变，旧产品过时了。在后一种场合，产品的有用性并没有减少……可以把它廉价卖给比先前的顾主低些的阶层。"这些论述为机器的无形损耗理论打了基础。后来，拜比吉在正面分析机器的使用寿命和折旧问题时，又提出机器应在5年内折旧还本。他说："实际上机器很少损耗，又快又好地进行同

---

① 《马克思恩格斯全集》第1版第23卷第409页。
② 《马克思恩格斯全集》第1版第23卷第413页。
③ 《马克思恩格斯全集》第1版第23卷第410页。

样操作的新型改良机器,一般是在旧机器报废之前老早就把它取代了。实际做法是,为了要使改良过的机器提高利润,总是按5年折旧还本,10年更换实物来计算。"

马克思后来把机器的更新时间看作工业周期的物质基础,因此对拜比吉的说法很重视,并不断加以研究。当马克思自己不能断定时,就写信同懂得工厂实际情况的恩格斯商量。1858年3月2日,马克思写信给恩格斯说:"你能否告诉我,隔多少时间——例如在你们的工厂——更新一次机器设备?拜比吉断言,在曼彻斯特大多数机器设备平均每隔5年更新一次。这个说法在我看来有点奇怪,不十分可信。"[1] 恩格斯在3月4日的回信中指出,无论如何拜比吉是十分错误的,无疑,在英国大工业的一般企业中没有一个企业是每隔5年就更新一次机器设备的。恩格斯指出,每个厂主每年的机器折旧率通常是7.5%,这是最可靠的标准。因此,机器设备在13年零4个月内可以得到更新。在这期间,把一些破产和修理费用昂贵等偶然因素考虑进去,把机器更新期定为10年是合适的。[2] 马克思同意恩格斯的这个意见,认为这同10年一次的经济周期也是吻合的。在以后的经济学理论中,马克思总是以这个结论为依据。

与机器的无形损耗有关,拜比吉在论述新机器的研制时,认为制造第一台新机器的费用最贵,而制造以后的机器费用就会便宜起来。因此,最初采用新机器的资本家要尽量延长工作日,希望把设备的成本尽快捞回来,免遭机器的无形损耗。马克思也很重视拜比吉的这一论述,他摘录了拜比吉的话:"根据一般的估算,制造第一台新型机器的费用,

---

[1] 《马克思恩格斯〈资本论〉书信集》,人民出版社1976年版,第124—125页。
[2] 《马克思恩格斯〈资本论〉书信集》,人民出版社1976年版,第125—127页。

是制造第二台的5倍。"马克思在《资本论》第1卷中谈到机器大工业会延长工作日时,就引用了拜比吉上面的论述,并用来证明:机器总价值的再生产时期越短,无形损耗的危险就越小,而工作日越长,这个再生产时期就越短。新制造出来的机器造价最高,它惧怕比较便宜的机器同它竞争,"因此,在机器的最初的生活期,这种延长工作日的特别动机也最强烈"①。后来在《资本论》第3卷第五章第五节《由于发明而产生的节约》中,谈到由于机器的再生产费用减少而得到"不变资本使用上的节约"时,马克思引用了拜比吉的说法。②

关于工场中的劳动分工和劳动组织问题。拜比吉的书中除研究机器问题外,还从降低产品的成本出发,详细研究了工场中的劳动组织等问题,探讨如何合理地分工才能最为经济。拜比吉自己并没有区分机器工厂和手工工场。他关于合理分工问题的许多论述实际上指的是手工工场的分工。马克思摘录了他这方面的不少论述,并且在后来加以发展应用到工场手工业分工的论述中。拜比吉在论述分工问题的一章中提出,工场中的不同工序和操作要求不同程度技艺的工人。实际上这是由分工造成的需要局部工人的情况,这在工场手工业中是很重要的一个原则。如拜比吉说:"如果把工作分割成要求不同熟练程度和不同劳动的工序,工厂主就可以根据每道工序的需要来雇用合适的工人。反之,一件活从头到尾都由一个人来干,他就必须是一个熟练工人,能干最难做的技术活,又必须有充沛的体力,能干最费气力的活。"马克思后来在《资本论》第1卷中论述工场手工业分工问题时,通过自己的多方面研究,把分工造成局部工人的思想大大向前发展了。马克思说:"工场手工业时

---

① 《马克思恩格斯全集》第1版第23卷第444页。
② 《马克思恩格斯全集》第1版第25卷(上)第120页。

期所特有的机器始终是由许多局部工人结合成的总体工人本身……现在总体工人具备了技艺程度相同的一切生产素质,同时能最经济地使用它们,因为他使自己的所有器官分离而成为特殊的工人或工人小组,各自担任一种专门的职能。"①马克思在写这段话的同时,引用了拜比吉的论述。

拜比吉关于手工工场和大工厂中各道工序之间人数要保持一定比例,在扩大生产时也要按比例的倍数扩大的思想,被称为分工的"倍数原则"。这个思想一直受到马克思的重视,并在以后的经济学著作中多次提到。马克思摘录了拜比吉的如下说法:"既然经验根据每种工场的产品的特殊性质,既表明了把生产分为多少局部操作最为有利,也表明了每一操作所必要的工人人数,那么一切不依照此数的准确倍数经营的企业,必将花费较高的成本去进行生产。"马克思认为拜比吉提出的这个"倍数原则"是手工工场分工的重要原理。在《1861—1863年经济学手稿》中,在讨论到以分工为基础的自动工厂中的分工体系时,马克思引用了拜比吉的这段话。②而后来论述到提高劳动生产力时,又一次谈到了这种"倍数原则"。他说,劳动生产力所以只能在大规模劳动的条件下才能提高,首先是因为这时"能够正确地采用倍数原则,这种原则是简单协作的基础,并在分工和使用机器时反复地起作用。"③在《资本论》第1卷中,马克思在谈到工场手工业时把这个思想进一步发展了,他说:"工场手工业的分工不仅使社会总体工人的不同性质的器官简单化和多样化,而且也为这些器官的数量大小,即为从事每种专门职能的工人小组的相对人数或相对量,创立了数学上固定的比例。工场

---

① 《马克思恩格斯全集》第1版第23卷第387页。
② 《马克思恩格斯全集》第1版第47卷第329页。
③ 《马克思恩格斯全集》第1版第48卷第334页。

手工业的分工在发展社会劳动过程的质的划分的同时,也发展了它的量的规划和比例性"。"如果各个不同的局部工人小组之间最合适的比例数,已由经验为一定的生产规模确定下来,那末,只有使每个特殊工人小组按倍数增加,才能扩大这个生产规模。"① 马克思在论述的同时也引用了拜比吉本人的话。

关于大工厂的后果和对工人的影响。马克思在摘录中很注意拜比吉的书中所论述的工厂制度产生的各种后果以及对工人的影响问题,概括起来有以下各点:(1)工厂中"分工的结果,工人人数一样,完成的工作量却大大增加";(2)"降低产品成本,避免原料的浪费";(3)"搬运工作都在同一厂内进行,费用最省","节约了从一个工序转到下一个工序所失去的时间";(4)由于工作的专门化和容易学习,结果工厂中开始采用童工;(5)使用机器时会排挤工人,"机器要求熟练工人干的工作大量减少",造成工人失业;(6)上面已谈到,由于最初发明的机器价格昂贵,厂主为了尽快收回成本,让"工厂在24小时内进行生产",如此等等。马克思的这些摘录,成了他后来论述机器大工业和工厂制度的资料来源之一。

关于阶级对立和拜比吉的辩护理论。拜比吉的书的最后几章论述的是资本家同工人阶级的对立,以及工人阶级的斗争。拜比吉本人作为资产阶级的理论家,总是为资本家的利益出谋划策,设法缓和阶级矛盾。这一部分内容也引起了马克思的很大注意,并做了较详细的摘录。关于机器排挤工人的问题,是当时争论最大的问题之一。拜比吉也像许多资产阶级经济学家一样,主张在机器生产条件下被机器排挤的工人会得到"补偿"的理论。他说什么"使用机器的确有可能使工人失业,但是由

---

① 《马克思恩格斯全集》第1版第23卷第384页。

于产品价格降低，扩大了需求，几乎立刻就会吸收相当大的一部分劳动力就业"。对这种资产阶级经济学中流行的"补偿理论"，马克思在《资本论》第1卷中论述机器大工业时作了深刻的批判。① 拜比吉也看到工人阶级组织起来同资产阶级进行斗争的事实，但他认为这种斗争只会给工人阶级自己造成危害，说什么机器和强大的资本将打破工人的反抗。因此，他认为技术进步是反对工人的强大手段，还说什么工人的斗争只会降低自己的工资等等。为缓和阶级矛盾，拜比吉建议采取"储蓄银行"、"互助会"等办法。拜比吉还建议实行所谓实物工资制（Truck-System），也就是让工人在工厂的产品中分得一份，工人干的活越多，生产出来的产品越多，工人自己分得的成果也越多。他企图用这种办法来缓和矛盾，欺骗工人。马克思在1847年9月写的《工资》这篇手稿中，曾谈到拜比吉提出的这个"实物工资制"。当时马克思只是在提纲中列了这一条，他显然打算展开论述，但后来没有实现。②

（2）对尤尔著作的摘录。安得鲁·尤尔（1775—1857），英国化学家，生于格拉斯哥，在格拉斯哥和爱丁堡完成学业，1804年获格拉斯哥大学的化学和自然哲学博士。1809年积极参加了格拉斯哥天文台的筹建工作，并担任台长。1830年以后生活在伦敦，主要从事化学分析工作。尤尔一生写了大量著作，除研究化学外，还研究资本主义机器大工业和工厂制度等问题。他的《化学辞典》（1821年两卷集）和《工艺学、制造业和矿业辞典》（1837年）曾经成为英国多年来的标准参考书。

尤尔研究资本主义机器大工业和工厂制度的著作中，比较重要的有

---

① 《马克思恩格斯全集》第1版第23卷第479—489页。
② 《马克思恩格斯全集》第1版第6卷第639页。

《工厂哲学》（1835年）、《大不列颠的棉纺织业》（1836年）等。马克思在40年代摘录了《工厂哲学》一书，在50年代《伦敦笔记》中又摘录了他的《技术辞典》，并在以后的著作中多次加以引用。尤尔主张自由贸易，主张"劳动完全自由"，反对限制工作日长度的工厂法，反对对工厂的任何人为干涉，主张机器对工人的完全统治，他还主张延长工作日、使用童工等等，认为这些措施都好得很。总之，他极力歌颂资本主义机器大工业和工厂制度，马克思把尤尔比作罗马的抒情诗人，说他是歌颂"自动工厂的品得"①。尤尔描写机器生产和工厂制度的著作，比拜比吉的著作又前进了一步。如果说拜比吉主要描写了手工工场的分工和提供了机器的定义，那么尤尔描绘了自动化机器体系，描绘了现代的工厂制度。因此，马克思又称尤尔是"工厂哲学家"，说他的书较好地描绘了工厂制度。当然，尤尔是完全站在资产阶级的立场上来描绘工厂制度的，表现了露骨的资本家的精神。马克思在1861—1863年经济学手稿中把尤尔的《工厂哲学》和恩格斯的《英国工人阶级状况》加以对比，指出"两本书——尤尔博士的和弗里德里希·恩格斯的——无疑都是关于工厂制度的著作中最好的；两本书的内容相同，只有一个区别：尤尔是作为这个制度的仆人，作为被这个制度俘虏的仆人来讲话的，而恩格斯则是作为这个制度的自由批评家来讲话的"②。

尤尔的《工厂哲学》一书最初是英文版，1835年在伦敦出版。马克思阅读和摘录的是1836年出版的法文版，全书共两卷，每一卷各包括两册，总共是两卷4册。第1卷两册主要论述制造业的一般原则和工厂制度的经济原则，描绘了纺织业许多部门的工艺过程等内容。第2卷

---

① 《马克思恩格斯全集》第1版第23卷第459页。
② 《马克思恩格斯全集》第1版第47卷第533页。

两册主要是描写工厂工人的社会地位和状况以及工厂的经营等问题。马克思的摘录从第 2 卷开始,到最后才回到第 1 卷的内容。我们把马克思的摘录大体上归纳成如下几方面的问题。

关于机械化大工厂的定义。尤尔在书中提出的机器大工厂或者说资本主义的典型工厂的两个定义,受到了马克思的重视。这两个相互矛盾的定义在书中并列在一起,尤尔自己也没有察觉出来。他一方面说,工厂的标志是"各种工人即成年工人和未成年工人的协作,这些工人熟练地勤勉地看管着由一个中心发动机不断推动的、进行生产的机器体系";但在下面不远的地方,他另一方面又说,工厂"这个术语的准确的意思使人想到一个由无数机械的和有自我意识的器官组成的庞大的自动机,这些器官为了生产同一个物品而协调地不间断地活动,并且它们都受一个自行发动的动力的支配"。马克思后来在《资本论》中论述机器大工业时分析了尤尔的这两个定义,指出,在前一种说法中,结合的总体工人或社会劳动体是积极行动的主体,而机构自动机则是客体;在后一种说法中,自动机本身是主体,而工人只是作为有意识的器官与自动机的无意识的器官并列,并且和后者一同受中心动力的支配。第一种定义适用于一切大规模应用机器的工厂,可以说是现代工厂制度的一般的定义;而第二种定义则表明了机器的资本主义应用以及资本主义现代工厂制度的特征。马克思把尤尔自己都未觉察出矛盾的两个工厂定义进行了深刻的分析,从而揭露了资本主义工厂制度的本质。①

关于手工工场中的分工和机器大工厂中的分工的特点。尤尔比拜比吉更明确地论述了手工工场中的分工和机器大工厂中的分工之间的原则区别,从而更好地说明了工厂制度的特点。这方面的论述也受到了马克

---

① 《马克思恩格斯全集》第 1 版第 23 卷第 460 页。

思的重视。尤尔是把这两种分工对比来写的,所以彼此的区别特别鲜明。他说,"当亚·斯密撰写他的政治经济学原理这一不朽著作时,工业中的自动体系几乎还无人知道。他完全有理由把分工看作改进工场手工业的伟大原则……让每个工人适应于一种操作,他的工资与他的技能相适应","但是,在斯密博士时代有用的例子,在我们这个时代只会使公众在现代工业的实际原则问题上陷入歧途。诚然,自动工厂的作业计划完全没有规定把各种形式的劳动按各种个人能力进行分配,或不如说使之适合于这些能力,相反,凡是某种操作需要高度熟练和准确的手的地方,人们总是尽快地把这种操作从过于灵巧和易于违犯各种规则的工人手中夺过来,把它交给一种非常规律地自行动作的、甚至儿童都能看管的特殊机械来进行"。尤尔的这些话把手工工场中的分工和现代工厂中的分工的特点讲得很清楚。马克思在以后的经济学手稿中和《资本论》中一再加以引用。马克思在《资本论》中引用尤尔关于工场手工业分工的论述时指出:"尤尔博士在颂扬大工业时,比那些不象他那样有论战兴趣的前辈经济学家,甚至比他的同时代人,如拜比吉……更加敏锐地感觉到工场手工业的特点。"①

尤尔关于机器大工厂的特点还有很多典型的论述。例如,他说:"自动体系的原则是:用机械技巧代替手工劳动,把生产过程分成它的各个组成部分,来代替各个手工业者之间的分工。如果说在手工劳动体系下制造某产品时工人的双手通常占花费的绝大部分,即技巧驾驭了材料,那么,在自动体系下,工人的才能却越来越为机器的简单下手所代替。"尤尔达说:"人类天性的弱点如此之大,以致工人越熟练,就越任性,越难驾驭,因此越不适合整个机械体系,工人不驯服的脾气,给

---

① 《马克思恩格斯全集》第1版第23卷第388页。

整个体系造成巨大的损害。因此，现代工厂主的最大目标，就是通过科学和资本的结合，将工人的作用降低到仅仅使用他们的注意力和灵敏性，而这两种能力，如果人们在青年时期就把它们集中在同一个对象上面，是很容易达到完善地步的。在力学发展的早期阶段，机器制造厂展示了各种等级的劳动的分工：锉刀、钻头、车床各有其相应技能的工人。但是，使用锉刀和钻头的工人的技能现在却被机器等等所代替，而切削金属的车工的技能却被带自动刀架的机械车床所代替。""在自动体系下，把生产过程分解开，把它划分为若干组成部分，使所有这些部分都服从于自动机器的运动，可以把这些十分简单的作业交给能力最平庸的单个工人去做，只须预先使他接受短期训练。在必要的时候，工厂经理甚至可以随意把他从一台机器调到另一台机器。这样调换违背了让一个人做别针针头另一个人磨别针针尖的那种分工的老规矩。"马克思认为尤尔的这些论述抓住了机器大工厂的特点，早在40年代写的《哲学的贫困》中就大量加以引用。① 后来在《资本论》中论述机器大工业时，马克思又进一步作了发挥。如马克思指出，在机器大工厂中生产过程是由一系列各不相同而又互为补充的工具机来完成的，"在这里，工场手工业所特有的以分工为基础的协作又出现了，但这种协作现在表现为各个局部工作机的结合……在工场手工业生产和机器生产之间一开始就存在着本质的区别。在工场手工业中，单个的或成组的工人，必须用自己的手工工具来完成每一个特殊的局部过程。如果说工人会适应这个过程，那末这个过程也就事先适应了工人。在机器生产中，这个主观的分工原则消失了。在这里，整个过程是客观地按其本身的性质分解为各个组成阶段，每个局部过程如何完成和各个局部过程如何结合的问题，

---

① 《马克思恩格斯全集》第1版第4卷第170—171页。

由力学、化学等等在技术上的应用来解决"①。在论述到资本主义工厂中机器具有消除工人的专业化，使工人的技术拉平的趋势时，马克思也引用了尤尔的论述，并进一步作了发挥，指出在机器工厂中"使用劳动工具的技巧，也同劳动工具一起，从工人身上转到了机器上面。工具的效率从人类劳动力的人身限制下解放出来。这样一来，工场手工业的技术基础就消失了。因此，在自动工厂里，代替工场手工业所特有的专业工人的等级制度的，是机器的助手所要完成的各种劳动的平等或均等的趋势"②。

尤尔关于大机器工厂中要求工人不断流动，而不是像工场手工业中那样把工人固定在一个局部工序上的论述，马克思也注意到了。马克思写道："机器生产不需要像工场手工业那样，使同一些工人始终从事同一种职能，从而把这种分工固定下来。由于工厂的全部运动不是从工人出发，而是从机器出发，因此不断更换人员也不会使劳动过程中断。"③马克思在这样论述的同时也引证了尤尔的话。

关于机器大工业的后果和对工人的影响。由于尤尔毫不顾忌地站在大资本家的立场上说话，一味地歌颂资本主义工厂制度，他也就说出了资本主义工厂制度对工人造成危害的一些实情。尤尔形象地把自动机器比作"专制君主"，把工人比作聚集在机器周围任其摆布的"无数臣民"。马克思摘录了尤尔关于机器生产排挤工人并降低劳动价格的论述："机器的一切改良的一贯目的和趋势，的确是要完全取消人的劳动，或者是以妇女和儿童的劳动代替成年男工的劳动，以非熟练工人的劳动代替熟练的手工业者的劳动，从而降低劳动的价格。在大部分具备连续不

---

① 《马克思恩格斯全集》第 1 版第 23 卷第 416—417 页。
② 《马克思恩格斯全集》第 1 版第 23 卷第 460 页。
③ 《马克思恩格斯全集》第 1 版第 23 卷第 461—462 页。

断的生产过程的纺纱厂里,纺纱劳动全部由16岁和16岁以上的女孩子完成。用自动纺纱机代替普通的走锭精纺机,使大多数纺纱男工被解雇,留下的是儿童和少年。斯托克波特附近的一个工厂的老板在给议会委员会成员们的报告中声称,实行这样的代替办法他可以解雇40名左右平均收入为25先令的纺纱男工,这样他每周将节省50镑工资……这一事实表明,按不同熟练程度进行分工这种繁琐教条,最终被我们的文明的工业家运用了。"尤尔这段话是很典型的。马克思早在《哲学的贫困》中以及在以后曾多次加以引用,在1861—1863年经济学手稿中还就这段话发表评论说:"尤尔对'趋势'和'一贯目的',即对排挤劳动、使工人服从于'自动机—专制君主',通过用妇女和儿童的劳动代替成年男人的劳动和以粗工的劳动代替有技能的工人的劳动的办法来降低劳动的价格等,作了十分正确的描述,他把这一切都说成是自动工厂的本质。"①

马克思还很注意尤尔关于机器被用来镇压工人反抗的作用。早在《哲学的贫困》中马克思就引用尤尔的话说:"在阿克莱以前很久,淮亚特发明了纺纱机器……主要的困难并不在于自动装置的发明……困难主要在于培养必要的纪律,使人们抛弃毫无次序的工作习惯,帮助他们和自动的大机器的始终如一的规律性运转协调一致。但是要发明一个适合机器体系的需要和速度的工厂纪律法典并付诸实施,是一件非常吃力的事情,这是阿克莱的高贵成就。"② 后来在《资本论》中,马克思又一次引用了这些话。

随着资本主义机器大工业的发展,科学技术第一次有意识地被应用

---

① 《马克思恩格斯全集》第1版第47卷第539—540页。
② 《马克思恩格斯全集》第1版第4卷第169—170页。

在生产中，但在资本主义工厂中科学技术也成为资本家手中对付工人的武器。马克思也摘录了尤尔这方面的论述："棉纺业中的铁人（指自动精纺机）证实：资本招募科学为自己服务，从而不断地迫使反叛的工人就范。"

除了马克思40年代对尤尔的著作的这些摘录之外，在写作《1861—1863年经济学手稿》期间，马克思又一次补充摘录了尤尔的许多论述，这些论述淋漓尽致地暴露了机器大工厂的资本主义精神。后来在马克思写作《资本论》时，这些摘录成为论述机器大工业问题的重要资料来源。

二、《伦敦笔记》中科学技术和工艺学摘录笔记的写作背景和经过

马克思《伦敦笔记》的第XV笔记本包含的是科学技术、机器生产和工艺学的摘录笔记，这些笔记大约写于1851年9—10月间。如果说在40年代马克思通过拜比吉等人的著作第一次研究了工厂制度和机器生产，那么现在马克思不但研究了机器大工业和科学技术的应用，而且研究了工艺史，从古至今追索了生产工艺的发展。马克思《伦敦笔记》的前7个笔记本主要研究货币问题，从第VIII笔记本开始转入更广泛的一般性经济学的研究。从李嘉图的著作转入研究工人阶级状况，然后研究地租和农业问题。这主要是第XIII笔记本以前的状况。在研究农业和地租问题的进程中，越往后越是研究了科学技术在农业中的应用和农艺学的自然科学基础问题。紧接在第XIII笔记本之后，马克思在第XIV笔记本中主要研究了殖民地问题，也可以说是研究殖民地中农民脱离土地、劳动者沦为无产者的历史过程问题。而紧接在这之后，马克思用专

门一个笔记本摘录了有关科学技术和工艺史的著作,这就是第 XV 笔记本,关于这个时期的研究情况,马克思在 1851 年 10 月 13 日致恩格斯的信中曾这样写道:"近来我继续上图书馆,主要是钻研工艺学及其历史和农学,以求得至少对这个臭东西有个概念。"① 由此可见,第 XV 笔记本大约是在 9、10 月间写成的。

就在这一年的 5 月 1 日至 10 月 15 日,在伦敦的海德公园举办了世界上第一次万国工业博览会。当时的英国号称"世界工厂",它在经济和技术上有高度的发展,它生产全世界大约 2/3 的煤,和 1/2 以上的铁和棉织品。当时的英国正处于生产的巅峰状态,而欧洲大陆各国和美国的产业革命也正在进行之中。1851 年博览会展示了资本主义世界当时所达到的经济和技术发展水平。博览会设在用玻璃材料建造的规模宏大的陈列馆里,被称为"水晶宫"。展品共分四大部分。第一部分是原料和未加工品。第二部分是农业、工业、工程技术方面应用的机器和发明,包括各种工业加工的机器、土木工程和军事工程、农业和园艺的机器、铁路船舶的机器以及各种科学仪器。第三部分是工业产品,主要包括棉、毛、麻、纺织品、皮革制品、纸张、金属器皿、玻璃、陶瓷、室内装饰和家具、建筑材料等。第四部分是艺术品。马克思当时参观了这个博览会,他在上面提到的那一封信中写道:"英国人承认,美国人在工业博览会上得了头奖,并且在各方面战胜了他们。(1) 古塔波胶。有新的原料和新的品种。(2) 武器。有左轮手枪。(3) 机器。有收割机、播种机和缝纫机。(4) 第一次广泛采用银版照像术。(5) 船舶方面。快艇。最后为了表明英国人也能够供给奢侈品,他们陈列了加利福

---

① 《马克思恩格斯〈资本论〉书信集》,人民出版社 1979 年版,第 59 页。

尼亚金矿的一大块金子和用纯金制成的一套餐具。"① 也许，正是这个工业博览会成了促使马克思研究科技和工艺史的近因。

第 XV 笔计本中涉及波佩的 5 本书，还摘录了尤尔的一本书和约·贝克曼的一本书。关于尤尔的生平前面已经介绍过了。下面只介绍波佩和贝克曼的生平。

约翰·亨利希·摩里茨·波佩（1776—1854），德国学者，以众多工艺史著作而闻名。波佩生在钟表匠的家庭，其父是哥丁根大学的机器工人，以钟表技术为业。波佩幼年时曾在父亲的作业间协助劳动。1794 年应征入伍，后来入哥丁根大学学习。哥丁根大学有丰富的藏书，成为波佩写工艺技术和钟表方面的实用性文章的重要参考资料。波佩的写作得到工艺学教授约翰·贝克曼的好评，并得到他的指导。在大学期间，波佩写的有关数学史、物理学史和机器利用等方面的不少论文，获得过各种学术奖。这些论文后来成为他的主要著作工艺学史的基础。1802 年波佩在哥丁根大学获得学位，成为该校讲师。1805 年移居法兰克福，开始时任数学和物理学讲师，同年升为教授。在法兰克福的十几年间，是波佩最有成就的时期，他写了大量的科学著作和各种技术辞典以及通俗著作。他的最有名的著作《从科学复兴到 18 世纪末的工艺学历史》一书，就是在这个时期写成的。这个时期，波佩还致力于建立工艺学校和实用技术促进协会的活动。从 1818 年起，应杜宾根大学新设立的国家经济系之聘，波佩担任了德国的首届工艺学讲座的正教授，直到 1841 年在杜宾根大学退职为止，他进一步从事研究和著述活动。据估计，波佩一生的著作近百种，当然其中有 2/3 属于改写和复制的内容。

---

① 《马克思恩格斯〈资本论〉书信集》，人民出版社 1979 年版，第 60 页。

约翰·贝克曼（1739—1811），德国资产阶级学者，对工艺学进行了开创性的研究，是波佩的老师。1739年生于德国的霍亚，1766年起任哥丁根大学哲学教授，1770年起任该校经济学教授。他是德国农业科学的财政学派的著名代表，为科学地研究农业和手工业问题创立了理论基础。他1772年第一次使用"工艺学"这一科学术语来表示手工业劳动和经验的知识总合，并把工艺学正式设置为高等学校的专业。他还第一次使用"商品学"这一术语，并第一次科学地研究了工艺的历史。他最著名的著作是《发明史论文集》（5卷集，1780—1805年），另外还有《工艺学入门》（1777年）、《一般工艺学草案》（1806年）。这些工艺学的著作为波佩的工艺学研究所继承，波佩的《从科学复兴到18世纪末的工艺学历史》一书也从贝克曼的《发明史论文集》中引用了大量素材。

马克思的第XV笔记本共44页，内容完全是有关科技和工艺学及其历史的著作的摘录。在笔记的一开始，第1页上，马克思写下了波佩1807年出版的一本书的书名《18世纪和19世纪初的力学》，下面只记了一句话："列出了许多对力学各领域有贡献的各国的人名"。对该书的内容未作任何摘录。往下，对波佩和其他人的著作作了篇幅不等的摘录。现在我们按照摘录笔记的先后顺序，大体介绍一下所摘录的各本书的内容。

波佩《一般工艺学教程》（1809年）。内容是把手工业和手工艺的各种操作和手段归纳成一些共同的程序。全书共六章，分别分析和论述物体的碎分和分割；减少物体各部分的联结的手段；物体各部分的重新结合；使物体浓缩和变牢固的手段；使物体成型或形成的手段；各种工作的辅助手段和辅助设备。马克思对这六章的内容都作了程度不同的摘录，对第一章物体的分割摘录较详细。这本书的摘录占笔记本的

$2\frac{2}{3}$页。

波佩《手工艺、工场手工业和其他实用工业专用物理学》（1803年）。这是一本供实业学校讲授工业应用物理学的教程，全书共十二章。马克思就该书第四章《液体的特性》、第五章《大气》、第六章《声音》、第七章《暖和冷》、第八章《光》做了摘录。对"蒸汽机"和"电报"等内容的摘录尤为详细。这本书的摘录占笔记本的6页半。

波佩《从上古至现代的数学史》（1828年）。该书考察和论述了从古至今的理论数学和应用数学的历史。全书共分三部，除第三部数学文献没有摘录之外，马克思着重摘录了第一部《纯粹数学的历史》各章的一部分内容，包括"算术史"、"几何学史"、"三角学史"和"代数史"等内容。另外摘录了第二部《应用数学的历史》中第一章《力学史》的内容，这部分摘录占笔记本的一页。

波佩《从科学复兴到16世纪末的工艺学历史》（3卷集，1807—1811年）。这是波佩最有名的著作，也是马克思摘录最多、最详细的著作。可以说是马克思在这个笔记本中研究的中心。波佩这部大部头著作共分3卷，系统地研究了人类从手工业开始直到工厂生产时期加工自然产物的各种工艺的历史，并且展望了生产过程的发展。当时在欧洲虽然也有英国的韦利斯等人在机械工程学的个别领域有某些著述，还有波佩的老师贝克曼的一些著述，但都不如波佩这部书完备。可以说波佩因这部书而成为当时工艺学界的大权威。因此，马克思详细摘录这部书不是偶然的。马克思从该书3卷中摘录的主要内容有：第1卷——谷物磨和一般磨面机（107行），毛织品（88行），棉纺织品（22行），丝绸（58行），编织（24行）；在这些部分之前，还详细摘录了该书的总论（53行）。第2卷——钟表制造（124行），造纸（56行），天文和物理学的仪器（37行），武器制造（50行），铸币（23行）。第3卷——灯和光（41行），烟草（27行），印刷工艺（22行），制盐和制糖（35行），制革（25行），酿酒（19行），染色工艺（31行）。另外还有不少其他的内容。这部著作的摘录共占马克思笔记本全部44页中的26页。而其中"磨"、"毛织品"、"丝绸"、"钟表"、"造纸"和"武器制造"的内容较其他内容摘录得更为详细。

尤尔《技术辞典》（3卷集，1843—1844年布拉格德文版）。这本辞典是由K.卡尔马什和Fr.黑林两个人根据尤尔《工艺学、制造业和矿业辞典》的英文原文译成德文的，译者进行了改编，改名为《技术辞典》。马克思摘录了这部辞典第1卷中A—G字头的一些词条。内容主要有："棉纺织业"、"漂白"、"纲眼纱"、"蒸汽"、"蒸汽机"、"铁"、"铁路"、"平面"、"金"和"煤气灯"。马克思的这部分摘录共占笔记本的 $7\frac{2}{3}$ 页，其中对"蒸汽"、"蒸汽机"以及"铁路"的摘录最为详尽，这几条摘录的篇幅占这部分摘录的3/4，内容也是偏重在工艺史方面。总的说来，马克思对尤尔《技术辞典》的重视仅次于波佩的《工艺学史》。

贝克曼《发明史论文集》（5卷集，1780—1805年）。马克思只从第1卷中摘录了"烧酒"和"郁金香"两条内容，前者摘录的是贝克曼所引用的最古老的论述烧酒的书中的内容，后者是贝克曼所写的荷兰17世纪郁金香投机贸易的摘录。另外还简单摘录了价格表、汇兑行情表，从第2卷中只简单摘录了贝克曼谈到的从14世纪中叶就已存在的烟囱。然后摘录就中断了，贝克曼著作的摘录总共只占笔记本的10页。大概是因为，波佩的《工艺学史》已从贝克曼的《发明史论文集》中引用了大量素材，而马克思业已读过了波佩的著作，所以对贝克曼书中写的很多事例已经了解，就没有再从贝克曼的著作中大量摘录。

以上就是马克思的第 XV 笔记本摘录的全部内容。除此之外,还有一本书也是属于这个时期的,这就是马克思在 1861—1863 年手稿和《资本论》中多次引用的《各国的工业》第 2 部。伦敦工业博览会的有关人员根据博览会的发起组织和展品的目录和说明,编写了两本书,第 1 部是《1851 年大博览会展品所代表的各国工业及工业原料》(1852 年),第 2 部是《各国的工业,第 2 部——工艺、机器、工业的现状概述》(1855 年)。马克思后来多次在自己的著作中摘录和引用的就是这第 2 部书。这本书共分九章。特别引起马克思注意的是第二章《机械能源》,描述蒸汽机、电磁发动机以及轮船、机车等内容;第三、四、五章,内容是各种加工机器,包括纺织机器、造纸机器、信封加工的机器、制造机器的机器等,这些机器代表自动化的机器体系,是科学技术的最新成就;第六章内容是水泵和鼓风机等内容;第七章是论述天文、光、电、热、磁、气象等方面的所谓"哲学仪器";第八章是玻璃和陶瓷,第九章是五金加工业,马克思特别感兴趣的是对钢笔尖工厂的分析。大概是由于马克思自己有这本书,所以他没有摘录在自己的笔记本上,而是后来在自己的手稿和著作中直接加以引用。

从上述关于摘录笔记内容的介绍可以看出,马克思在这个时期关于科学技术、机器生产的研究比 40 年代扩展和加深了。他除了 40 年代积累的有关工厂制度等材料之外,现在又考察和积累了从古代以来的科技和工艺史的材料,而且通过工业博览会还考察和积累了科技和机器发展的最新成果的材料。这就为在以后论述机器理论打下了基础。下面我们从《资本论》中机器理论的角度分析一下这部分笔记所涉及的若干理论问题。

三、《伦敦笔记》中科学技术和工艺的摘录笔记包含的几个理论问题

(1) 关于工艺学的思想。 波佩的工艺学理论来源于他的老师贝克曼。上面已经提到,最初使用"工艺学"这一科学术语并把它定为独立科学的是贝克曼。这件事绝不是偶然的现象。当时的欧洲,英国已率先实现了产业革命。接着大陆上的各个国家,如法国、德国等,也都或快或慢地步英国的后尘,在生产过程中越来越多地采用机器。生产的发展要求人们对生产过程进行认真的科学研究,以便使生产的各个环节越来越科学化,提高效率。正是在这样的时代背景下,贝克曼开创了工艺学这门学科。如果说在手工业和工场手工业中,生产中的一些经验和知识主要都是通过所谓"秘诀"或"窍门"传授的,那么贝克曼创立"工艺学"则试图对生产中的经验和操作进行科学的总结,然后再应用于生产,以适应生产发展的需要。

贝克曼最初提出"工艺学"的科学术语是在1772年。波佩在《工艺学史》的绪论中明确指出:"贝克曼在1772年第一个把手工业、工场手工业和工厂的知识称作工艺学。"贝克曼在自己的著作《工艺学入门》中下的定义是:"工艺学是传授有关各种加工自然物或手工业的知识的科学";"工艺学是明确讲解各种劳动工序和基础的科学。"在另一部著作《一般工艺学草案》中,贝克曼给工艺学下的定义是:"工艺学讲解的是,人类对天然原料和已加工的原料所能采用的一切加工和利用的方法。"贝克曼提倡"一般工艺学",就是把生产中加工和利用的方法归纳和提升为一般规律,然后再用于生产中,以振兴工业。他说,"一般工艺学"的目的,在于谋求"资料和工具的转用"。他预言"将

来，在一般工艺学建立起来之后，学者们对工艺学知识的关心会不断加强。在这方面有时间并且有机会的大批学者，将会给技术熟练的师傅们创造出尝试转用各种各样资料和工具的机会"。

波佩的工艺学理论和贝克曼一脉相承。波佩像贝克曼一样，认为"一般工艺学"是振兴工业的方略。波佩认为，作为把德国工场手工业提高到英国工场手工业的同样水平所需要采取的措施，应该在工业学校中开设"一般工艺学"和"发明史"两门课程，用以讲授前人的发明，并谋求发明的转用。他为此写了两本书：《一般工艺学教程》和《工艺学史》。这样，他就把贝克曼的工艺学理论系统化了，并向前大大发展了。波佩认为，《一般工艺学教程》应包括手工业、手工艺方面的各种操作和手段的目录。在生产的"目的和手段方面，存在着大量相同或近似的操作"。"手工业由于从一个操作间的操作转用到另一个操作间而得到改良"，他正是为了谋求改良才决心整理这些操作的目录。波佩在一般工艺学《教程》中把手工业的操作和手段归结为六大类：物体分割，减少物体联结，物体结合，物体浓缩，物体成型和辅助手段。每一大类中又细分成各个小项。

波佩的《工艺学史》的目的，是系统地撰写工艺学的历史，并展望生产过程的发展。他把工艺史广义地解释为对自然产物加工的一切工艺的历史。由于工艺学是以手工业、工场手工业和工厂为基础而产生的，因此，工艺学史的论述必然以手工业、工场手工业和工厂的历史为前提。工艺学不仅要系统地讲解手工业、工场手工业和工厂中的一切操作及其结果和根据，而且要讲解手工业、工场手工业和工厂的历史。这种情况就像知识同能力的关系、理论同实践的关系一样。如果说工艺学是知识方面、理论方面的东西，那么技术则属于能力、实践方面的东西。因此讨论工艺学史也必然要讨论技术史和发明史。所以，波佩论述工艺学史的著作在一定程度上也是论述手工业、工场手工业和工厂发展的历史的著作，同时也是论述技术史和发明史的著作。

波佩等人关于工艺学的著作和思想，显然启发了马克思对工艺学的认识。上面谈到的马克思1851年10月13日致恩格斯的信中明确谈到，他当时"主要是钻研工艺学及其历史和农学"，以求对它们"有个概念"，① 就是指钻研波佩等人的工艺学理论。后来，马克思在《资本论》中谈到机器大工业时，专门谈到了工艺学。马克思写道："大工业的原则是，首先不管人的手怎样，把每一个生产过程本身分解成各个构成要素，从而创立了工艺学这门完全现代的科学"，"工艺学揭示了为数不多的重大的基本运动形式。"② 这些内容表现了波佩《一般工艺学》的思考方法。波佩等人以手工业和工场手工业等作为工艺学的主要考察对象，把过去手工操作间里的各种"规矩"和"习惯"看作客观的东西，在工艺学中概括出了各种操作和手段的目录。马克思也说，在手工业和工场手工业时代，各种特殊手艺都称为"秘诀"，本来是由社会分工自然形成的各个不同行业和部门，彼此间都保密，互相成为"哑谜"，仿佛被一层帷幕掩盖起来一样。"这层帷幕使人们看不到自己生活的物质基础，社会生产。这层帷幕在工场手工业时代被揭开了，而在大工业到来的时候则被完全撕碎了"，"工艺学把工业生活的五光十色的、一成不变和表面上无联系的形态，分解成为自然科学按照各自不同的有用效果分类的各种应用"。③ 马克思的这些思想显然同波佩等人的工艺学理论有关。

马克思在《1857—1858年经济学手稿》的著名《导言》中，已经

---

① 《马克思恩格斯〈资本论〉书信集》，人民出版社1979年版，第59页。
② 《马克思恩格斯全集》第1版第23卷第533页。
③ 《资本论》（法文版），中国社会科学出版社1983年版，第498页。

正式谈到工艺学了。他写道:"如果没有生产一般,也就没有一般的生产。生产总是一个个特殊的生产部门——如农业、畜牧业、制造业等,或者生产是总体。可是,政治经济学不是工艺学。生产的一般规定在一定社会阶段上对特殊生产形式的关系,留待别处(后面)再说。"① 这段话中所说的"政治经济学不是工艺学",就是指政治经济学不能像波佩在《一般工艺学》中那样叙述工艺学的一般规律。也就是说,政治经济学不是研究劳动过程中加工各种原料的操作和经验的。在《1861—1863年经济学手稿》中,马克思在手稿开始后不久就写道:"正如考察商品的**使用价值**本身是**商品学**的任务一样,研究实际的劳动过程是**工艺学**的任务。"② 这里也对工艺学的对象和内容作了明确的规定。

马克思在《资本论》第1卷第十三章的脚注89中,联系发明纺纱机的约翰·淮亚特,对工艺学和唯物主义历史观写了一段非常精彩的话:"在他(指淮亚特——作者注)以前,最早大概在意大利,就已经有人使用机器纺纱了,虽然当时的机器还很不完善。如果有一部批判的工艺史,就会证明,十八世纪的任何发明,很少是属于某一个人的。可是直到现在还没有这样的著作。达尔文注意到自然工艺史,即注意到在动植物的生活中作为生产工具的动植物器官是怎样形成的。社会人的生产器官的形成史,即每一个特殊社会组织的物质基础的形成史,难道不值得同样注意吗?而且,这样一部历史不是更容易写出来吗?因为,如维科所说的那样,人类史同自然史的区别在于,人类史是我们自己创造的,而自然史不是我们自己创造的。工艺学会揭示出人对自然的能动关系,人的生活的直接生产过程,以及人的社会生活条件和由此产生的精

---

① 《马克思恩格斯全集》第1版第46卷(上)第23页。
② 《马克思恩格斯全集》第1版第47卷第56页。

神观念的直接生产过程。甚至所有抽掉这个物质基础的宗教史，都是非批判的。事实上，通过分析来寻找宗教幻想的世俗核心，比反过来从当时的现实生活关系中引出它的天国形式要容易得多。后面这种方法是唯一的唯物主义的方法，因而也是唯一科学的方法。那种排除历史过程的、抽象的自然科学的唯物主义的缺点，每当它的代表越出自己的专业范围时，就在他们的抽象的和唯心主义的观念中立刻显露出来。"① 这段话把从贝克曼和波佩以来的工艺学作了总结，其中的一些材料都是直接从波佩等人的书中来的，例如，波佩就说过意大利最先发明了纺织机器。但马克思比资产阶级学者高明得多，他把工艺学提高到了唯物主义历史观的科学高度。资产阶级的工艺学往往是抽象的，脱离了物质基础的，因而是非批判的。波佩等人的工艺史中也包括了有关生产过程的历史、发明史等等的大量材料。波佩甚至把纺纱机叫作"工艺学的机器"，把它说成是"由力学完善起来的机器"，从而自发地承认了纺纱机的发明并非"属于某一个人的"。但是，所有资产阶级的工艺学都不是自觉地应用历史唯物主义的，因此，一越出自己的专业范围，立即就显露出唯心主义的观念。建立在唯物史观基础上的批判的工艺学，必须说明人们在物质生产中得出科学理论，然后再把科学理论用于科学实践。"工艺学会揭示出人对自然的能动关系……"这段话，就是这样的意思。人在生产实践中使"生产器官"发达，再形成以它为"物质基础"的"工艺学"，然后再靠它来改良"生产器官"。正是这样，才能揭示人对大自然的"能动关系"。同时，只有这样的科学的工艺学，才能说明"人的生活的直接生产过程，以及人的社会生活条件和由此产生的精神观念的直接生产过程"。只有这样的工艺学，才能如实地证明

---

① 《马克思恩格斯全集》第1版第23卷409—410页。

"十八世纪的任何发明,很少是属于某一个人的"。这和资产阶级学者鼓吹的某项发明是由某个天才的头脑灵机一动产生出来的说法,是截然相反的。

(2) **关于手工业和工场手工业的若干问题**。波佩在《工艺学史》的"绪论"部分,以及在论述"马车"、"钟表"、"制针"、"造纸"等部分中,包括不少关于手工业和工场手工业的材料,这些内容马克思都作了摘录,并且用在自己以后的理论著作中作为素材。

波佩在"绪论"中叙述了西欧手工业和工场手工业的发展情况。他说明,从11世纪起,与商业和科学相联系的城市手工业已在西欧一些城市里出现,当时的手工业是自由民的专门职业。与此同时,手工业者的行会组织也发展起来,很多行会团体产生于12和13世纪。在当时的德意志和法国等地,手工业者的影响不断增强。后来,手工业生产在尼德兰繁荣起来,行会同市政当局不断进行斗争,行会甚至拥有武装。14世纪时,织造业、金属加工业等有不少发明,生产大为改进。15世纪末,纽伦堡成了德意志城市中最繁华的手工业城市。16世纪英国等也发展起来。

波佩说,17和18世纪,产生了现代的工场手工业和工厂,尤其是在英国和法国。波佩给手工工场和工厂下定义说:"手工工场和工厂——这是手工业者联合起来并为达到一定目的而工作的企业。"他还说,有一些工作,除非大规模进行,是不可能完成的。例如制造瓷器、制造玻璃等等,因此它们从来就不是手工业。早在13和14世纪,某些行业,如织造业,就是大规模进行的。波佩用是否用炉火和锤子来作为区分工场手工业和工厂的标准。他说:"如果在企业中生产商品时直接使用工人的双手,或在人手不足时使用机器,这种企业就叫作手工工场。如果生产商品时利用火和锤头,这种企业就叫作工厂。"

马克思把波佩的这些论述作了摘录,并且引用在《1861—1863 年经济学手稿》中。① 应当说,波佩把是否使用炉火和锤子作为区分手工工场和工厂的标准是不科学的。但他反映的是他那个时代的普遍看法。"工厂"(fabric)一词来源于拉丁文 faber(锻造),是指金属加工操作间而言。而"手工工场"或"工场手工业"(manufactory)则是指纤维加工操作间而言。至于波佩强调"手工工场和工厂"是许多手工业者的联合,并强调大规模作用,则是有一定道理的。但波佩也没有抓住"工场手工业"的最本质的内容。马克思通过自己的研究,后来在《资本论》中对工场手工业和分工进行了科学的论述。马克思认为,工场手工业是"以分工为基础的协作"的典型形态。② 工场手工业中虽然也使用机器,但主体仍然是实行分工协作的工人总体,"工场手工业时期所特有的机器始终是由许多局部工人结合成的总体工人本身"③。波佩所说的手工工场和工厂实际上都是"工场手工业"。所以马克思都称之为工场手工业。马克思认为"工厂"是同机器大工业联系在一起的,工厂的躯体是"有组织的机器体系"④。波佩认为,现代的工场手工业产生于 17 和 18 世纪,马克思则把时期提前了,认为以分工协作为基础的"真正的工场手工业时期","大约从十六世纪中叶到十八世纪末叶"。⑤

波佩在叙述手工业和工场手工业的发展过程时,记叙了商人如何成为生产业主,成为工业资本家的事实,这些材料引起了马克思的注意。波佩在"绪论"的末尾写道:"早期所有工场都属于手工业,而商人只

---

① 《马克思恩格斯全集》第 1 版第 47 卷第 431—432 页。
② 《马克思恩格斯全集》第 1 版第 23 卷第 373 页。
③ 《马克思恩格斯全集》第 1 版第 23 卷第 387 页。
④ 《马克思恩格斯全集》第 1 版第 23 卷第 459 页。
⑤ 《马克思恩格斯全集》第 1 版第 23 卷第 373 页。

是手工业品的收购者和推销者。在呢绒工场和亚麻工场还是最严格地保持着这种状况……但是,在许多地方,商人逐渐开始充当师傅的角色,并且用日工资雇用帮工。"这里记叙的是"包买商"变成工业家,商业资本变成生产资本的事实。马克思把这些内容摘录下来,并且在《1857—1858年经济学手稿》中第一次引用来说明商业资本是资本的最初形式之一。马克思在引用这些内容时特别注明,包买商变成师傅首先是在没有行会的城市中实现的。① 因为,在有行会偏见和传统的城市,师傅和帮工的关系,师傅和徒弟的关系,以及雇工的人数都受到严格限制。不属于行会的商人是很难雇用帮工,很难发展起真正的工业来的。

马克思后来在《资本论》第3卷中详细论述了商业资本和高利贷资本如何变成产业资本的问题,并在第二十章中对商人资本进行了历史考察。在那里,马克思指出了商人和生产者之间的"三重过渡"的情况:第一,是商人直接成为工业家;第二,是商人把小老板变成自己的中间人,或者也直接向生产者购买;第三,是产业家成为商人。这里的第二种过渡就是"包买商"变成工业生产者。接着,马克思写道:"波佩说得对,在中世纪,商人不过是行会手工业者或农民所生产的商品的'包买商'。商人成了工业家,或者不如说,他让那些手工业性质的小工业,特别是农村小工业为他劳动。"② 马克思的这段论述,就是以波佩《工艺学史》中的记载为依据。

在波佩的书中分项描述各种工场手工业的历史发展时,包含着这些手工业的大量实际材料。这些材料成了马克思后来论述工场手工业的重要实际例证。我们知道,马克思在《资本论》中论述分工和工场手工

---

① 《马克思恩格斯全集》第1版第46卷(下)第386页。
② 《马克思恩格斯全集》第1版第25卷(上)第375页。

业时提出工场手工业的起源有两种方式。一种方式是各种不同的手工业工人在同一个资本家指挥下联合在一个工场里。另一种方式是许多从事同种工作的手工业者为同一个资本家雇用，在同一个工场里工作。前者的例子是马车工场，后者的例子是造纸、铸字和制针。① 马克思还把工场手工业分为两种基本形式，一种是"混成的工场手工业"，一种是"有机的工场手工业"。② 其中不少实例都是《伦敦笔记》中所积累的资料，有的资料来自波佩的著作，有的资料来自记载伦敦工业博览会的《各国的工业》一书。

在波佩《工艺学史》第 2 部第七章《制造马车的手工业和工场》中，记述了在马车工场手工业中工作的，"除马车匠外，还有许多其他的手工业者，马具匠、铁匠、钳工、铜匠、旋工、饰绦匠、玻璃匠、彩画匠、油漆匠、描金匠等等。后来，这些劳动者在马车工场中联合在一起，每一个人都同别人很好地协作劳动"。马克思在《资本论》中就利用了这些资料，他写道："例如，马车过去是很多独立手工业者，如马车匠、马具匠、裁缝、钳工、铜匠、旋工、饰绦匠、玻璃匠、彩画匠、油漆匠、描金匠等劳动的总产品。马车工场手工业把所有这些不同的手工业者联合在一个工场内，他们在那里协力地同时进行劳动。"③

波佩《工艺学史》第 2 部第六章论述的是钟表制造工艺。马克思摘录了他的记述："经过多年时间，时钟工厂里汇聚了一切必要的工艺人才：齿轮工、弹簧工、指针工、电镀工、喷漆工、雕刻工"，而且"加工是按照真正的工厂方式进行的"。后来，这些资料成了马克思所说的"混成的工场手工业"的实例。马克思在《资本论》中虽没有直

---

① 《马克思恩格斯全集》第 1 版第 23 卷第 373—375 页。
② 《马克思恩格斯全集》第 1 版第 23 卷第 379—388 页。
③ 《马克思恩格斯全集》第 1 版第 23 卷第 373 页。

接采用波佩的这些记叙,而是采用了更详细的记叙,① 但内容是一脉相承的。

波佩的《工艺学史》中也包含许多"有机的工场手工业"的资料。这首先就是荷兰的造纸业。波佩在第 2 部第六章《造纸工艺》中详述了纸张从古至今的生产情况。马克思在《伦敦笔记》中作了详细摘录,并把其中的重要内容引用在《1861—1863 年经济学手稿》中:"用破(亚麻)布造纸,大概是德意志于 14 世纪发明的。在破布造纸发明之后不久,就开始利用机械装置捣碎和磨碎破布。第一批造纸厂是用手作为动力的,只是过了多少年以后,在开始大规模生产纸时,才出现了用水作为动力的造纸厂。这产生于 14 世纪时的德意志(纽伦堡)和意大利……直到 17 世纪末,把破布变成浆料,只是采用锤或杵来捣碎的办法。但是,德意志当时已经发明了一种打纸浆的机器……德意志人不重视这种机器的效用,把它抛弃了。荷兰人把它据为己有。最初,他们用手来转动它,过了一段时间,开始借助于风翼来推动。

在荷兰造纸厂繁荣起来。荷兰人完全用工厂方式进行纸张生产;在他们的造纸厂中,每一道工序都设有专人,他们比大部分只采用手工业方式的德意志造纸业者工作得更快更好。"

就在引用这段摘录之后,马克思发表意见说:"十七世纪和十八世纪初的荷兰造纸厂,可以看作是与机器有关的工场手工业的主要例证,其中的单项工作由机器完成,但整个体系并不是机器体系。同时,这里还有十分明显的分工。"然后,马克思引用了波佩书中记叙的荷兰造纸厂中的分工情况:"破布的分类和洗涤。水的澄清。破布的漂白……纸浆被舀出后,流入一层层的毛毯子中间,一层层叠起来,然后结结实实

---

① 《马克思恩格斯全集》第 1 版第 23 卷第 380 页。

地加以挤压。长期以来，造纸厂中的所谓拉杆式压榨机或杠杆压榨机，一直是用人力作为动力。上光。蓝漂。"①

马克思后来在《资本论》中关于德国的行会造纸匠和荷兰的造纸手工工场写道："一个德国的行会造纸匠要依次完成的、互相连接的那些操作，在荷兰的造纸手工工场里独立化为许多协作工人同时进行的局部操作。"②

波佩在《工艺学史》第2部第四章的开头考察了制针工场。马克思摘录波佩的话："最初，大概是在14世纪初，在纽伦堡人们把金属拉成丝，以便较容易地制成缝衣针。在1370年纽伦堡已经有行会制针匠。英、法及其他各国，从德国学习了制针……英国的制针工厂在18世纪初已经很有名。制针必须通过大约60道工序。"马克思后来在《资本论》中写道："纽伦堡的行会制针匠是英国制针手工工场的基本要素。但是纽伦堡的一个制针匠可能要依次完成20种操作，而在英国，将近20个制针匠同时进行工作，每一个人只从事一种操作，后来，这20种操作根据经验又进一步划分、孤立，并独立化为各个工人的专门职能。"③当然，应该说明的是，关于制针工场手工业的情况，马克思不只依据了波佩的材料，他还研究了英国的许多材料。

关于铸字工场手工业的分工情况，马克思主要是依据《各国的工业》一书提供的资料。马克思在《1861—1863年经济学手稿》中，把铅字铸造当作以分工为基础的工场手工业的例子，并从书中摘录了铸造铅字的五道主要工序：（1）铸造铅字，"每一个工人一小时可以铸造400到500个铅字"；（2）分切铅字，"伶俐的儿童一小时可以分切

---

① 《马克思恩格斯全集》第1版第47卷第429页。
② 《马克思恩格斯全集》第1版第23卷第375页。
③ 《马克思恩格斯全集》第1版第23卷第375页。

2000 到 3000 个铅字……";(3) 磨光铅字,"一个优秀的磨字工一小时可以磨好约 2000 个铅字";(4) 摆放铅字,"……一小时可以摆上 3000 到 4000 个铅字";(5) 整理铅字,"……用显微镜对一排排铅字仔细检查。废铅字被剔出,然后,把余下的铅字从排字工作台上取下,堆在一起"。就此实例,马克思论述了工场手工业中分工的"倍数原则"。他说:"由上可见,如果一个铸字工一小时铸造 500 个铅字,而一个儿童一小时分切 3000 个铅字,则用一个儿童,需用 6 个铸字工。而由于一个磨字工一小时磨好 2000 个铅字,则用一个磨字工,需用 4 个铸字工,如果一个堆放工一小时摆放 4000 个铅字,则用一个堆放工,需用 8 个铸字工。"①

在《资本论》中,马克思谈到"有机的工场手工业"时也引用了铅字铸造的事例。他写道:"……要使同一个工人每天总是只从事同一种操作,不同的操作就必须使用不同比例数的工人。例如在活字铸造业中,如果一个铸工每小时能铸 2000 个字,一个分切工能截开 4000 个字,一个磨字工能磨 8000 个字,雇用一个磨字工就需要雇用 4 个铸工和 2 个分切工。在这里,又回到了最简单形式的协作原则:同时雇用许多人从事同种工作。但现在这个原则表现为一种有机的关系。"②

(3) **关于工场手工业时期为机器大工业做好准备的两种物质基础——磨和钟表。** 马克思在《伦敦笔记》中详细摘录了波佩论述磨、钟表制造等资料。我们在本节中着重考察马克思摘录的有关磨和钟表发展史的资料,因为马克思认为这两种东西是从古代流传下来的,并为机器工业打下了物质基础的机器。考察它们的发展史,马克思探究出机器

---

① 《马克思恩格斯全集》第 1 版第 47 卷第 447—448 页。
② 《马克思恩格斯全集》第 1 版第 23 卷第 383—384 页。

发展的一些基本规律。

波佩《工艺学史》第2部第一章《人类食品加工的手工业、工场手工业、工厂》的中心内容就是研究磨的历史，马克思几乎摘录了这一章的所有重要内容。根据波佩的叙述，人类粉碎谷物时，最初是在石臼中把谷物砸碎，后来经过改良，把杵装上手柄在臼内转动，于是发明了手磨。女奴隶、农奴和牲畜都曾被套在辕杆上拉磨。后来，进一步有了"马拉磨"。在罗马时代从亚洲传入第一批水磨。从那时起直到18世纪大量出现蒸汽磨为止，中间经过了漫长的改进和发展过程。出现了船磨、风磨、架子磨和马车磨等等。另外，出现了筛粉箱、细磨、细罗装置等等改进，从磨的历史可以看出，作为机器的动力的，除人之外，有马力、风力、水力等等。

由于磨的构造的改进，促进了科学技术理论的研究和发展。在传动机构方面，波佩介绍了飞轮理论、振动研究、摩擦理论、齿轮的外摆线等等。在水磨上应用的水的运动学说方面，波佩叙述了波列尼《论水的运动》、达兰贝尔和波绪等人的著作。然后还谈到了流量计、水准仪等测量手段的出现。在水槽理论方面，他指出牛顿、马里奥特、欧勒等人的研究，把水流和冲力的理论大大向前推进了。在水轮理论方面，他指出18世纪不少人所进行的研究。18世纪下半叶出现了塞格纳水轮，以及用蒸汽机推动的英国阿尔比昂磨坊和英国埃利科特水轮磨坊等。马克思在《1861—1863年经济学手稿》中不但重新整理了这些摘录，而且作出了初步概括。①

波佩还谈到了打谷、净化谷物、磨马铃薯、榨油等，这些是磨的"使用方法的转用"的历史例证。马克思后来在《1861—1863年经济学

---

① 《马克思恩格斯全集》第1版第47卷第416—426页。

手稿》中引用这些资料并括概地写道:"最初用来碾磨谷物的水磨,可以用于任何相似的目的和各种不同的材料,当然,在工作器具方面要进行一些改革。"①

波佩《工艺学史》第 2 部第六章《人类交往、互相理解等等使用的物品》中有一大半篇幅是叙述钟表制造手艺的,马克思详细摘录了这部分内容。根据波佩的记述,人类最初只有靠日出和日落来计时,后来出现了日晷仪器,再往后又有水计时器和沙计时器等发明,还出现了计程器、航海计时器、天文计时器等等。波佩详细记述了齿轮计时器的历史,这种齿轮计时器逐步演变成为钟表。13 世纪,在意大利和英国的一些教堂上已经有钟表悬挂出来。后来出现了怀表,1500 年德意志出现第一只怀表,被称为"纽伦堡鸡蛋"。后来钟表得到了多方面的改进和完善,出现了钟表作坊等。波佩还论述了钟表的理论发展情况,记述了克·惠更斯的摆式对钟以及摆线理论等等。

1863 年初,马克思把这些工艺学笔记认真重读了一遍,加深了对机器的认识,得出了关于机器的一些本质特点的重要结论。马克思在当年 1 月 28 日致恩格斯的信中说:"重读了我的关于工艺史的摘录之后,我产生了这样一种看法:撇开火药、指南针和印刷术的发明不谈——这些都是资产阶级发展的必要前提——,从 16 世纪到 18 世纪中叶这段时间,即从手工业发展起来的工场手工业一直到真正的大工业这一时期,在工场手工业内部为机器工业做好准备的有两种物质基础,即钟表和磨(最初是磨谷物的磨,即水磨),二者都是从古代继承下来的。"② 通过对这些古老的机器的历史考察,马克思得出什么结论呢? 首先,机器和

---

① 《马克思恩格斯全集》第 1 版第 47 卷第 428 页。
② 《马克思恩格斯〈资本论〉书信集》,人民出版社 1976 年版,第 174 页。

工具的区别在于：机器是代替人手操作的，机器的工作机部分是工业革命的起点："磨的情况和压力机、机锤、犁等等的情况完全一样，即使动力是人力或畜力，但是打、压、磨、粉碎等等实际工作，从一开始就不需要人的劳动。所以，这类机械至少从它的起源来看是很古老的，它最早使用了真正的机械动力。因此，它也几乎是工场手工业时期存在的唯一的机械。一旦机械应用于自古以来都必须通过人的劳动才能取得最后成果的地方……工业革命就开始了。"① 其次，发达的机器由三部分组成："磨从一开始，从水磨发明的时候起，就具有机器结构的重要特征。机械动力；由这种动力发动的最初的发动机；传动机构；最后是处理材料的工作机，这一切都彼此独立地存在着。"② 第三，机器把科学技术应用于生产中，机器的发展推动了科学技术的发展："钟表是第一个应用于实际目的的自动机，匀速运动生产的全部理论就是在它的基础上发展起来的。按其性质来说，它本身是以半艺术性的手工业和直接的理论的结合为基础的。例如，卡尔达诺曾写过关于钟表构造的书（并且提出了实际的制法）。16世纪的德国著作家把钟表制造业叫作'有学问的（非行会的）手工业'；从钟表的发展可以证明，在手工业基础上的学识和实战之间的关系，同譬如大工业中的这二者之间的关系，是多么地不同。同样也毫无疑问的是，在18世纪把自动机器（特别是发条发动的）应用到生产上去的第一个想法，是由钟表引起的。从历史上可以证明，沃康松在这方面的尝试对英国发明家的想象力有极大的影响。""在磨的基础上建立了关于摩擦的理论，并从而进行了关于轮盘联动装置、齿轮等等的算式的研究，测量动力强度的理论和最好地使用动力的

---

① 《马克思恩格斯〈资本论〉书信集》，人民出版社1976年版，第175页。
② 《马克思恩格斯〈资本论〉书信集》，人民出版社1976年版，第175页。

理论等等，最初也是从这里建立起来的。从17世纪中叶以来，几乎所有的大数学家，只要他们研究应用力学，并把它从理论上加以阐明，都是从磨谷物的简单的水磨着手的。"①

当然，马克思关于机器理论的这些非常重要的思想，是他仔细研究大量的材料得出来的。但是，关于磨和钟表这两种古老机器的考察，对于马克思得出这些重要思想，起了极大的作用，马克思把他得出的这些思想，写进了《1861—1863年经济学手稿》和《资本论》中。在《资本论》中，马克思明确地说："罗马帝国以水磨的形式把一切机器的原始形式留传下来"，"从面粉磨的历史可以探究出机器的全部发展史"。②关于在工场手工业时期由于应用机器而促进了大工业的科技要素的发展，马克思也举了磨的例子："早在十七世纪，就有人试用一架水车来推动两盘上磨，也就是两套磨。但是这时，传动机构规模的扩大同水力不足发生了冲突，这也是促使人们更精确地去研究摩擦规律的原因之一。同样，靠磨杆一推一拉来推动的磨，它的动力的作用是不均匀的，这又引出了飞轮的理论和应用。飞轮后来在大工业中起了非常重要的作用。大工业最初的科学要素和技术要素就是这样在工场手工业时期发展起来的。"③ "机器在十七世纪的间或应用是极其重要的，因为它为当时的大数学家创立现代力学提供了实际的支点和刺激。"④ 在叙述古代的农奴被作为推磨的牲畜使用时，马克思讽刺地指出，《圣经》中曾说，"牛在打谷的时候，不可笼住它的嘴"，"但是德国的基督教慈善家们，在把农奴当作推磨的动力来使用时，却在农奴的脖子上套一块大木板，

---

① 《马克思恩格斯〈资本论〉书信集》，人民出版社1976年版，第174、175页。
② 《马克思恩格斯全集》第1版第23卷第386页。
③ 《马克思恩格斯全集》第1版第23卷第414页。
④ 《马克思恩格斯全集》第1版第23卷第386—387页。

使农奴不能伸手把面粉放到嘴里"。① 马克思引用的这些资料,也是来源于波佩《工艺学史》中的记述。

(4) **关于工业革命的技术条件和机器发展的素材**。波佩《工艺学史》第 2 部第二章和第三章论述的是关于衣服的工艺学,讲的是毛、棉、麻和丝绸纺织品的加工生产方法及其工具和机器的历史。马克思对这两章的重要部分作了摘录,并在《1861—1863 年经济学手稿》和《资本论》中加以利用。资产阶级工业革命是从纺织业开始的,所以马克思的这一部分摘录成了马克思后来论述工业革命的技术条件的一些素材。

根据马克思摘录的波佩的记述,10 世纪以前德意志的毛纺织工场手工业在欧洲已很出名,尼德兰、意大利的佛罗伦萨、米兰等地以及英国,在 12、13 世纪已有了毛纺织工场手工业。把毛纺成纱以前,要把剪下来的羊毛进行预先加工,清除污物、打松、洗净、梳理……这工序在古代都是用手工进行的,波佩详细记载了这些工序以及这些工序所使用的各种工具,马克思也对此作了详细摘录。"十八世纪初,可能更早一些,毛就是用机器加工的,也就是说,用一种特殊的机器——开毛机来把毛扯松。在英国,最近对这些机器进行了改良。""1775 年第一次使用了用水轮或蒸汽推动的梳毛机或粗梳机。理·阿克莱第一个为这项发明铺平了道路。"在织成呢绒之后,还要经历很多道工序,如起绒、剪毛、轧光、缩绒等等。后来这些工序也都由起绒机、剪毛机、轧光机、缩绒机等代替了。根据这些资料,马克思后来在《资本论》中写道:"各种局部工人的专门工具,例如毛纺织手工工场中的弹毛工、梳毛工、起毛工、纺毛工等等所使用的工具,现在转化为各种专门化的工作机的工具……在最先采用机器体系的部门中,工场手工业本身大体上

---

① 《马克思恩格斯全集》第 1 版第 23 卷第 412 页。

为机器体系对生产过程的划分和组织提供了一个自然基础。"①

马克思还详细摘录了纺纱过程的发展,积累了很宝贵的资料。通过加捻把纤维纺成纱是工艺史上的一件重大事情。古时人们曾使用纺锤纺纱,后来发明了纺车。"最初是手摇纺车,人用右手转动,同时用左手牵线。一直到1530年,不伦瑞克附近乡村的尤尔根斯才发明了小型脚踏式纺车。""德意志还发明了一种可以同时绕两根线的双筒纺车,或双轴纺车。在这以前,还进行过实验,想使一个人经过长期练习后同时在两台纺车上纺线。实验成功了,但是,腿的活动令人疲劳不堪。""十八世纪中叶,还出现了同时可以把纺出的线退绕、双根并合和加捻的纺车。""精纺机或加捻机。这种或用人手转动摇杆,或用水车,或用蒸汽机推动的机器,可以同时纺成60、100和更多根非常细的同样的线。"马克思后来在《资本论》中论述机器时利用了这类素材来说明机器和工具的区别:"在真正的工具从人那里转移到机构上以后,机器就代替了单纯的工具。即使人本身仍然是原动力,机器和工具之间的区别也是一目了然的。人能够同时使用的工具的数量,受到人天生的生产工具的数量,即他自己身体的器官数量的限制。在德国,起初有人试图让一个纺纱工人踏两架纺车,也就是说,要他同时用双手双脚劳动。这太紧张了。后来有人发明了脚踏的双锭纺车,但是,能同时纺两根纱的纺纱能手几乎象双头人一样罕见。相反地,珍妮机一开始就能用12—18个纱锭,织袜机同时可用几千枚织针,等等。同一工作机同时使用的工具的数量,一开始就摆脱了工人的手工工具所受的器官的限制。

作为单纯动力的人和作为真正操作工人的人之间的区别,在许多手

---

① 《马克思恩格斯全集》第1版第23卷第416—417页。

工工具上表现得格外明显。例如，在纺车上，脚只起动力的作用，而在纱锭上工作即引纱和捻纱的手，则从事真正的纺纱操作。正是手工工具的这后一部分，首先受到了工业革命的侵袭。"①

波佩说："精纺机十八世纪最初的二十五年已为人所知，当时只作精纺羊毛用，大概最早出现在意大利。"马克思在《资本论》中论述机器的发展时利用了这些资料："最早大概在意大利，就已经有人使用机器纺纱了。"②

关于织机的情况，马克思也从波佩的书中摘录了许多素材，其中包括各种机械织机、织袜机、提花织机和花边织机等等。波佩的书中说，"从总体上来看，机械织机和普通织机一样，或者宁可说，它由同时运转的许多织机组成……其外形大体上原封未动。荷兰提供了最好的机梭"。马克思在《资本论》中利用了这些资料。例如，马克思写道："在机械织机的最初形式上，人们一眼就可以看出旧织机的样子"，③"早在十七世纪，织机梭的制造在荷兰就形成了一个特殊的工业部门"。④

关于丝织业，马克思摘录了其历史发展的详细资料。他特别注意法国工场手工业时期丝织业中细致分工的记叙并利用到后来的《资本论》中。波佩的书中说："在法国革命以前，法国织造了几百种丝织品，其中仅自1730年起，就发明了150种。按照阿维尼翁当时的法律规定，每个学徒始终只能从事一种生产，不得同时学习织造几种织物，这种法律促使生产大为改进。"马克思在《资本论》中用这些材料来说明工场

---

① 《马克思恩格斯全集》第1版第23卷第411页。
② 《马克思恩格斯全集》第1版第23卷第409页注89。
③ 《马克思恩格斯全集》第1版第23卷第410页注90。
④ 《马克思恩格斯全集》第1版第23卷第391页注54。

手工业的分工："为了使工场手工业内部的分工更完善，同一个生产部门，根据其原料的不同，根据同一种原料可能具有的不同形式，而分成不同的有时是崭新的工场手工业。例如，十八世纪上半叶，单在法国就织出了100多种不同的丝织品；例如，在阿维尼翁，法律曾规定'每个学徒只能从事一种产品的制造，不得同时学几种产品的制造方法'。"①

马克思还从尤尔的《技术辞典》中详细摘录了"棉纺"条目的内容，特别对精纺过程之前的粗纺阶段各工序及其机器，摘录较详尽：在开始时，对棉花要进行"除杂"和"清棉"，人们使用头道清棉机和末道清棉机；然后进行"梳棉"，使用梳棉机，有头道粗梳机、末道粗梳机；往下是"牵伸"和"并条"，使用牵伸机等等；粗纺时使用粗纺机，最后再进行精纺，使用阿克莱的水力机以及后来发明的骡机等等，直到后来使用自动纺机等等。显然，通过摘录这些资料，马克思对现代的纺纱工序和机器有了进一步的了解。

由工具机或工作机取代手的操作是工业革命的开始。而随着工作机的发展和规模的扩大，又需要有较大的动力，需要有适合于机器发展的发动机。这种发动机就是著名的蒸汽机。马克思把操作的人手被工作机代替叫作第一次工业革命，把采用蒸汽机作为产生动力的机器，叫作"第二次革命"。② 上面的资料已经表明，在工场手工业时期，马力、风力和水力等都曾先后被用作动力，但这些动力都存在着缺陷。马力不规则，而且马比较昂贵；风力不稳定，而且无法控制；水不能随人意增高，有时完全枯竭，并且受地方条件的限制，阿克莱的精纺机最初就是用水推动的，工厂必须建在水边。所有这些动力都不适于大工业的应

---

① 《马克思恩格斯全集》第1版第23卷第392页。
② 《马克思恩格斯全集》第1版第47卷第415页。

用，只有瓦特发明的蒸汽机才满足了大工业对动力的需要。因此，马克思对尤尔《技术辞典》中"蒸汽机"这一条目的内容进行了详细摘录，这些摘录成了马克思后来论述机器大工业的动力的重要资料来源。

按照马克思的摘录，尤尔称蒸汽机是一种能够通过利用水蒸气来产生机械动作的机器。关于这种机器的最初设想是在17世纪下半叶出现的。1680年，巴本发明了安全阀，并产生了使蒸汽在汽缸内作用于一种活塞的设想。他把少量的水注入汽缸，再把汽缸放在火上，使水变为蒸汽，推动活塞上升。然后再使汽缸离开火，使蒸汽冷凝，导致活塞下降。制造第一部蒸汽机的荣誉属于英国的船长赛维利，他实际上制造了几台蒸汽机，并在1696年发表了蒸汽机的说明书。赛维利的蒸汽机被用来抽水，但这种蒸汽机的燃料消耗大，抽水的扬程不高。后来，英国的锻工托马斯·纽可门和玻璃匠约翰·考利和赛维利一道共同改进了蒸汽机。但纽可门的蒸汽机还极不完善，它失掉大部分的热量，汽缸内达不到完全的冷却，这种状况延续了近70年，才由瓦特改进了蒸汽机。瓦特最初的蒸汽机是单向蒸汽机，蒸汽只推动活塞下降，等活塞到达汽缸底时，再由外面平衡杆上的配重把活塞抬起来。这种单向蒸汽机只用于抽水或提升盐液，不适于其他的工作。

瓦特进一步发明了双向蒸汽机。在这种蒸汽机中，蒸汽既实现活塞的上升，也实现活塞的下降。1782年，瓦特获得双向蒸汽机的专利权，从这个时候起，蒸汽机便成为适用于一切部门的发动机了。

后来，在《1861—1863年经济学手稿》中，马克思再一次研究他的摘录笔记时，关于瓦特的单向蒸汽机写道："第一种瓦特单向蒸汽机，实际上只是一种改进了的蒸汽机；它不是万能的原动机，而只是具有属于工场手工业时期的原始专门功能的抽水机。"① 在《资本论》中，马克思论述蒸汽机时，也主要是依据他在《伦敦笔记》中摘录的资料，关于工场手工业时期的最初的蒸汽机，马克思写道："十七世纪末工场手工业时期发明的、一直存在到十八世纪八十年代的那种蒸汽机，并没有引起工业革命。"紧接着，马克思在脚注中说："虽然这种蒸汽机由于瓦特发明第一种蒸汽机，即所谓单向蒸汽机，而大大地改进了，但这种形式的蒸汽机仍然只是抽水和提盐水的机器。"② 关于瓦特发明的双向蒸汽机，马克思写道："直到瓦特发明第二种蒸汽机，即所谓双向蒸汽机后，才找到了一种原动机，它消耗煤和水而自行产生动力，它的能力完全受人控制，它可以移动，同时它本身又是推动的一种手段；这种原动机是在城市使用的，不象水车那样是在农村使用的，它可以使生产集中在城市，不象水车那样使生产分散在农村，它在工艺上的应用是普遍的，在地址选择上不太受地点条件的限制。瓦特的伟大天才表现在1784年4月他所取得的专利的说明书中，他没有把自己的蒸汽机说成是一种用于特殊目的的发明，而把它说成是大工业普遍应用的发动机。"③

马克思摘录的尤尔《技术辞典》中"铁路"条目的内容，详细记载了铁路的发展过程以及蒸汽机车的最初发明，也是蒸汽机在机车中的应用。此外，马克思还摘录了《各国的工业》中记载的伦敦工业博览会上展出的远洋货轮。后来马克思在《资本论》中说："1851年……博耳顿—瓦特公司，在伦敦工业展览会上展出了远洋轮船用的最大的蒸汽

---

① 《马克思恩格斯全集》第1版第47卷第477页。
② 《马克思恩格斯全集》第1版第23卷第412页。
③ 《马克思恩格斯全集》第1版第23卷第414—415页。

机。"①《各国的工业》中还有蒸汽机被应用于内河汽船以及矿山、工厂等的材料。正是由于蒸汽机的应用，使交通运输业现代化了，适应了大工业的需要。马克思在《资本论》中指出，工场手工业时期留下来的交通工具，很快成为迅速发展的大工业的桎梏，"交通运输业是逐渐地靠内河轮船、铁路、远洋轮船和电报的体系而适应了大工业的生产方式"。②

除蒸汽机以外，《各国的工业》一书中还介绍了当时出现的其他几种原动机。其中有埃里克森的热力发动机，也就是《资本论》中说的卡路里机。这种机器的原理是通过加热使气体膨胀，从而产生动力。这种机器由于笨重和效率低，在经济上不合算而没有得到实际应用。后来这种机器的原理在燃气涡轮上得到了应用。另外一种原动机是电磁机，即后来人们所说的电动机，书中详细介绍了它的发明和改进过程。另外，属于这方面的原动机，还介绍了风车、水车、水压机和水力涡轮等等。《各国的工业》一书进行概括说："原动机……伟大的工作者，如果没有它的威力强大的帮助，人手的劳动只能产生微不足道的效果。……原动机是：蒸汽机、风车、水轮、用热气发动的机器、电磁发动机等。这是用来传授运动的机械组合。其中有一些产生推动它本身运动的力量，例如，蒸汽机、电磁发动机等。另一些则只是从水或空气的自然运动取得机械能的装置。"马克思在《资本论》中论述机器的发动机时基本上依据这些资料，他写道："发动机是整个机构的动力。它或者产生自己的动力，如蒸汽机、卡路里机、电磁机等；或者接受外部某种现成的自然力的推动，如水车受落差水推动，风磨受风推动等。"③

---

① 《马克思恩格斯全集》第1版第23卷第415页。
② 《马克思恩格斯全集》第1版第23卷第421页。
③ 《马克思恩格斯全集》第1版第23卷第410页。

《各国的工业》向马克思提供了当时最先进的有关各种机器工厂的资料。马克思后来把机器工厂归结为两种形态，一种是"同种机器的协作"，另一种是"机器体系"，特别是自动化的机器体系。马克思在《1861—1863年经济学手稿》中说："如果机器是由以分工为基础的工场手工业产生的，那么，或者一台复杂的机器被用来完成互不相连的各种操作，如制作信封、钢笔尖等时那样，或者机器体系完成一系列过程，用以代替从前互不相连的各项操作，如在纺羊毛等时，特别是生产纸时那样。"① 这些思想后来被用到《资本论》中。前者的例子举了伦敦博览会上的信封制造机和钢笔尖制造机。过去制造信封，折纸、涂胶水、压花纹等等工序都是分别完成的，每一道工序要转一次手，现在一台机器一举完成所有这些操作。过去英国北明翰（指伯明翰——本丛书编者注）生产钢笔尖是以工场手工业分工的方式进行的，切割、穿孔、开缝、打印商标、淬火、抛光等等工序都是分别完成的。一般认为在钢笔尖生产中没有可能采用类似连续不断的操作过程。"在大展览会上（1851年）展出了完成这项任务的机器……把带状的薄钢板送到机器上，机器在一次运转中就切割两个钢笔尖，并对它们穿孔和开缝，同时完成6道工序。"许多同样的这种机器集合在一个工厂中，由一个共同的发动机推动，形成机器的简单协作，"这种协作首先表现为同种并同时共同发生作用的工作机在空间上的集结"②。马克思还指出织布工厂等也属于这一类。

　　机器体系是指由一系列各不相同而又互为补充的工具机来代替以前互相连接的以手工进行的不同的生产阶段。这种机器体系只要由一个自

---

① 《马克思恩格斯全集》第1版第47卷第453页。
② 《马克思恩格斯全集》第1版第23卷第416页。

动的原动机来推动,就成为自动的机器体系。这方面马克思特别举了英国现代造纸厂的例子。《各国的工业》提供了自动化的现代造纸厂的详细资料,马克思在《1861—1863年经济学手稿》中对这些资料进行了认真研究。① 造纸机本身完全是一种自动机,《各国的工业》中说:"促使成功的两大原理充分体现在这种奇异的自动机上。加工工业的一切部门中最重要的原理之一,是生产的连续性。加工工业中采用的最完善和最经济的机器,是能够连续生产的机器……它是一种完整的体系,因为原料从一端送入机器,而从另一端出来时就是制成品。这种机器在另一个原理方面也显示出结构的优越性,这个原理就是,机器是完全自动化的。它不需要人的帮助……如果说在某个方面还需要人的协助,那只是为了排除偶然的故障,而不是在生产中予以帮助。机器工作的特点还在于高速度。"马克思在《1861—1863年经济学手稿》中把这些内容进行了概括,他说:"机器本身体现出:生产的连续性(也就是原材料加工所经历的各阶段的连续性);自动化(只有在排除偶然故障时才需要人),运转迅速。"② 后来在《资本论》中,马克思论述自动的机器体系时写道:"当工作机不需要人的帮助就能完成加工原料所必需的一切运动,而只需要人从旁照料时,我们就有了自动的机器体系……现代造纸工厂可以说是生产的连续性和应用自动原理的范例。"他还说:"在纸张的生产上,我们可以详细而有益地研究以不同生产资料为基础的不同生产方式之间的区别,以及社会生产关系同这些生产方式之间的联系,因为德国旧造纸业为我们提供了这一部门的手工业生产的典型,十七世纪荷兰和十八世纪法国提供了真正工场手工业的典型,而现代英国提供

---

① 《马克思恩格斯全集》第1版第47卷第441—446页。
② 《马克思恩格斯全集》第1版第47卷第443页。

了自动生产的典型。"①

《各国的工业》也是马克思论述机器制造业的重要资料来源之一。机器最初是由工场手工业制造出来的，机器发展到一定的程度，就会受到这样一种物质技术基础的限制，不打破机器制造方面的手工业局限，机器大工业就得不到充分的发展，因此，机器生产最初是在与它不相适应的物质基础上自然兴起的。机器生产发展到一定程度，就必然推翻这个基础，建立起与自身的生产方式相适应的新基础。马克思说："大工业必须掌握它特有的生产资料，即机器本身，必须用机器来生产机器。这样，大工业才建立起与自己相适应的技术基础，才得以自立。"② 机器制造业最重要的生产条件，一方面是要有供给充分动力的原动机，这在当时已由蒸汽机得到了满足，另一方面是要有各种切削机床，以便加工制造机器的各种金属部件。《各国的工业》中叙述了许多种金属加工机器，其中有当时已发明出来的铆接机、切板机、冲孔机、车床、钻床、刨床等等。而最使人感兴趣的，是书中记载的奈斯密斯的蒸汽锤。最大的蒸汽锤以雷神"托尔"的名字命名，锤重6吨，升程7英尺，用来锻造重16吨半的轮船蹼轮轴；这种蒸汽锤"既能把一大块花岗石变成粉末，又能打碎胡桃壳而不损伤桃仁"。还有赖德的专利锻造机，它用小蒸汽锤锻造纱锭，每分钟可锤击700次。另外一种发明是亨利·莫兹利用滑动原理制成的转动刀架。"这种装置代替了人手来掌握刀具将其贴近被切削的物件表面，并支配刀具的运动。用这种机械装置，我们就能使刀具的刀刃绝对准确地在物体的表面上纵向或横向移动，工人几乎不用任何肌肉力就能做出任何一种基本的几何形状——直线、平面、

---

① 《马克思恩格斯全集》第1版第23卷第418—419页。
② 《马克思恩格斯全集》第1版第23卷第421—422页。

圆、圆柱体、锥体和球体,轻易、精确和迅速的程度是从前任何最熟练工人的最富有经验的手都无法做到的。滑动原理已应用于刀架,刀架在目前已成为任何一部车床的一部分,并且以不同的形式应用于镗床、刨床、插床、钻床和其他机床。……在刀架被采用之后不久,它就被制成自动的了,也就是说,固定在刀架上的刀具贴近表面进行纵向或横向操作时,已不依靠看管机床的工人的注意力了。"《各国的工业》还对转动刀架的意义作出评价说:"可以毫不夸大地说,它对机器的改良和更广泛应用所产生的影响,不下于瓦特对蒸汽机的改良所产生的影响。采用刀架的结果是,各种机器很快就完善和便宜了,而且推动了新的发明和改良。"马克思后来把这些材料有的直接有的间接地用到《资本论》中去。①

《各国的工业》还介绍了美国人发明的各种精巧的木材加工机器。另外,该书还专门有一章介绍天平、透镜、显微镜、望远镜和化学分析仪器等等的所谓"哲学仪器"。最后,介绍了电磁学的应用,"电流通过绕在铁棒上的线圈时,铁棒就获得磁性。……美国的电报机就是根据这个原理制造的。"马克思后来在《资本论》中谈到了木材加工机器和电报。关于前者,他说:"那些也能够小规模使用的木材加工机器,大部分是美国人的发明。"② 关于电报,马克思写道:"电流作用范围内的磁针偏离规律,或电流绕铁通过而使铁磁化的规律一经发现,也不费分文。但是要在电报等方面利用这些规律,就需要有极昂贵的和复杂的设备。"③

(5) **关于工人和机器之间斗争的资料**。资本家和雇佣工人之间的

---

① 《马克思恩格斯全集》第1版第23卷第422—423页。
② 《马克思恩格斯全集》第1版第23卷第423页注107页。
③ 《马克思恩格斯全集》第1版第23卷第424页。

斗争同资本主义关系本身一起开始。在初期，工人分不清自己主要的敌人，他们直接反对生产资料，特别是反对机器，认为是机器剥夺了自己的饭碗，因而是主要敌人。在机器发展的初期，这类的例子是很多的。马克思非常注意这类工人和机器斗争的资料，他摘录关于机器和工艺学的笔记时，也记录了很多这类资料，并把这些资料用在后来的《资本论》及其手稿中。

马克思在摘录波佩《工艺学史》中关于纤维纺织机器的各种资料时，记载了这类机器引起失业的情况："1775年，梳毛机或梳棉机得到应用，阿克莱为这项发明开辟了道路。50000名一向以梳毛为生的工人到议会请愿，反对这种机器。"几页之后，摘录中又记载了失业工人烧毁剪毛机的材料："1758年，埃弗雷特制成了第一台水力剪毛机，100000名失业者烧毁了这台机器。"

关于波佩书中工人反对织带机的资料，马克思摘录得更为详细："16世纪末和17世纪初出现了织带机。1629年，在来顿有了织带机。花边工人力图压制这种机器。1623年8月11日，荷兰国会通过命令严格禁止使用织带机。1639年3月14日和1648年9月17日，又重新发布了这项命令。但是，1661年12月5日规定在一定条件下使用织带机……按照古老的消息，德国被称为织带机的发明者。朗切洛蒂神甫（意大利）谈到这个问题，他说：'大约50年前（他的书写于1579年），但泽人安东·弥勒在但泽看到一台非常精巧的机器，它能同时织4—6条花边；但市议会由于害怕这项发明会使大批工人沦为乞丐，因而压制了这项发明，并让人将发明人秘密勒死或溺死。'1676年，在科隆禁止使用织带机。同一时期，当人们试图把织带机输入英国时，也引起了骚动。1685年2月19日，德皇颁布敕令，禁止在全德国使用这种机器。在汉堡，根据市政局的命令，一台织带机被当众焚毁。1719年2

月9日，查理六世重申1685年的敕令。在萨克森选帝侯国，1720年7月29日还完全禁止使用，到1765年才准许公开使用织带机。最古老的织带机几乎和一般的织机完全一样。……一个毫无织布经验的人，例如一个男孩，只要来回推动这种机器的摇杆，就能使整个机器及其全部织棱运动。后来织带机不再用人力推动，而是用水和蒸汽推动。德国的这种机器改良得同时能生产40—50条花边。"后来马克思又从贝克曼的《发明史文集》中摘录了有关博克斯霍思论述来顿地方使用这种织带机的一段资料："大约20年前，这个城市有人发明了一种织机，使用这种织机，在同样时间内，一个人能够比较轻松地织出比过去几个人不用这种织机所织的还要多的东西。因此引起了织工的骚动和控告，直到市政局禁止使用这种织机"，如此等等。

后来，马克思在《资本论》中论述工人和机器之间的斗争时，利用了这些材料。在那里他写道："十七世纪，反对所谓Bandmühle……即一种织带子和花边的机器的工人暴动几乎席卷了整个欧洲……1758年，埃弗雷特制成了第一台水力剪毛机，但是它被10万名失业者焚毁了。5万名一向以梳毛为生的工人向议会请愿，反对阿克莱的梳毛机和梳棉机。"① 接着马克思就叙述了著名的"鲁德运动"。在脚注194中，马克思把上述关于织带机的各种资料加以重新组织，并加上自己的评论，写成了工人反对织带机的一段有声有色的论述。有关这方面的其他事例，我们在这里就不再列举了。

* * *

以上我们分几个方面考察了《伦敦笔记》中有关科学技术、机器生产和工艺学的摘录内容。虽然关于机器大工业的很多重要结论，都是

---

① 《马克思恩格斯全集》第1版第23卷第468—469页。

马克思后来在他的《资本论》及其手稿中得出来的，但是《伦敦笔记》时期的研究和摘录，再加上 40 年代的摘录，无疑成为马克思得出这些结论的重要前提和基本的资料来源。后来，在写作《1857—1858 年经济学手稿》的前夕，1855 年初马克思重新审阅了自己的经济学笔记。在 1859 年和 1860 年，马克思在自己的《引文笔记》中重新整理了他的摘录笔记，其中包括拜比吉等人著作的摘录，并且还补充摘录了有关货币铸造技术和贵金属矿山等的资料。在写作《1861—1863 年经济学手稿》的过程中，马克思重新阅读了他的有关科技和工艺史的笔记，并且亲自去听韦利斯教授给工人开设的科技实习课，参观了伦敦工业博览会，详细收集和研究了新科技资料。这样，马克思就在《1861—1863 年经济学手稿》中得出了关于机器理论的许多重大结论。以此为基础，马克思在《资本论》中又加进了许多有关机器大工业和工厂制度的材料和英国工厂视察员提供的材料，终于完成了他的机器理论。

从《伦敦笔记》到 1857—1858 年手稿的货币理论[*]

张钟朴

1848 年革命失败后,马克思被迫流亡伦敦,重新开始勤奋地研究政治经济学,以便为将来的无产阶级革命锻造锐利的理论武器。50 年代是马克思研究经济学取得重大成果的关键时期之一。伦敦当时是世界贸易和金融中心,英国博物馆的图书馆里又藏有丰富的经济学文献资料,这为马克思的研究工作提供了良好的条件。从 1850 年至 1853 年为止,马克思写了 24 本摘录笔记(共 1250 页以上),这就是有名的《伦敦笔记》。除了这些笔记以外,这一时期还写有一系列专题性的札记,如《完整的货币体系》,关于地租问题的《札记》,还有 1854—1855 年期间写的手稿《货币、信用、危机》以及关于经济危机问题的一些笔记,等等[①]。正是在这种研究的基础上,马克思接着写成了篇幅巨大的《1857—1858 年经济学手稿》。在这一手稿中,马克思制定了劳动二重性学说,制定了劳动价值理论和基本上制定了剩余价值理论,从而为他的经济学理论大厦奠定了基础。

在这一时期的研究中,货币理论是马克思着重注意的问题之一。

---

[*] 本文选自《马列主义研究资料》1983 年第 2 辑。

[①] 详见《马克思 1850—1853 年伦敦笔记》[载本资料(指《马列主义研究资料》——本丛书编者注)1982 年第 2 辑]和维戈茨基:《一个伟大发现的历史》中文版,第 2 章。

《伦敦笔记》的前7个笔记本集中摘录和研究的就是关于货币、信用和危机问题。在1857—1858年手稿中,也是从批判蒲鲁东分子达里蒙的货币理论开始来制定马克思自己的货币理论的。这绝不是偶然的事。当时,马克思和恩格斯把革命同经济危机联系起来,认为随着经济危机的到来必然形成新的革命形势。欧洲的1848年革命就是由1847年的经济危机引起的。另外一种情况是,当时在国际工人运动中颇有影响的蒲鲁东,到处散布银行改革那套改良主义的谬论。马克思的《哲学的贫困》就是批判蒲鲁东的。蒲鲁东在50年代初期又出版了《十九世纪革命的总观念》一书,其基本思想就是认为,法国1789年大革命以来的革命都是政治革命,而当时需要的则是社会和经济革命,蒲鲁东所主张的所谓社会经济革命无非是改革货币和银行制度那一套。这本书一出来,马克思就立即告诉给恩格斯并共同研究如何对它进行批判。显然,只有制定科学的价值理论和货币理论,才能清算这些改良主义。

这里我们着重考察一下马克思在这一时期制定自己的货币理论的过程。在这一考察中,我们同时还可以了解到马克思在制定自己的经济学理论的工作中所使用的研究方法。马克思自己说过:"在形式上,叙述方法必须与研究方法不同。研究必须充分地占有材料,分析它的各种发展形式,探寻这些形式的内在联系。只有这项工作完成以后,现实的运动才能适当地叙述出来。这点一旦做到,材料的生命一旦观念地反映出来,呈现在我们面前的就好象是一个先验的结构了"①。我们读马克思已经写成的著作时,看到的主要是叙述方法。只有考察马克思的经济学笔记和手稿,才能更好地了解马克思的研究方法。

———————

① 《资本论》第一卷第二版跋(见《马克思恩格斯全集》第1版第23卷第23—24页)。

我们知道，马克思在 40 年代还是完全接受资产阶级古典经济学家李嘉图的货币数量理论的。例如马克思在《哲学的贫困》中写道："在一切商品中，只有作为货币的金银不是由生产费用来确定的商品；这一点是确实无疑的，因为金银在流通中可以用纸币来代替。"① 这就是说，马克思当时也像李嘉图一样认为，货币的价值不是由其中包含的劳动量决定，而是由货币数量的多少决定。换句话说，劳动价值论适用于所有一切其他的商品，唯独货币例外。这样的货币理论当然是不科学的。马克思通过 50 年代上半期的研究，终于逐步克服了李嘉图的错误理论，在 1857—1858 年手稿中制定出了自己的完全科学的货币理论。我们看一下马克思在《伦敦笔记》中的研究经过。

马克思从 1850 年 9 月开始，在《伦敦笔记》第Ⅰ—Ⅲ笔记本中详细摘录"通货学派"和"银行学派"之间的论战著作和材料。"通货学派"的代表人物有劳埃德、诺曼、克莱、托伦斯、阿特伍德、哈伯德等人，其中有些人本身就是英格兰银行的董事。他们所依据的货币数量理论，起源于休谟，而由李嘉图集大成。这种理论认为，商品的价格不仅取决于商品和货币的价值，而且取决于流通的货币量。他们没有区别充当流通手段的货币和信用货币的流通，把信用货币的运动看成和金属货币的流通是一回事。他们认为，当金流出国外时，这就表示流通中货币过多，因此，必须人为地限制银行券的发行。结果，在经济危机时期，当最需要货币和信用的时候，英格兰银行却人为地限制银行券的发行，使危机更加尖锐化。英国 1844 年的银行法就是按这一理论原理制定的，在实践中不断碰壁。他们的理论和实践遭到"银行学派"越来越激烈的反对。

---

① 《马克思恩格斯全集》第 1 版第 4 卷第 125 页。

"银行学派"的代表人物，最著名的有图克、富拉顿以及威尔逊等多人。他们反对货币数量理论，用历史事实证明这种理论是错误的。他们把调节货币流通的规律同调节银行券的规律区分开来，反对银行券完全按照贵金属的规律来发行。他们主张银行进行正当的期票贴现活动，认为只要进行的是正常的商业信贷活动，就不会造成通货膨胀，因为流通中过多的银行券可以自动流回到银行中来。

马克思就是从摘录这两派的著作开始研究自己的货币理论的。在摘录中，马克思特别注意银行学派，尤其是图克的著作所提供的有关经济政策的实际的详细材料。这些材料用事实说明货币数量理论没有根据，1844年的银行法不但没有解决危机问题，而且加深了危机时期的货币困难。到了1850年11—12月份，马克思在第Ⅳ笔记本中，从摘录两派的争论转而摘录李嘉图的货币理论，表明这时马克思想从李嘉图的著作本身中进一步探讨货币数量理论是否有根据。在这里，马克思摘录了李嘉图的话："对货币的需求完全是由货币的价值决定的，而货币的价值又是由它的数量决定的。"接着马克思对此发表评论说："这是非常混乱的一章。李嘉图认为，黄金的生产费用只有在黄金的数量因此而增加或减少时才能产生影响，而这种影响只有很晚才会表现出来。另一方面，按照这种说法，流通中的货币量有多少是完全无关紧要的。"① 这段话表明，马克思开始对李嘉图的货币理论表示怀疑。李嘉图总是让金的数量变动先是影响金的价值，最后影响商品价格，并由此造成利息的短期波动。马克思对此发表评论说："李嘉图为了考察利息率，他在这里如往常一样，首先是让货币量［的变动］直接影响商品［的价格］，

---

① 《马克思恩格斯全集》第1版第44卷第81页。

其实借贷市场是由完全不同的其他情况决定的。"① 最后这句话表明，马克思开始反驳李嘉图的主张，而赞成银行学派把信贷供求和流通区分开的主张。

1851年初马克思在第Ⅴ笔记本上开始摘录《经济学家》杂志上的文章。这个杂志的主编是威尔逊，他本人是银行学派的著名代表人物之一。为了回答通货学派的主张，威尔逊详细考察了1800—1850年这50年间世界上贵金属的生产和消费情况，特别是美国加利福尼亚的金矿生产和欧洲各国输入和消费黄金的情况。考察的结果证明，通货学派用金银的供求来决定物价的那套理论，不符合实际情况。威尔逊用事实表明，最近二、三十年以来所有的物价都下降了，但那是生产方法发生革命变革的结果。《经济学家》还发表了大量文章和资料，有的是系统地研究物价的人写的，有的是实践家写的，这些文章以令人信服的材料证明，商品的价值取决于生产它们的劳动量，而不是取决于货币量，金银也像其他商品一样，其价值取决于生产它们的劳动量。货币数量理论实际上只承认货币充当流通手段的职能。而银行学派的一些文章还指出了货币的其他的一些职能，如价值尺度等职能，这从另一个方面批驳了数量理论。这些论述引起了马克思的极大注意，并作了详细摘录。

与此同时，马克思详细摘录和研究了《经济学家》杂志上发表的关于批判李嘉图地租理论的文章。这些文章指出，李嘉图的地租理论同事实不符，因为从1815年以来谷物价格不断下降，而地租却不断上升。这恰好和李嘉图的主张相反，因为李嘉图认为人们耕种的土地越来越坏，谷物的价格应当不断上升。看来马克思很同意这些文章的看法。他

---

① 《马克思恩格斯全集》第1版第44卷第82页。

在1851年1月7日致恩格斯的那封论述地租问题的著名书信中①，引用了这些文章的不少论据来说明自己的新的地租理论。地租理论问题上的突破增强了马克思清算李嘉图货币理论的信心。马克思在2月3日的信中说:"我的新地租理论目前只是使我获得了任何一个老实人所必然追求的自信心。"②

马克思在《伦敦笔记》中详细摘录和研究了威尔逊分析1847年经济危机问题的著作。其中值得指出的有两点:第一，威尔逊为把资本和货币分开，研究了货币的起源，指出货币是由于商品交换中的矛盾产生的，货币是一种交换工具。他认为危机中所缺乏的是资本，不能把资本和充当流通手段的货币混为一谈。这里应说明一下的是，银行学派把资本和货币分开是对的，但当他们说危机中缺乏的是资本时，他们指的是实业家之间的交易。在这里他们又犯了把资本和资本的一种形式即货币混为一谈的毛病。③ 第二，威尔逊为了反驳通货学派，设计了一个纯金属流通条件下英格兰银行的平衡表，用来证明金属货币的数量同贵金属的输出入无关。马克思在研究这些材料的基础上，在1851年2月3日致恩格斯的那封著名的信中，论述了自己对货币理论的新见解。其中所列的平衡表就是基本上采自威尔逊的文章。马克思在信中说:"我断定，除了在实践中永远不会出现但理论上完全可以设想的极其特殊的情况之外，**即使在实行纯金属流通的情况下，金属货币的数量和它的增减，也同贵金属的流进或流出，同贸易的顺差或逆差，同汇率的有利或不利，没有任何关系**。图克提出了同样的论断，但是我在他1843—1847年出版的《价格史》一书中没有发现任何的论述。你知道，这个问题是重

---

① 《马克思恩格斯〈资本论〉书信集》第28—31页。
② 《马克思恩格斯〈资本论〉书信集》第32页。
③ 参看《资本论》第3卷第28章。

要的。第一，这样一来，从根本上推翻了整个的流通理论……"① 恩格斯在回信中赞成马克思的论断，说"问题本身是完全正确的"②，只是在说明方式上提了三点意见。马克思的这封信表明，他这时已经开始接受银行学派驳斥货币数量理论的论据。

马克思下一步的研究扩大了范围。他在摘记第 VI 和第 VII 笔记本的同时，重新阅读了他自己从 40 年代《巴黎笔记》、《布鲁塞尔笔记》起直到当时《伦敦笔记》为止所作的有关货币理论的摘记，在此基础上写成了一本专门的札记手稿，名为《完整的货币体系》。在这本关于货币理论的札记中，马克思加了很多评注，进一步批判了货币数量理论。马克思摘录了李嘉图、穆勒、富拉顿等人的著作，进一步考察了 17 和 18 世纪的那些理论家的著作，其中包括配第、布阿吉尔贝尔、洛克、休谟等人，进一步研究了货币的各种职能，摘引了斯密、萨伊、西斯蒙第、施托尔希等人的著作。手稿总共涉及七、八十个经济学家。马克思在这份手稿中写道，"流通取决于整个产业组织"③，"商品的价格无论如何不取决于流通的货币的增加或减少"。马克思特别注意到，货币是由商品交换产生的一般等价物，货币流通量取决于流通中的商品价值总额而不是相反；并且指出"货币中已经奠定了危机的基础"。马克思在这本札记中，还摘记了货币的各种职能，只不过没有系统化。在后来的1857—1858年手稿和1859年出版的《政治经济学批判》中，几乎都可以找到这些摘录的踪迹。马克思的这本札记手稿，为他在1857—1858年手稿中阐述价值、货币以及危机等理论打下了初步的基础。

---

① 《马克思恩格斯〈资本论〉书信集》第33—34页。
② 《马克思恩格斯〈资本论〉书信集》第39页。
③ 关于《完整的货币体系》这一手稿中的引文，均转引自德文版《复辟与革命》一书（1980年盖斯滕贝尔格出版社版）。

马克思大约在1851年3—4月份,在第VII笔记本的中间,写成了一个不长的手稿片断《反思》①。如果说《完整的货币体系》主要是对资产阶级各种论据的批判,那么《反思》手稿所反映的主要是在理论上对材料进行的初步加工,它主要也是马克思为自己弄清问题而写的。这个手稿所回答的问题是《伦敦笔记》在一开始就提出的问题:货币、信用和危机之间究竟存在着怎样的联系?

《反思》这一手稿表明,马克思在货币等问题的研究上达到了新的阶段。马克思通过自己的研究,开始批判"银行学派"把货币和资本混为一谈的错误。"银行学派"把实业家和实业家之间交易中的货币叫作资本,把实业家和消费者之间交易中的货币叫作货币。马克思在《反思》中指出,这两种交易中的货币都是流通手段或支付手段,并且指出这两种交易之间存在着密切的联系。"银行学派"认为,在危机时全部问题是缺乏信用,而流通手段是无所谓的。马克思反驳了他们,指出经济危机恰恰在于商品卖不出去,在于商品不能换成货币。事实上危机时缺乏的正是流通手段,而不是资本,因为这时资本存在于商品形式上,不能换成货币。

马克思还透过现象深入到事物的本质,认为货币问题、经济危机等问题根源于资本主义制度所固有的矛盾。资产阶级经济学家,包括蒲鲁东等人在内,希望通过改革货币和银行就能避免经济危机,这是枉费心机。马克思指出:"他们保留产品同产品的可交换性之间的分离,因为他们保留价值和私人交换。**但是他们想好好地安排这种分离的符号,好让这种符号表示同一。**"② 货币制度不仅包含着商品和货币分离的可能

---

① 发表于《马克思恩格斯全集》第1版第44卷第154—163页,并见《马列著作编译资料》第1辑。

② 《马克思恩格斯全集》第1版第44卷第159页。

性，而且存在着这种分离的现实性。在危机时，商品不能换成货币，"这是以货币制度的存在为基础的，同样，货币制度又以现有生产方式为基础。银行券兑换成［Ⅶ—50］黄金归根到底是必需的，因为商品必须兑换成货币；也就是说，因为商品具有交换价值，交换价值必须有不同于商品的特殊存在"。① 最后这段话表明，马克思已经朝着发现商品的以及生产商品的劳动的二重性前进了一大步。

《伦敦笔记》从第Ⅷ本开始，马克思转入了对其他问题的研究，其中有相当一部分内容涉及对剩余价值理论的进一步探讨。过了一、二年之后，大约到1854年前后，马克思再一次重新整理自己的经济学摘记，写成了一部新的札记手稿《货币、信用、危机》，再一次研究了货币理论和危机等问题。这个手稿在第一页上注明的写作日期是"1853—1854年"，但是据判断，大约是写于1854年11月至1855年1月。马克思在1855年2月13日写信给恩格斯说："……我的眼病是由于审阅自己的政治经济学笔记引起的，——我想把材料整理出来，至少也是为了掌握材料，为整理材料作好准备。"② 人们判断，这里说的审阅政治经济学笔记，可能就是指的这个手稿。

在这一手稿中，总共约包括30多个作家的著作摘记和所加的评论。马克思又一次摘录并研究了图克和富拉顿等人关于银行和信用等问题的材料，进一步吸收他们的合理成分，批判他们的错误。富拉顿关于贴现率取决于资本利润水平的问题等论述的摘录，表明马克思的研究进入了新领域。从货币和流通理论这方面来看，马克思的见解进一步系统化了，观点也更加明确了。例如，马克思在摘录穆勒关于货币数量理论的

---

① 《马克思恩格斯全集》第1版第44卷第158页。
② 《马克思恩格斯全集》第1版第28卷（上）第432页。

阐述以后，说他"完全错误"，并发表自己的看法说，"必要的货币数量一方面取决于生产费用，一方面取决于流通速度。流通速度已定时，取决于生产费用，生产费用已定时，货币量取决于流通速度"①。马克思还进一步指出，这只限于使用货币来进行的贸易，换句话说，要把定期互相抵消的债务额减掉。这些论述表明，马克思当时已基本上制定出货币流通的规律。这部手稿同时表明，马克思已为自己制定经济理论作好了准备。

从1857年初开始，主要资本主义国家爆发了新的经济危机。马克思期望新的革命高潮即将到来，于是重新加紧进行经济学研究。1857年12月8日马克思写信给恩格斯说："我现在发狂似地通宵总结我的经济学研究，为的是在洪水之前至少把一些基本问题搞清楚。"② 在这次开始总结经济学的研究时，马克思已经积累了大量的材料。于是他又重新研究了黑格尔的《逻辑学》，重温了一遍加工材料的辩证方法，以便以辩证法为武器对前一阶段积累的"勃朗峰"似的材料进行加工。马克思写信告诉恩格斯说："我又把黑格尔的《逻辑学》浏览了一遍，这在材料加工的方法上帮了我很大的忙。"③ 经过夜以继日的奋战，马克思终于从1857年8月到1858年6月期间，写成了篇幅浩大的《1857—1858年经济学手稿》。这个手稿1939年在莫斯科以原文出版时，编者加了《政治经济学批判大纲（草稿）》这样一个标题，从此这部手稿就以《大纲》的书名闻名于世。

《大纲》是马克思经济理论的宝库之一。它也是从货币章开始的，在货币章中，马克思结合批判蒲鲁东的错误理论来制定自己的货币理

---

① 转引自德文版《复辟与革命》一书。
② 《马克思恩格斯〈资本论〉书信集》第113页。
③ 《马克思恩格斯〈资本论〉书信集》第121页。

论。了解了上面所说的马克思的研究过程，也就不难理解为什么在这个手稿中制定出完全科学的货币理论了。马克思在这一手稿中完成了价值理论和货币理论，制定了商品二因素和劳动二重性的理论，指出商品二重化为商品和货币是商品生产的必然结果，而货币必然导致资本，货币的存在已经包含危机的可能性。马克思还制定了货币的各种职能的学说，为价值形式的理论奠定了初步基础，等等。如果说《大纲》中的货币理论在某些方面还有待于进一步完善的话，那主要是当时还没有把价值和交换价值准确地区分开，价值形式的理论还没有充分展开。这些方面在以后的《政治经济学批判》和《资本论》中得到了进一步的完善。

马克思制定货币理论和制定其他的经济理论一样，经历了长期的过程。仅从50年代的《伦敦笔记》到1857—1858年手稿这一段时间来说，我们看到马克思是在批判资产阶级各种理论的过程中制定自己的科学理论的。他先是接受货币数量论，继而批判数量论而接受银行理论，然后又在批判银行理论的基础上制定出自己的科学的货币理论。

归根到底，我们从马克思的这段研究过程可以看到，马克思的理论来源于实践，然后再去指导实践。一切理论是否正确，他都是用实践来作为检验的标准，凡是实践证明不正确的，他就加以批判，并在此基础上制定出符合实践的科学的理论来。总而言之是：实践——理论——实践。我们读马克思已经完成的著作时，往往看不到这个研究过程。马克思自己说过："只有抛开互相矛盾的教条，而去观察构成这些教条的隐蔽背景的各种互相矛盾的事实和实际的对抗，才能把政治经济学变成一种实证科学。"① 马克思的经济学手稿正是这一点的光辉例证。

---

① 《马克思恩格斯〈资本论〉书信集》第285页。

马克思对自己的货币流通摘录笔记的最初概括[*]

我们发表的马克思大约写于1851年3月的这部手稿,[①]是一系列被称作第二加工阶段,或者说第二次整理的摘录笔记的第一批手稿。马克思在其中系统地整理了自己为数众多的有关政治经济学的摘录内容,以便将来撰写经济学著作时加以利用。虽然第二次整理的笔记带有辅助资料的性质,但它首先有助于马克思弄清他前几年做的内容丰富的大量摘录,反映了马克思研究过程中的一个重要的新阶段,即从大量积累材料逐渐过渡到理解和概括这些材料,并且打算在此基础上克服资产阶级古典政治经济学理论的阶段。

《金银条块》这部手稿是19世纪50年代初马克思主义经济理论创作史上的极其重要的文献资料,这个时期,是马克思主义政治经济学形成史中人们研究得最少的时期。

这部手稿的写作显然是同马克思着手直接撰写早在计划之中的政治经济学著作的想法联系在一起的。1851年3月底,他又重新开始为该著作的出版进行了谈判。例如,他在1851年4月2日通知恩格斯说:

---

[*] 本文选自《马克思恩格斯研究》1989年总第2期。

[①] 指马克思的手稿《金银条块。完成的货币体系》。它的中译文已连续刊登在本刊(指《马克思恩格斯研究》——本丛书编者注)第1辑第2—45页和第2辑第3页上页。

"我已经干了不少,再有大约五个星期我就可以把这整个的经济学的玩意儿干完。搞完这个以后,我将在家里研究经济学,而在博物馆里搞别的科学。"① 因此很明显,马克思为了从摘录笔记中选出首先需要利用的最重要材料,必须把到这一时期为止所做的全部政治经济学方面的摘录重读一遍。

马克思在 50 年代初期就注意研究货币流通和信用流通以及生产过剩危机问题,这决定了手稿《金银条块》的内容和特点。这部手稿是对有关货币流通和信用流通问题的摘录所做的一种专题性的概括,在手稿中,马克思从一定的角度,从货币理论的观点,先是分析和系统化了他 1884—1847 年在巴黎、布鲁塞尔和曼彻斯特做的摘录笔记,然后分析和系统化了他于 1850 年 9 月—1851 年 2 月期间写的《伦敦笔记》的前 6 本笔记(显然,到这时这些笔记本已经写完了)。

马克思将手稿《金银条块》写在两个笔记本中,未注明日期。只在第 I 个笔记本上写了标题,这个笔记本包含从 83 部著作中做的摘录;第 II 个笔记本的内容(各节的标号从 LXXXIV 到 XCI)是前一本手稿的继续,在它的封面上有恩格斯后来(显然是在马克思去世后)亲笔记上的年份"1851"。只有根据间接的资料才能较为准确地判明手稿《金银条块》的写作时间。在这方面,分析手稿的内容具有非常重要的意义。

手稿《金银条块》中标号为 XCI 的最后一节笔记涉及的是乔·贝尔的著作《股份银行业哲学》(1840 年伦敦版)。从这部著作所做的摘录包含在《伦敦笔记》第 VI 本第 57—59 页上,这个笔记本总共有 74

---

① 《马克思恩格斯全集》第 1 版第 27 卷第 246 页。

页，它们全部与货币理论有直接的关系。① 可见，第 VI 笔记本中的一部分摘录并没有反映在《金银条块》中。很有可能到马克思写《金银条块》时，第 VI 笔记本尚未全部完成。

还可以设想，马克思结束手稿《金银条块》的写作是在开始写《伦敦笔记》第 VII 本之前（1851 年 4 月），或者在写这本笔记的最初时期。无论如何，《金银条块》中许多思想的发展在第 VII 笔记本中的《反思》手稿②中得到了研究，这可以作为以上推测写作时间的证明。

此外还应注意一点：马克思在手稿中大体上按照自己的摘录在笔记本中的顺序对这些摘录进行了相当详细的加工整理。因此，如果马克思在写《金银条块》时手头已经有第 VII 笔记本中的非常有意思的有关货币理论的摘录（吉尔巴特、桑顿、加勒廷、图克、托伦斯、哈伯德等人的著作的摘录），却没有将这些摘录包括进最初的概括之中，那是很难想象的。而第 2 篇类似的关于货币流通资料的概括，即名为《货币、信用、危机》（1854 年末至 1855 年初）的另一手稿，正是从总结第 VII 笔记本中这方面的资料开始的，并且是严格按它们在笔记中的摘录顺序进行的。

马克思把他 40 年代做的笔记中关于货币流通理论的材料纳入手稿《金银条块》中，这证明他把这些材料同伦敦笔记一样，看作是他仔细制定自己的货币理论的重要资料。这一事实证明，马克思从 40—50 年代的研究中具有明显的继承性，并且可以认为，这些研究整个说来反映了马克思的理论研究工作是一个统一的过程。

马克思以自己的摘录为基础，在手稿《金银条块》中总共归纳了

---

① 《马克思恩格斯全集》原文版第 IV 部分第 7 卷第 467—604 页。
② 《马克思恩格斯全集》第 1 版第 44 卷第 154—163 页。

91部著作的内容。在流传到我们手中的这一部分手稿（其中第25—32和37—40页没有保存下来）中，马克思从代表资产阶级经济思想各流派的52位作者的63部著作中，分类归纳了有关资产阶级社会的货币体系，有关货币、信用、银行的实质、职能、种类和作用以及其发展史的各种见解和观点。

手稿《金银条块》中分类归纳的摘录可以分为两大类。第一类是对马克思打算在详细制定自己的经济学理论的过程中创造性地加以发展的那些思想所进行的系统整理。看来，他想在叙述自己的货币观点时把这部分摘录充当历史考证性的评注。属于这一类的有：关于货币作为流通手段和价值尺度，作为支付手段，作为贮藏货币和世界货币的职能的规定；关于信用货币、银行的作用的规定；对它们在资产阶级社会中的意义所作的评价等等。在马克思稍晚些时候的经济学手稿中，特别是在《大纲》中，许多来自摘录笔记的内容都是用来证明马克思本人的定义和命题的。资产阶级政治经济学中典型错误的命题属于第二类。马克思打算在自己将来的著作中同它们进行论战。手稿《金银条块》的材料证明，马克思准备在这一时期认真地、严正地批判货币数量论，而在40年代马克思还是赞同货币数量论的。例如，扼要地归纳了货币学派和银行学派之间围绕货币流通问题的争论，就证明了这一点。这一争论是他的《伦敦笔记》前几本笔记中占主导地位的题目之一。通过对这一问题的研究，马克思终于相信李嘉图的货币理论是错误的。

在这部手稿中，马克思十分注意社会主义小资产阶级——首先是格雷和布雷——对资本主义的批判。对布雷著作《对待劳动的不公正现象及其消除办法》所做的摘录包含在马克思的《曼彻斯特笔记》中。马克思已经广泛利用这部分摘录来在《哲学的贫困》①中批判蒲鲁东的货币观点。但是,由于小资产阶级认为有可能通过改良货币和信用制度来消除资产阶级社会矛盾的幻想还非常活跃,这就促使马克思再一次回过头来研究这个问题。

分析手稿《金银条块》还能使人明确推断出马克思计划撰写的著作的性质。根据这个手稿可以看出,在马克思计划撰写的著作中,对资产阶级和小资产阶级货币观点的批判必将是占主导地位的问题之一。还有可能是,马克思正是打算从这类问题的研究开始,来在这个时候创作自己的经济学著作,在这里已经与《大纲》有着直接的内在联系。手稿的标题本身也证实了这一点。也许马克思是想用"金银条块"这一概念来表明他当时的资产阶级社会的基本货币体系是贵金属,首先是金。标题的第二部分"完成的货币体系"可以这样来解释:在资产阶级社会中,货币作为社会关系的特殊形式达到了最高的、极限的发展。也不排除另一种情况,即马克思这样做是在同一些小资产阶级经济学家进行论战,因为他们相信有可能建立"较为完备的"货币体系,以保证消除资本主义的矛盾。马克思在分析布阿吉尔贝尔的观点时曾指出:"他已经完全有了蒲鲁东的构成价值……"②,这不是偶然的。

马克思把自己的摘录笔记的材料加以系统化,力求较深刻地理解资产阶级社会中货币的本质及其职能。与此同时,他把资产阶级经济学家们在这个问题上的观点加以对比;发展了政治经济学的先驱们制定的原理;在自己的评注中指出了资产阶级政治经济学批判的某些流派;提出了自己今后研究的课题。可见,虽然乍一看来手稿《金银条块》以摘

---

① 《马克思恩格斯全集》第1版第4卷第109—115页。
② 《马克思恩格斯研究》第2辑第3页。

要的形式重复了40—50年代摘录笔记的内容，但这是已知的材料在崭新水平上的再现。

例如，马克思在手稿的开头重新复述斯密的货币观点时，并不是简单地跟在斯密后面，把金银转化为每种行业的产品的一般等价物记录下来，而是把重点放在这种一般等价物的社会性质上。这证明马克思本人对货币商品的实质有了深刻的认识。往下，马克思确定了货币的二重性：一方面，它是"一般等价物"、"一般社会产品"，[①]另一方面，它是具有本身内在价值的商品。这表明，马克思在这里感觉到了货币商品的矛盾性，从而在发现一般商品的二重性方面迈出了重要的一步。由此可见，马克思在分析有关货币理论的资料的过程中同时也加深了对价值问题的理解。这对于进一步制定马克思的经济学理论具有头等重要的意义。后来，马克思在《1857—1858年经济学手稿》中分析商品的矛盾时就已经指出："在亚当·斯密那里，这种矛盾还是表现为同时并存的东西。除了特殊的劳动产品（作为特殊对象的劳动时间）以外，劳动者还必须生产某些数量的一般商品（作为一般对象的劳动时间）。"[②]马克思的这个看法表明，在手稿《金银条块》中只是初具雏形的思想，得到了怎样的进一步发展。

马克思概括了资产阶级经济学家的货币观点，也在相当大的程度上加深了自己对货币流通手段的职能的理解。马克思的先驱们认为，这一职能在商品交换的过程中的作用纯粹是短暂的，马克思与他们相反，强调指出这一职能对于形成生产过剩危机的潜在基础具有重要的作用。[③]这样，他在把摘录笔记中的材料系统化的过程中，不仅对于自己的货币

---

① 《马克思恩格斯研究》第1辑第2页。
② 《马克思恩格斯全集》第1版第46卷（上）第116页。
③ 《马克思恩格斯研究》第1辑第2—4页。

理论形成了重要观点，而且对于与此相关的问题，如价值和危机问题，也形成了重要观点。

在概括意大利经济学家罗西①的观点时，马克思着重指出了资产阶级政治经济学的根本缺陷在于：他们在研究货币流通时只局限于考察表面上的联系与关系；而马克思则强调指出了必须从理论上解决这样一个问题，即流通手段和交换以及整个流通领域相互之间究竟存在什么样的关系。

当时，关于决定交换领域的运动的规律问题，关于影响流通中的货币量的因素问题，特别引起正在逐步克服李嘉图的货币理论的马克思的注意。把手稿《金银条块》中包含李嘉图的追随者詹姆斯·穆勒的一些新的货币理论观点与马克思在巴黎时对穆勒的著作做的摘录相比所存在的区别，就说明了这种情况。② 如果说马克思在1844年在他自己对穆勒的著作《政治经济学原理》所做的评注中首先注意的是货币理论的方法论方面，即把这个范畴理解为与社会关系有关的问题，那么在手稿《金银条块》中马克思则详细地记录了穆勒作为货币数量论的辩护人所持的论据。

马克思分析了这个论据，毫不犹豫地指出有关货币数量论的基本见解："……如果假定商品量不变，在货币量增加或减少的情况下，商品的价值必定成10倍地增减，这是错误的。只有在货币的总量乘以每一块货币年平均购买的平均次数而使这个量增加或减少时，货币的增加或减少才必然开始发生影响。流通的运动当然不依赖于货币的数量，而是依赖于其他情况，依赖于一天内进行买卖的数量、交通工具、信贷、人

---

① 《马克思恩格斯研究》第1辑第6页。
② 《马克思恩格斯全集》第1版第46卷（下）第12—31页。

口等等。……流通取决于工业的整个组织。"①

马克思在批判货币数量论的同时，对影响流通领域的各种因素做出了具体的规定，并接近于对流通所必需的货币数量的规律做出表述。从这个例子可以非常清楚地看出，马克思在批判地研究资产阶级经济学观点的过程中如何形成了新的货币理论的各个要素。手稿中得出的关于工业即生产领域对流通占主导地位的结论，也很引人注意。这个结论在逻辑上是从马克思早在40年代形成的唯物史观的认识基础上得出的。

在手稿中占特殊地位的，是关于金作为本位，作为货币流通的基础的作用的分析。马克思对比了不同的经济学家关于这个问题的观点，得出这样的结论：要使金起这种作用，完全不必使金的"物体"出现在流通中。例如，《经济学家》杂志曾经提出，为了保持金本位制的货币流通的稳定，必须把货币还原为金。对于这一要求，马克思指出："不对，即使没有1克冷金在流通，没有银行券兑现，金也可以是本位。"② 从当前关于货币讨论的观点来看，马克思的这一结论也并非毫无意义，这场讨论的一些参加者引用金离开流通以及纸币不再能兑现作为主要论据，来证明金丧失了自己的职能。

马克思后来在写作未来的《资本论》的几个手稿——从《大纲》开始——时，不止一次地利用了《金银条块》这部手稿。《大纲》中多处引文同手稿《金银条块》中的正文在文字上相同就证明了这一事实。然而，马克思利用这部手稿不仅仅是为了挑选出必需的引文，主要还因为，它是马克思经济学理论创作中的一个重要的准备阶段。

---

① 《马克思恩格斯研究》第1辑第19页。
② 《马克思恩格斯研究》第2辑第38页。

马克思在1851年2月3日给恩格斯的信中说明李嘉图的货币理论是错误的，① 而他在手稿《金银条块》中则在克服这一错误理论方面迈出了重要的一步。现在他面临的任务是继续走下去，也就是说，他必须弄清并指出以这个错误理论为基础的李嘉图的价值理论的局限性。这一任务在《大纲》中通过发现商品中包含的劳动的二重性而终于实现了。

（原载《〈资本论〉初稿》1987年莫斯科政治书籍出版社版）

（卢晓萍 译　张钟朴 校）

---

① 《马克思恩格斯全集》第1版第27卷第192—198页。

《伦敦笔记》是《资本论》中信用理论的重要基础[*]

〔民主德国〕沃尔夫冈·缪勒

马克思对信用在资本主义生产方式中的作用的研究长达几十年之久。早在1843—1848年已经出现了马克思主义信用理论的重要萌芽。在这一时期，马克思从事经济学研究，首先是为他的社会发展总理论奠定基础；在这一时期，工人阶级政治经济学的世界观和方法论的基础形成了，科学共产主义的基本思想已经得到表述。关于这方面的明确表现，例如在《共产党宣言》中就有关于信用在资本主义生产方式变革为共产主义生产方式时所起作用的论述。

当马克思在分析1845—1849年革命之后，把他的研究重点移到政治经济学上，并决定再一次从头开始时，马克思对信用理论的论述也开始了一个新的阶段。当时，马克思期待着一次与新的经济危机最密切相连的革命新高涨的到来。他已经懂得，资本主义信用制度和经济危机互相影响，此外，资产阶级经济学家把1825年以来出现的周期性经济危机首先归因于错误的货币与信用政策，他们想以改变这种政策来缓和和避免危机。同时，在工人运动中也流行着一种错误的观点，认为货币与信用政策是克服资本主义制度或资本主义生产方式基本缺陷的工具，而

---

[*] 本文选自《马克思恩格斯研究》1989年总第2期。作者沃尔夫冈·缪勒系民主德国马列主义研究院的科研人员。

完全不需要其他的根本变革。

　　随着对上个世纪50年代初信用和危机关系的研究，马克思对资本主义信用制度多种多样的要素和表现形式，它们在资本主义生产方式机制中的地位，它们与经济危机的便于经验研究的相互作用等等，有了广泛的了解。但是，为了找到自己所关心的问题的答案，马克思不能只限于经验的研究，同时也有必要进一步探究资本主义生产方式的本质、弄清信用和危机这些东西在基本经济过程的必然运动形式，确定内在联系和矛盾，并把它们归入总联系中。

　　马克思在伦敦重新开始他的经济学研究后，在论述他的信用理论方面所取得的成果，主要反映在1850—1853年的《伦敦笔记》（特别是第I—VII笔记本）以及它所包含的两个手稿《金银条块。完成的货币体系》和《反思》中。《伦敦笔记》是马克思自我理解用的札记本。《金银条块。完成的货币体系》是第二加工阶段的札记本，在其中马克思把已经摘录的关于货币、信用和危机等问题的论述进行了提炼和浓缩。资产阶级经济学家的重要认识得到了概括，这些重要认识是马克思摘录下来并打算用作自己的理论素材的。许多重要事实也得到了概括。马克思还把他认为有必要深入研究的观点归结到它们的实质，并以多种方式对它们加了批判性的评注。随着写成《反思》，马克思的理论研究更加深入了，它意味着马克思已经简明、系统地阐述了自己对货币、信用和危机等问题的理论观点。

　　马克思通过批判地吸收资产阶级经济学家已经取得的成果，首先是他们的经验研究和概念形成所提供的东西，早在上个世纪50年代初就已经得出了下列重要的认识：

——信用的基本形式是商业信用①和银行信用,商业信用的一个重要工具是汇票。汇票也用作流通手段和支付手段,起着"商业货币"的作用。②"汇票是货币的组成部分,它们的数量大于其他所有部分之和,4倍的汇票额相当于英格兰银行和地方银行的纸币额。"③——"只要汇票把财产从一个人手中转移到另一个人,即转让,它们就是无可争辩的通货,而不以货币为转移。"④

——汇票同时也由银行出卖,它们由银行提供贴现信用,商业信用被银行信用所取代。⑤银行信用的重要形式还包括承兑汇票⑥、抵押贷款和以抵押品尤其是以生息有价证券作抵押的放款,此外,还有以提单和其他商品所有权证书作抵押的放款。"这种业务原来几乎仅限于凭银行认为适合的抵押品来进行借贷。但是,随着国内资本的迅速增加,以及因银行的设立而带来的资本的日益节约,这种贴现公司所支配的基金已经变得很大,以致它们最初以栈单,后来以提单为担保来发放资款。"⑦

——由于信用制度的存在,货币流通发生了重大变化。信用对货币

---

① 《马克思恩格斯全集》原文版第4部分第7卷第289、506页。
② 《马克思恩格斯全集》原文版第4部分第8卷第229页。
③ 《马克思恩格斯全集》原文版第4部分第8卷第222页。
④ 《马克思恩格斯全集》原文版第4部分第8卷第180页。关于充当流通手段和支付手段的汇票。参看《马克思恩格斯全集》原文版第4部分第7卷第117、131、274、509页。
⑤ 关于汇票贴现,参看《马克思恩格斯全集》原文版第4部分第7卷第128—130、133、137—140、295、300页。
⑥ 关于承兑汇票,参看《马克思恩格斯全集》原文版第4部分第8卷第124、248、256、265页。
⑦ 《马克思恩格斯全集》第1版第25卷(下)第564页。

的流通速度和库存的支付准备金产生了重大影响："流通速度的重要调节手段是信用。"①——"在银行设立之前。执行流通手段的职能所需要的资本额，任何时候都比实际的商品流通所需要的数额大。"② 此外，通过信用，金属货币也被信用货币所取代。除了汇票，属于信用货币的还有主要通过汇票贴现而被投入流通的银行券。另一种重要形式是通过提供账面信用而形成的账面货币，银行总是通过账面货币来把它们贬值了的货币再贷出去，以此创造出虚构的存款。这些虚构的存款作为单纯的账面项目使得有可能进行非现金的支付往来："在没有银行券或铸币的情况下也能创造出存款，例如，一个银行家根据为他提供保证的地契等等开立现金为 6 万镑的账户，他把这 6 万镑记入他的存款中。通货中的金属与纸币数量上保持不变，但购买力却明显地增长 6 万镑。"③ ——"有点是肯定的，即你今天存在 A 处的 1000 镑，明天也许会重新流出，并在 B 处构成一笔存款，后天它又从 B 处流出，也许在 C 处构成一笔存款，如此下去，直到无穷。因此，通过连续转让，这 1000 镑货币就可以绝对无限地增加到一个存款额。所以，有一点是可能的，即大不列颠与北爱尔兰联合王国的所有存款中，除了对此分别负有责任的银行家账薄上的记录之外。十分之九的存款也许根本不存在。……在苏格兰就是如此，在那里，通货从未超过 300 万镑，而存款达 2700 万镑。"④ ——"所以，有一点是正确的。即存款构成的通货与银行券一样多，在我们所有的商业城市中，在所有广泛的业务中得到

---

① 《马克思恩格斯全集》原文版第 4 部分第 8 卷第 175 页。
② 《马克思恩格斯全集》第 1 版第 25 卷（上）第 493 页。
③ 《马克思恩格斯全集》原文版第 4 部分第 8 卷第 179—180 页。
④ 《马克思恩格斯全集》原文版第 4 部分第 8 卷第 173—174 页。

使用的正是通货。"①

——信用货币或流通信贷也是对货币或其他具有较高流通基本能力的信用货币形式以及对国家纸币的一种索取权。但是，在支付信用货币时总会出现相互的债权关系，在很大程度上它们能够互相抵消，这样，一种货币就不必兑成另一种货币："如果说汇票需要银行券介入才能进行最后的交付，那么这纯粹是一种杜撰，因为事实上，债务清偿是以结账的形式进行的，只需少量使收支平衡的银行券就能结清债务，这也许用一张向英格兰银行兑现的汇票，或者像在苏格兰那样用一张财政部证券就能实现。"② ——"每个营业日在票据交换所结清的平均支付额在300万镑以上，但每天为这个目的需用的货币额只略多于20万镑。"③

——随着信用而产生的信用货币必须同国家强制流通的纸币区别开来。由于信用货币的发行方式，信用货币的创造基本上遵循流通的需要。随着信贷关系的解体，它又从流通渠道流出，并且不能像国家纸币那样过度发行，充斥流通渠道："图克的主要划分是，政府发行的纸币'发出'后，'不可能再回到发行者那里'，而'银行券只是被贷出，并可能回到发行者那里'。"④ 因此，对银行券的价值稳定性来说，银行券的发行必须与一定的金储备额发生联系并从法律上保证能兑换为铸币，这并不是十分重要的，重要的是银行券具有信用货币的性质和由此决定的回流。⑤ 作为银行券的与名义相符的货币金属代表资格的追加保证，

---

① 《马克思恩格斯全集》原文版第 4 部分第 8 卷第 162 页。
② 《马克思恩格斯全集》原文版第 4 部分第 8 卷第 203 页。
③ 《马克思恩格斯全集》第 1 版第 25 卷（上）第 451 页。
④ 《马克思恩格斯全集》原文版第 4 部分第 7 卷第 44 页。
⑤ 关于作为信用货币的银行券的发行及其回流，参看《马克思恩格斯全集》原文版第 4 部分第 7 卷第 45、72、73 页。

只要从法律上保证兑换成外贸用的金银条块，即世界货币就够了："银行券发行的多余部分不可能流回，这更多地是由于回流的规律性，而不是由于是否能兑现为金。"①——"在没有丝毫金流通，银行券不可兑换的情况下，货币制度的本位可以是金。这种状况得到维持是由于（1）已发行的银行券的回流，它现在也是维持银行券价值的主要保证；（2）由于外贸用的金银条块数额较大，作为支票具有可兑换性就够了。如果银行券下降到金的价格之下，那么汇兑率就下跌，银行券将流入，以便交换金银条块，并把金银条块输出。这样，银行券的正确比例又得到了恢复。"②

——随着信用的发展，货币作为支付手段和贮藏手段的职能发展了。作为贮藏货币，货币不仅仅是流通手段的储备金，而且对国内和国外到期的支付来说是必不可少的。在具有发达信用制度的国家中，贮藏货币同时是存款和银行券兑换的保证金。随着这些不同的职能出现了一些其他的问题，首先是国家储备金越来越集中到主要的银行，并减少到最低额："在必须输出金银条块的情况下，所有的人都求助于英格兰银行。如果银行储备金不够，那就普遍心神不安、丧失信用等等，就会产生恐慌。"③——公众总是如此注意完全枯竭的危险，以致一部分金银条块接近这一点时（即接近枯竭的时候）都容易引起两倍于枯竭程度的恐慌。④

——为了扩大生产和买卖，信用会动用暂时闲置的资金：资本家暂时不需要的财务上的资金，但也包括所有其他阶级和阶层的收入。这

---

① 《马克思恩格斯全集》原文版第4部分第7卷第44页。
② 《马克思恩格斯全集》原文版第4部分第8卷第68页。
③ 《马克思恩格斯全集》原文版第4部分第8卷第105页。
④ 《马克思恩格斯全集》原文版第4部分第8卷第109页。

样,信用引起资本转让、造成资本运动①,并有助于利润率的平衡②。同时,信用也促进了资本的集中、对他人财产的支配和投机活动:"工厂主、商人等等,都大大超过他们的资本来进行交易。资本与其说是任何一种商业交易的界限,不如说是用来建立良好信用的基础。"③——"一个人,只要他有这种名声,即被公认为拥有充足的资本可以经营他的经常的营业,并且在同业中又享有良好的信用,如果他对他所经营的货物的行情看涨持有乐观的估计,而在投机开始和进行时又一切顺利,那末,他就可以按照一个比他的资本大得多的规模来购买。"④

——公共信用对资本主义的形成和发展具有重大的意义。国债和公债首先有利于大资产阶级,它能从国家那里获得更多有利可图的订单⑤,并作为借贷资本家领取利息,这些利息建立在向广大居民征税的基础上:国债债权人"向国家课税,他自己却完全或大部分豁免税收,并把它作为自己的收入来源。"⑥ 国家的高开支——主要与战争有关——进一步导致把银行券变为国家强制流通的纸币,并使纸币贬值。⑦ 这一切是随着进一步的再分配过程而出现的。因此,公共信用完

---

① 关于信用、资本转让和资本运动,参看《马克思恩格斯全集》原文版第4部分第7卷第471—472页。
② 《马克思恩格斯全集》原文版第4部分第8卷第361—362页。
③ 《马克思恩格斯全集》第1版第25卷(上)第496页。
④ 《马克思恩格斯全集》第1版第25卷(上)第496页。
⑤ 关于国债、公债和有利可图的订单,参看《马克思恩格斯全集》原文版第4部分第8卷第542—546页。
⑥ 《马克思恩格斯全集》原文版第4部分第8卷第422页。关于国债、公债和税收,参看第271、421、532、596、753页。
⑦ 关于国债、公债和纸币,参看《马克思恩格斯全集》原文版第4部分第8卷第28、31、62、271、456—457页。

全是对国民收入和财产实行再分配以利于资产阶级集团的一个重要工具。①

——随着资本主义生产方式的日益国际化,国际信用的作用也提高了。这种信用首先是世界贸易的重要中介。同时,随着作为商业信用工具的汇票也产生了信用货币,它在很大程度上也作为国际支付手段代替了金和银。以当地货币单位计算的外汇价格就是汇兑率,它首先取决于不同国家货币单位的纯金和纯银含量以及这两种金属之间的比价。② 对于汇兑率围绕这一外汇平价变动来说,具有决定作用的是支付差额以及与之有关的诸如贸易差额、资本输出与输入、出于政治义务的国际间的国家收支等因素。③ 汇兑率非常密切地依赖于外贸,同时又反作用于外贸:"因此,不利的汇兑率是出口的促进剂,是进口的收缩剂。有利的汇兑率所起的作用则相反。"④ 此外,汇兑率受不同国家的利息高低⑤、

---

① 关于国债、公债和财产再分配,参看《马克思恩格斯全集》原文版第4部分第8卷第542—543、547页。

② 《马克思恩格斯全集》原文版第4部分第7卷第46、122—123、125、274—276、292、352—355页。

③ 关于支付差额及其因素对汇率的影响,参看《马克思恩格斯全集》原文版第4部分第7卷第46—47、63、70、82、116—118、127、274—275、323、357、456、462—463页。

④ 《马克思恩格斯全集》原文版第4部分第8卷第43页。

⑤ 关于汇率与利息之间的内在联系,参看《马克思恩格斯全集》原文版第4部分第7卷第133—134、138、274—275、455—456、474页。

投机活动①、危机②和政治事件③的影响。汇兑率的重大变动也可能是高战争费用、高国债和随之而来的银行券变为代表减少了的货币金属的国家纸币的结果。④ 汇兑率是国际货币金属运动的晴雨表。当汇兑率与外汇平价的差距已达到并超过金属输出的费用,因而值得用金属而不用汇票来支付给外国的时候,那么,货币金属将输出。接着,贵金属也将作为商品输往国外,由此获得的汇票能够有利地出卖,这同时又使汇兑率逐步接近于外汇平价。⑤ 国际信用不能完全排斥充当世界货币的贵金属。⑥ 因此,"在没有丝毫金流通的情况下",⑦ 国家货币单位的货币金属代表资格仍然存在,金仍然可以是普遍的"标准"。

——信用也是社会财富的一种形式。信用和信用货币引起商品交换,使得有可能承认私人生产者耗费的劳动是社会劳动。然而,危机动摇了信用,由于危机,金和银又明确地表现为资产阶级社会中社会财富

---

① 《马克思恩格斯全集》原文版第 4 部分第 7 卷第 117—118、302—303、345—354 页。

② 《马克思恩格斯全集》原文版第 4 部分第 7 卷第 133—134、138、273—275、355、357、415 页。

③ 《马克思恩格斯全集》原文版第 4 部分第 7 卷第 275 页。

④ 关于汇兑率和纸币,参看《马克思恩格斯全集》原文版第 4 部分第 8 卷第 44、53、71、85、150、l55、159、169、183、186—187、193—194、204、450—452 页。

⑤ 关于汇兑率和贵金属的国际运动,参看《马克思恩格斯全集》原文版第 4 部分第 7 卷第 48、119—120 页。

⑥ 关于作为世界货币的金和银,参看《马克思恩格斯全集》原文版第 4 部分第 7 卷第 48、84、114、199、357、441—444、516 页。

⑦ 《马克思恩格斯全集》原文版第 4 部分第 8 卷第 68 页。

的绝对代表，表现为"不论何时何地都是财富"①。因此，资产阶级经济学家也主张在危急时期要作出巨大牺牲来保卫作为信用制度核心的中央银行的金储藏："难道您不知道，投在各种证券和产品上的一切资本都同样贬值了吗，原料、原棉、生丝和原毛都以同样的抛售价格运往大陆了吗，砂糖、咖啡和茶叶都拍卖了吗？——为了对付由于大量进口粮食而引起的金的流出，国家必须忍受巨大的牺牲，这是不可避免的……您是不是认为，与其忍受这种牺牲使金流回，还不如动用银行库存的800万镑呢？——我不认为是这样。"②

——资本主义制度下为收到的贷款所支付的利息是利润的一部分。利息的高低首先由利润率来调节："利息率最终不断地由利润率来调节。"③ 此外，利息率又同货币和借贷资本的供求互相发生密切影响："高利息起因于三种情况：对借贷的需求极大；能满足这种需求的财富很少；产生于贸易的利润极大。"④ 此外，利息同资本输出⑤、汇兑率⑥、

---

① 《马克思恩格斯全集》原文版第4部分第8卷第37页。
② 《马克思恩格斯全集》第1版25卷（上）第470页。
③ 《马克思恩格斯全集》原文版第4部分第7卷第324页。
④ 《马克思恩格斯全集》原文版第4部分第7卷第498页。
⑤ 关于利息同资本输出的关系，参看《马克思恩格斯全集》原文版第4部分第7卷第274—275页。
⑥ 关于利息同汇兑率的关系，参看《马克思恩格斯全集》原文版第4部分第7卷第133—134、138、274—275、455—456页。

贵金属的国际输入和输出①、有价证券的价格②和银行储备金的保证③等互相影响。所有这些影响的范围大小又取决于周期性发展，尤其是取决于经济危机。

——信用与危机之间存在着各种各样的关系。信用不仅促使生产扩大和完善，而且同时也促使生产过剩、订货过多和投机活动："由于需要输入比通常多得多的商品，商人便扩大自己的信用。为了获得最高价格，他把商品装满仓库，其数量远远超过他的顾客的实际财力所能支付的一切。而进口商只有零售商购买商品的热切渴望，却没有查明公众实际愿望的指南，他向国外发布命令，要求提供产品，而这些产品与国家实际的需求完全不相符。每个行业中的个人都从事投机买卖，而整个社会简直全都负了债。"④ ——"这个制度已经广泛推行，以致伦巴特街的巨额贷款，是凭那些以远方殖民地尚在生长中的农产品为担保的汇票发放的。这种便利的结果是，进口商人扩大他们的国外营业，把他们以前营业用的（流动性）资本投放在最不可靠的部门，即他们不大可能或完全不能控制的殖民地种植园。"⑤ 此外。信用还导致货币危机和信用危机，即经济危机的一个重要伴随现象。在危机时期，资本家对自己支付能力的信心减少了，信贷也减少了。流通的信用的某些形式不再被

---

① 关于利息同贵金属的国际运动的关系，参看《马克思恩格斯全集》原文版第4部分第7卷第48—49、408页。

② 关于利息同有价证券的关系，参看《马克思恩格斯全集》原文版第4部分第7卷第274—275页。

③ 关于利息同银行储备金的保证的关系，参看《马克思恩格斯全集》原文版第4部分第8卷第65—67、108—109、122、211页。

④ 《马克思恩格斯全集》原文版第4部分第8卷第165—166页。

⑤ 《马克思恩格斯全集》第1版第25卷（下）第564页。

看作社会财富的代表或者只是在很有限的范围内才被看作这样的代表，它们失去了流通能力和兑换为现金的可能性："不过甚至那些按性质来说可以兑现的有价证券，如国家有价证券，短期票据，也都停止兑现。"① 同时还出现了货币短缺的困难，"这是因为信贷紧缩后，同一货币的流通不再那么迅速了，因此，为了结清同样数量的业务，就需要更多的货币"②。与此相联系，中央银行的银行券也被储藏起来了，这些银行券仍有流通能力，因为它们有整个国家的信用作后盾。此外，银行为了遵循储蓄规则，保证自己的支付能力，而且也为了在危机时期发财致富，它以限制贷款的办法来大大提高利息。这也加剧了货币危机。"9月底，危机进一步加剧……。10月1日（1847年），银行的理事会发出通知说：10月14日之前到期的汇票的最低贴现率是5.5%，并且暂时不发放贷款，甚至凭公共有价证券的贷款也不发放。这引起了普遍的恐慌。"③

马克思获得的关于信用在资本主义生产关系中所起作用的知识，也使得他有可能把1844年英国银行立法看作是加剧危机的错误银行立法的典型例子。根据1844年的皮尔银行法，英格兰银行首先划分为发行部和银行部，并且有责任使其纸币发行在一定的数额上受银行货币金属储备量的约束，因而也受贵金属流出和流入或汇兑率的约束。这一规定力求使货币价值、价格和汇兑率保持高度稳定，使银行券代表的货币金属总是和它们名义上表明的一样多。同时应该防止过于轻率的信贷发放

---

① 《马克思恩格斯全集》第1版第44卷第158页。
② 《马克思恩格斯全集》原文版第4部分第8卷第67页。
③ 参看《马克思恩格斯全集》原文版第4部分第7卷第56页。关于信用和危机以及货币危机，参看第50—55、57—58、138、274—275、415、452、510页。

和商界过于冒险的业务。公开承认的主要目的是，以经济危机的伴随现象来完全阻止经济危机，保证经久不变的经济发展趋势。皮尔银行法不只是以货币数量论为依据，它也否定了银行券的信用货币的特点。因而也否定了由银行券的发行所决定的回流，而这种回流是防止银行券发行过多并高度保证银行券价值稳定的手段。信用货币其他形式的重要作用也没有受到重视。此外，恰恰在人们最迫切需要银行券的时候，也就是说，当不是由整个国家的信用作后盾的支付凭证只能极有限地充当支付手段，或者完全不再能充当支付手段，有价证券变为现金发生极大困难，从而信用发生动摇的时候，皮尔银行法却限制了银行券的发行。在危机时期，皮尔银行法也导致英格兰银行发生支付能力问题。因为英格兰银行的股份及其信贷造成了账面货币，但另一方面，它们并未拥有英格兰银行的全部储备金。皮尔银行法没有阻止危机，却加剧了危机。因此，马克思早在1851年2月3日给恩格斯的一封信中就把皮尔银行法描述为信用制度条件下"国家政权"对货币流通的"疯狂干预"。[1] 马克思也完全同意《经济学家》杂志的下述观点："因此，实际上。图克和劳埃德两人都主张用提高利息率，减少资本贷放，及早限制信用的办法，来消除对金的过度需求。不过劳埃德凭他的幻想，作出了烦琐的甚至危险的｛法律｝限制和规定。"[2] 劳埃德是"通货原理'的主要代表人物，他为贯彻皮尔银行法对发达信用制度条件下的货币流通实行危险的调节花了很大的力气。

在上个世纪50年代初，马克思除了批判皮尔银行法及其基础"通货原理"外，还批判"银行原理"的代表人物。"通货原理"的代表们

---

[1] 《马克思恩格斯全集》第1版第27卷第193页。
[2] 《马克思恩格斯全集》第1版第25卷（下）第648页。

代表着银行资本的利益,并为高利息辩护,他们把每一种银行信用都看作是资本预付。但是,"银行原理"的代表们也没有正确区分货币预付和资本预付。他们认为,当银行不再能够凭它们的单纯信用,即对它们来说一钱不花的支付凭证券来发放贷款,而是必须同时交出贵金属,并出卖生息有价证券以保证其支付能力时,银行就是提供借贷资本。但是,正是在这种与危机相关联的时刻,实业家和商人却不需要借贷资本来扩大他们的生产和业务,而是需要货币作为国内和国际的支付手段。人们所需要和短缺的不是借贷资本,而是货币,在《金银条块。完成的货币体系》中,马克思已写评注强调了这一点:"在真正紧迫时期,出现了对增加了的通货的需求。"① 在《反思》中,马克思就英国为缓和货币危机于1793年、1825年,特别是1847年发放的财政部证券和银行券写道:"它们只是流通手段。"② 此外,马克思在《反思》中还写道:"某些人说,缺乏的不是货币,而是资本,流通手段是无关紧要的,这种说法是荒谬的。因为在这里,问题恰好在于资本即商品同货币之间的区别;问题在于,前者不是必然地把后者作为自己的代表,作为自己的价格带到贸易界来,资本不再是货币,不再能流通,不再是价值。"③

在进行这一批判的同时,马克思还着手探讨了资本主义生产方式的特征,阐明信贷政策为什么不能阻止危机,尽管它影响危机的过程,激化或缓和危机。马克思强调指出,在危机时期,商品从而商品资本不能大量地转化为与商品并列、作为商品价值和普遍可交换性的独立化身而存在的货币。同时,马克思在《反思》中指出,商品和货币之间的区

---

① 《马克思恩格斯全集》原文版第4部分第8卷第67页。
② 参看《马克思恩格斯全集》第1版第44卷第157页。
③ 《马克思恩格斯全集》第1版第44卷第158页。

别，危机时期商品转变为货币时的困难以及与此相关的信用体系的动摇，都是根源于资本主义"私人交换制度"①和"整个生产组织"②。在努力阐述信用和作为资本主义矛盾的运动形式的危机时，马克思在《反思》中第一次分析了经济危机同社会总资本的再生产之间的联系。此外，马克思还同意斯密的教义，即实业家与实业家之间的贸易同实业家与消费者之间的交换相等。马克思还未能弄清如何实现不变资本的再生产，因而也未能搞清社会商品资本的实现条件。但是，马克思已经指出，不断增长的社会商品资本也有越来越大的实现可能性，同时，资本主义生产过剩危机是不可避免的，因为生产的扩大和资本积累也扩大了资本家之间的交换，资本家的收入随生产而增长。此外，由于统治阶级更加奢侈，也出现了越来越大的销售可能性，世界市场对国内的比例失调也有平衡的作用。然而，"资本家阶级和工人阶级之间的关系"③引起各种矛盾，主要是"生产和消费之间的不相适应"④，这些矛盾从长期和根本上来说是不可能克服的，它们必然导致生产过剩的危机。这样，马克思已经认识到资本主义的矛盾，即资本主义生产和占有方式之间的矛盾，是经济危机的主要原因。

在分析经济危机的原因同时，马克思补充了他对"银行原理"代表人物的批判，这些代表人物把危机只归因于表面上起作用的、影响危机进程的一些过程：投机活动、歉收、固定资本的超比例投入、类似皮尔银行法的错误银行法和由于银行长期贷款而过多使用短期可提取的

---

① 《马克思恩格斯全集》第1版第44卷第158页。
② 《马克思恩格斯全集》第1版第44卷第159页。
③ 《马克思恩格斯全集》第1版第44卷第156页。
④ 《马克思恩格斯全集》第1版第44卷第155页。

银行存款。在这方面，例如，典型的说法是由马克思摘录下来的《经济学家》杂志对危机原因所作的如下分析："对整个国家和单个人来说。非常危险的是……投资中的投机活动。在其中，令人不安的过量的资本被固定起来，当固定资本的价值每天下降，而流动资本的价值每天上升时，两者之间的正确比例关系明显地遭到了破坏。在1825年以前，人们还不了解银行抵押品的意义（认为它们总是容易兑换）。对一个地方银行家来说，通常无非是把他们手中的存款和代表其银行券流通的货币以抵押方式贷出去，即贷给邻近的地主和磨坊主。甚至英格兰银行也犯了同样的错误，它是我们许多重要贵族用财产进行抵押的接受者。1825年的大恐慌，好几百个银行家延期付款，他们的信用遭受损失，最后破产。当银行家被要求偿还存款或支付他们的票据时，他们的被固定在不能兑换为硬币的抵押品上的、无论如何都极其安全的资金，在这个时候却完全无用了。因此，当时许多银行家都宣布延期付款。他们归根到底要全部偿还其债务。随着财产的充裕，许多商号仅仅由于忽视他们进行投资的抵押品的适当种类而陷于破产。这是自（1825年？）英格兰银行收回它所有的以不动产作抵押的贷款以来，没有多少年的事情。银行业中由于1825年大恐慌而出现的情况，商业界中由于1847年危机也同样出现了。"①

马克思在摘录《伦敦笔记》时获得的关于资本主义信用制度的机制，关于资本主义经济危机的过程和原因的新认识，清楚地表现在他对小资产阶级社会改良主义者的一定流派所作的批判中，如他对格雷与蒲鲁东进行的分析。

格雷第一个系统地发展了劳动是货币直接计量单位的学说。他想靠

---

① 《马克思恩格斯全集》原文版第4部分第7卷第456—457页。

发行"劳动货币"这种为商品出售服务的东西，使出售像生产那样容易，并使供给和有支付能力的需求基本上始终一致。他认为信用在这方面应起重要作用，银行凭准备出售的商品来提供一笔贷款，这笔贷款在商品出售之后将予以偿还。为了使供给和有支付能力的需求之间保持平衡，为了阻止货币积累引起的需求脱节，格雷还建议银行的存款不生利息。在《伦敦笔记》的第Ⅳ笔记本中，马克思从格雷《关于货币的本质和用途的讲义》一书中摘录了这一思想，在《反思》中，他进一步指出："蒲鲁东、格雷等人也是些蠢人，他们想保留货币，但又不让货币具有货币的属性。因为货币市场上发生了普遍危机，而资产阶级生产的全面恢复表现为一些征兆，这些征兆不用说会突然重新成为〔普遍危机〕原因，所以，再简单不过的事情，莫过于那些目光短浅的、坚持资产阶级基础的改良家们希望改革货币了。他们保留产品同产品的可交换性之间的分离，因为他们保留价值和私人交换。**但是他们想好好地安排这种分离的符号，好让这种符号表示同一。**"①

马克思读了蒲鲁东1851年在巴黎出版的《十九世纪革命的总观念》一书后，认为进一步深入研究蒲鲁东是绝对必要的。他打算在《哲学的贫困》之后再写一部驳斥蒲鲁东的东西，这一打算清楚地表现在他1851年8月14日给恩格斯的一封信中，还请恩格斯支持这一打算。此外，马克思在这封信中已经阐明，想用取消资本利息，把它改变为分期付款，用提供无息贷款来克服资本主义剥削和阶级划分，从而达到一个私人小生产者的社会，这是一种幻想。马克思在信中告诉恩格斯说："蒲鲁东想赖以实现一切目的的手段就是银行。这里存在一种混淆。银行业务可以分为两部分：1.把资本变成现金。在这种场合我所给的只

---

① 《马克思恩格斯全集》第1版第44卷第159页。

是货币而不是资本,其所以能这样做当然只是考虑到生产费用,也就是考虑到零点五厘或零点二五厘的利息。2. 以货币的形式贷出资本,在这里利息要依资本的数量而定。在这种场合,信用所能做的,只是通过积聚等等办法把现存的、非生产性的财富变成真正的、能动的资本。蒲鲁东把这第二项看得同第一项一样容易,然而最后他会发现,如果他依靠假想的一定量的货币形式的资本,在最好的情况下,只是使资本的利息降低多少,资本的价格就以同样的比例提高多少。其结果无非是使他的证券失去信用。"① 这一评论也清楚地表明,马克思已经把银行的货币贷放与资本贷放区别开,把两种信用区别开,一种信用是为了获得货币,以便使商品资本能够过渡到货币形式,使到期的支付能够偿清;另一种信用是为了把闲置的财富用到扩大生产上去。在这一评论中还包括信用货币与纸币之间的区别:想通过银行信用来获得资本,这意味着获得这样一种货币,它们不断贬值,充斥流通渠道,难于回流,缺少价值高度稳定性这些信用货币的特点。

利用信用制度和银行制度作杠杆来改变生产关系——包括在社会主义流派内——也是圣西门主义的重要的思想财富。马克思认为也有必要进一步深入研究这一流派,在《金银条块。完成的货币体系》中对这一派作了下列基本评述:"就像圣西门主义者把银行(除了信汇、纸币、公共信用之外)当作武器,使资本即生产工具从腐朽的土地所有者和资本家手中转到资产阶级工业家手中一样,银行的新组织应该是把生产工具转让给工人的媒介。"② 在马克思看来。这一想法不仅是对信用制度和银行制度的力量的极其相信,而且也是天才的预见。通过对信用

---

① 《马克思恩格斯全集》第 1 版第 27 卷第 331 页。
② 《马克思恩格斯全集》原文版第 4 部分第 8 卷第 41 页。

在资本主义生产关系中所起作用的广泛研究,马克思的观点巩固下来,他认为:"在由资本主义的生产方式向联合起来劳动的生产方式过渡时,信用制度会作为有力的杠杆发生作用,"① 尽管这只是同其他重大变革联系在一起的。

由于《伦敦笔记》和其中包含的《金银条块。完成的货币体系》与《反思》这两篇手稿,马克思为《资本论》第3卷中的信用理论奠定了重要基础。这些手稿清楚地表明:马克思在《资本论》第3卷中关于信用在资本主义生产关系机制中的作用所概述的一切,他在50年代就已经十分了解了。在当时,他已经研究了许多重要的知识和资料,并把它们汇集起来,以便进一步深入分析资产阶级和空想社会主义的观点,探讨资本主义信用制度的各个重要方面,为《资本论》第3卷中的如下一些章节做准备,例如,《信用和虚拟资本》,《货币资本的积累,它对利息率的影响》,《流通手段和资本。图克和富拉顿的见解》,《银行资本的组成部分》,《货币资本和现实资本》,《信用制度下的流通手段》,《通货原理和1844年英国的银行立法》和《贵金属和汇兑率》等等。

从许多资料和引文中可以看出,马克思在阐述其信用理论时曾何等频繁地利用《伦敦笔记》。《资本论》第3卷中《信用在资本主义生产中的作用》这一章所包含的引文,除了引自《泰晤士报》中的一段话和选自图克的《对货币流通规律的研究》一书中的一段话之外,全都包含在《伦敦笔记》中②。《信用和虚拟资本》这一章连续引用了《伦

---

① 《马克思恩格斯全集》第1版第25卷(下)第686页。
② 《马克思恩格斯全集》第1版第25卷(上)第492、493、496页。

敦笔记》中的8段引文①，此外还引用了许多其他的、几乎全部与"商业危机"的议会报告（1847—1848年）有关的引文。《货币资本的积累，它对利息率的影响》一章中连续有15处引文，它们在《伦敦笔记》中都能够找到②。《贵金属和汇兑率》这一章中所有引自《经济学家》杂志的引文也是《伦敦笔记》中的③。论述生息资本问题的其他章节也清楚地反映出作为材料和认识基础的《伦敦笔记》对马克思成熟的信用理论具有的重要性。

当然，为了使从50年代初获得的关于信用在资本主义生产方式中的作用的认识进到《资本论》中的信用理论，马克思曾经不得不进行大量的理论工作。直到《资本论》中，马克思的信用理论才与他的完全成熟的整个理论，尤其是同他的成熟的价值、剩余价值、积累、再生产、危机和利润的理论有机地结合在一起。只有在这一基础上，才有可能把资本主义信用制度作为资本主义生产方式一切经济规律的运动和发展形式来阐述。马克思在这一方面还得弄清的一个重要问题，就是信用理论如何被纳入一部论述资本主义生产方式的理论著作的结构中，并且关于信用在资本主义生产方式中的作用问题有哪些内容适合放在其他分册中论述。正是这一问题，马克思直到最后都在思索。如果他亲自出版《资本论》第3卷的话，他肯定会进一步压缩他对信用作用的论述。

《伦敦笔记》是马克思信用理论发展的重要连接点，这一发展通过

---

① 《马克思恩格斯全集》第1版第25卷（上）第451页。
② 《马克思恩格斯全集》第1版第25卷（上）第468、469、470、471页。
③ 《马克思恩格斯全集》第1版第25卷（下）第648、662、665、667、668页。

《伦敦笔记》作媒介,为回答新的问题,为进一步发展马克思主义信用理论,提供了重要的方法论提示。在这方面特别要注意的是,马克思的经验研究与理论研究是统一的,并且他力求把信用制度及其不同的各要素都作为一个活生生的经济总体系的组成部分来分析。只有用这样的方法论,像资本主义信用制度能否脱离金属基础以及其程度如何这一类的问题才能够搞清楚。

(原载《马克思恩格斯研究论丛》第 25 辑)

(裘挹红 译 张钟朴 校)

马克思在《伦敦笔记》中对殖民地问题的研究*

〔民主德国〕安·门采尔

马克思在整个创作期间都在研究殖民和殖民地问题,因此这些问题在他的整个创作中占有牢固的位置。他在巴黎进行的研究中就已触及这个对象。亚当·斯密(马克思从他的《国民财富的性质和原因的研究》这一著作中做了内容丰富的摘录)对这个范围的问题给予了很大的注意,他探究了导致建立殖民地的动机,并指出了使外国殖民化对本国的资本主义生产方式的发展产生的益处。① 马克思在布鲁塞尔继续进行他的研究时,在西斯蒙第那里也遇到了这个范围的问题。他关于《殖民地》这篇评论指出:"西斯蒙第在整篇文章中把古代(希腊等)的殖民同整个现代的殖民尖锐对立起来;同时在有些地方把古代的情况理想化。"②

马克思在这个时期已获得的关于资本主义生产关系的形成和发展同

---

* 本文选自《马列主义研究资料》1986年第1—2辑合刊。作者安·门采尔系哲学博士,民主德国卡尔·马克思城技术高等学校马列主义教研组的助教。——译者注

① 参看亚当·斯密:《国民财富的性质和原因的研究》1957年柏林版第2卷第344页及以下几页。马克思在《巴黎笔记》中对这本书做了大量摘录。

② 马克思在《布鲁塞尔笔记》中摘录了西斯蒙第的《政治经济学概论》一书。

殖民之间现有的相互关系的认识，被吸收进他的早期著作，并且以概括的、纲领的形式收入《共产党宣言》。在那里指出："美洲的发现、绕过非洲的航行，给新兴的资产阶级开辟了新天地。东印度和中国的市场、美洲的殖民化、对殖民地的贸易、交换手段和一般商品的增加，使商业、航海业和工业空前高涨，因而使正在崩溃的封建社会内部的革命因素迅速发展。"①

当马克思50年代在伦敦重新开始进行他的经济学研究时，他的主要注意力放在资本主义生产方式的合乎规律的形成和发展上。在这个范围内马克思重新研究了殖民问题，因为殖民地不仅是在原始积累过程中起着重要的作用，而且在资本主义生产方式的进一步扩展的过程中对于利润的产生来说具有重要的意义。此外，还有另一个方面对于马克思加强研究殖民地问题有着重要的意义：19世纪英国和共他欧洲国家的殖民地扩张日益加强，同时不列颠由于在工业上比其他欧洲国家优越，因而得以在这个领域内占有领先的地位。②

马克思1850—1853年在伦敦所做的摘录笔记也是他在各种文章和

---

① 《马克思恩格斯选集》第1卷（上）第273页。

② 参看《非洲史。从开始到现在》1976年柏林版第1部分第220—221页。在大工业取代了工场手工业以后，在殖民地扩张的形式和方法上发生了一些变化。为了其他的利润来源而用来自殖民地的某些产品如黄金、象牙和奴隶来进行的贸易日益退到次要地位。在这个时期殖民国家的兴趣已经在于把殖民地领域开发成原料产地和销售市场。库斯宗斯基用不列颠在经济上统治印度的例子来证实这一点（参看尤尔根·库斯宗斯基：《资本主义制度下的工人状况史。英国的殖民地》1905年柏林版第27a卷第149页及以下几页）。三个重要的殖民化时期（重商主义、自由竞争的资本主义和帝国主义）的重大差别首先是由于殖民的主要承担者——商业资产阶级、工业资产阶级或垄断的利益不同而产生的。整个来说，殖民在量上但也在质上发生了变化。有必要进一步来研究这个问题，但在这里还不可能。

《资本论》中阐明的关于殖民地在资本主义生产关系和统治关系内部的作用和地位的观点的重要源泉,因为这些笔记包含着这样的指示:马克思与他的先行者们的联系在哪里,以及马克思的特殊的新东西是什么。①

马克思以六个分册出版他的经济学著作的计划,不仅是以资产阶级古典政治经济学的一些基本的政治经济学著作的结构为根据,而且反映了资本主义经济的结构。从这个结构出发,他也深入研究了殖民地问题、移民问题、国际分工问题以及世界市场,并且研究了他所使用的关于这个问题的文献,因为对他来说问题是要占有详细的材料。不过,在《1850—1853年的伦敦笔记》中包含的关于这方面的材料至今没有深入探讨。②

对伦敦笔记的研究表明,在马克思认真研究过的经济学文献中十分深刻地反映出以殖民地扩张的形式和方法发生的和由于工业资本主义取代了工场手工业资本主义而引起的各种变化。在马克思摘录的一些作者的著作中,殖民和殖民地问题起着次要的作用,而对于别的作者来说这个问题就成了直接的研究对象。例如,特别是在第 XIV 本和第 XXI 到 XXIII 本笔记中可以看到对专门研究殖民、奴隶贸易和殖民地的生产资

---

① 《马克思和恩格斯论资本主义殖民制度》1959年莫斯科版。
② 《马克思恩格斯全集》第1版第29卷第531、534页;克·福利克和沃·约翰:《马克思1850—1853年的伦敦笔记》[中译文载于本刊(指《马列主义研究资料》——本丛书编者注)1982年第2辑第43—57页]。

源等问题的作者的文章所作的内容丰富的摘录。① 诚然,马克思在第 XIV 本或在第 XXI 到 XXIII 本笔记本中才研究这个问题,这不是偶然的,因为对他来说问题首先是,在他着手研究特殊问题之前,必须解决资本主义生产方式的基本问题。马克思在 24 个笔记本的最后几个笔记本中才研究英国在印度的殖民政策的结果。②

有关殖民地问题的摘录是在第 XIV 本笔记本中以摘自赫·梅里威耳《向牛津大学发表的关于殖民和殖民地的演说》的摘录开始的。马克思从梅里威耳的两卷集的著作中作了广泛的摘录。③ 关于殖民地的历史起源,马克思在梅里威耳的著作中作了内容丰富的摘录,就像 40 年代在斯密的著作中所作的摘录一样,这一点与他整个的研究方式相一致:详细占有材料、分析它的各种不同的形式以及探索这些形式的内在联系。因为殖民的经济效益在马克思的整个创作中起着并非不重要的作用,所以我们限于研究对梅里威耳著作的摘录中的这些段落。

摘录中的这一部分以梅里威耳的以下论断开始:移民决不是治疗过剩人口的药剂。他强调指出,每年都有超过四分之一的年增长人口怀着

---

① 参看马克思《伦敦笔记》第 I 和 II 本(富拉顿),第 18 页(《曼彻斯特卫报》),第 12 页;第 IV 本第 75 页(毕希);第 VIII 本第 13 页(《经济学家》),第 34 页及以下几页,第 48 页及以下几页(摩尔顿);第 IX 本第 72 页及以下几页(布坎南);还有霍吉斯金、麦金农、塔克特和凯里等人的有关论述。

② 参看维·维戈茨基:《一个伟大发现的历史》;克·福利克和沃·约翰:《马克思 1850—1853 年的伦敦笔记》。

③ 参看马克思:《伦敦笔记》第 XIV 本第 161 页及以下几页。在这篇文章中只能讨论有关这篇演说的第 1 卷的摘录。马克思不仅在《政治经济学批判大纲》中,而且在《资本论》第 1 卷中引证了演说的第 2 卷。参看《马克思恩格斯全集》第 1 版第 46 卷(上)第 363 页、第 23 卷第 695、839 页。

在外国改善自己境况的希望离开联合王国。①

梅里威耳只是证实这一事实,他对自己的意见说明理由如下:"假定在危机时期国家竭力通过向国外移民的办法来摆脱几十万过剩的贫民,那结果会怎样呢?结果是,当对劳动的需求刚一恢复时,就会感到劳动不足。人的再生产不管多么快,要把成年工人补充起来,总需要有一代人的时间。可是我们的工厂主的利润主要取决于是否有能力利用畅销的有利时机,并以此来弥补滞销时期的损失。而他们只有拥有对机器和体力劳动的指挥权,才能保证有这种能力。他们必须找到可供支配的人手;他们必须能够依据市场情况在必要时加强或收缩他们的营业活动,否则他们就决不能在竞争的角逐中保持优势,而这种优势是国家财富的基础。"②

梅里威耳提出关于移民的结果问题并非偶然,因为在工人阶级的队伍中也日益强烈要求国家支持移民,③并且,如果对这些要求让步的话,那么一个人数众多的阶级就会加入移民的队伍。

梅里威耳批判地加以探讨的李嘉图代表这样的意见:在一国迅速增长的人口挤生活资料的活动余地的情况下,唯一的药剂不是减少人口数字,就是迅速积累资本。④ 因此,李嘉图使我们面临抉择:或者以最大的速度积累,或者缩减人口数字。同时他的出发点的前提在原则上是正确的,但在资本主义生产关系下却是不可能实现的,这个前提就是:人口的增长在任何时候都不可能太高,因为生产的可能性还要更高并且

---

① 参看马克思的《伦敦笔记》第 XIV 本第 182 页。
② 《马克思恩格斯全集》第 1 版第 23 卷第 695 页。
③ 《马克思恩格斯全集》第 1 版第 23 卷第 630 页。
④ 参看大卫·李嘉图:《政治经济学和赋税原理》1959 年柏林版第 84 页。

远不会竭尽。① 因为李嘉图没有考虑到，资本积累不仅应该理解为生产在已有技术基础上的单纯扩大，而且积累是在不断的质的变化中完成的，也就是说，积累的结果即资本有机构成发生变化，不变资本部分靠牺牲可变资本部分而不断大大提高，因此为了资本的平均增殖需要，必须形成过剩的工人人口。李嘉图没有认识到这些关系，因而认为，通过加速剩余价值转化为资本就可以抵制过剩人口，并且这最终是一个改善管理的问题。② 诚然，他感觉到了他的观点有矛盾，他承认，在资本主义生产过程中采用机器的结果会产生出过剩人口，我们应当把这一点看作他特有的科学的公正态度和热爱真理。③ 但是他没有能够解决这个矛盾，而且他的以下观点是值得考虑的：使用机器并不一定会产生过剩人口的结果，因为在需要不变的情况下，由于使用机器和由此引起的商品价格下降，资本就具有比以前更大的积蓄的可能性，从而具有更好的条件来使收入转化为资本。而这对他来说是使至少一部分起初被游离出来的人现在重新加入生产过程的前提条件。④ 但李嘉图也不清楚的是，资本积累过程向前发展的结果，资本不仅具有更大的规模，而且与此相应，资本的预付也相应提高，正如马克思所指出的："……要使用同量劳动力，就需要越来越大的资本量；如果要使用更多的劳动力，那就更是如此。因此，在资本主义的基础上，劳动生产力的提高必然会产生永久性的显而易见的工人人口过剩。"⑤

---

① 参看大卫·李嘉图：《政治经济学和赋税原理》1959年柏林版第84页。
② 参看李斯特：《国家利益和私人经济》第146页。
③ 《马克思恩格斯全集》第1版第23卷第479页、第26卷第2册第652—653页；大卫·李嘉图：《政治经济学和赋税原理》第380页及以下几页。
④ 参看大卫·李嘉图：《政治经济学和赋税原理》第385页。
⑤ 《马克思恩格斯全集》第1版第25卷（上）第249页。

与李嘉图相反，梅里威耳从另一个方面阐述移民问题。他提出了上面已经引证的关于把受过训练的劳动力迁往国外对私人资本产生的后果问题。他对此回答说，在这种情况下当对劳动力的需求恢复时，资本就会由于没有足够多的可供支配的劳动力数量而不能迅速广泛地扩大生产能力，因为自然的再生产至少需要一代人的时间。但是在竞争斗争中要能站住脚，资本就必须在任何时候都能动用它所需要的劳动力。由此可见，资本必须按照当时存在的经济状况拥有一个在数量上较多或较少的可供支配的工人后备军。梅里威耳在这里把过剩人口的存在与危机联系起来，并且认为过剩人口对于私人资本来说是一个重要的和必要的生存条件。不过，为什么后备军成为资本主义生产方式的必要的生存条件，他并没有说明。

马克思在为《纽约每日论坛报》撰写的一篇文章中第一次运用自己的经济学研究对移民问题发表了看法，并且就在这里揭示了大量居民阶层迁往国外的真正原因，同时他区别开受淘金狂驱使的移民和由于租佃制度、农庄的集中、使用机器耕地和在农业中实行现代大生产而被迫进行的移民。在古代的国民即希腊人和罗马人中也有被迫移民的现象，但是与以上这些移民不同，在古代，移民是使古代文化不受损害的重要手段，因为社会生产力的发展水平低，使人口数量限制在一个不能超越的必要的规模上，而在资本主义生产方式扩大的情况下，不是生产力的不足，而是生产力的不断增长，必然要求人口减少，借助于饥荒或者迁往国外来减少。① 马克思在这里实际上只限于谈小业主和农村人口的移民并且只是顺便提到，产业工人的迁往国外（也是由于生产力提高造成的）没有受到支持，并且工人只在特殊的情

---

① 《马克思恩格斯全集》第 1 版第 8 卷第 618—619 页。

况下才靠自己的费用迁往国外。

马克思由于对资本主义生产方式的起源进行了广泛的研究，在这个时期就已经认识到在社会生产力的发展水平和过剩人口之间有着因果关系。马克思在他进行广泛研究，特别是对技术的研究过程中达到了这样的认识：在工业和农业中机器的发展和资本主义的应用对于提高社会生产力的水平具有决定性的意义。但是，在资本主义生产条件下机器的投入成了一般的生产条件，在这样的规模上就会产生出过剩的工人人口，因为同时雇用的工人数决定于可变资本与不变资本的比例。机器变成了工人的竞争者，由此工人人口的大部分就成了对于资本的自行增殖来说不是直接需要的人口，这部分人口就这样陷入极端的贫困。在大工业国这样不断地形成多余的工人，如马克思在《资本论》中所断言的那样，这也是促使人口迁往国外，从而把外国领土变成殖民地的原因。①

在另外一点上，马克思对这个问题的研究无疑比梅里威耳更为深入，他研究到这个问题的本质，因为他指出，资本主义生产过程本身的技术条件成为以最大的速度和以更大的规模把剩余价值转化为追加的生产资料的基础，但由此必然得出，必须有大批的人可以突然地被投到决定性的地方去，而又**不致影响**其他领域的**生产规模**。这些人就由过剩人口来提供。然而过剩人口并不是来源于危机，而是来源于机器的资本主义的运用。② 现代工业的这种独特的，即使在资本主义的幼年时期也不可能出现的生活过程一经固定下来，"就连政治经济学也会把相对的，即超过资本增殖的平均需要的过剩人口的生产，看作是现代

---

① 《马克思恩格斯全集》第 1 版第 23 卷第 445—446、471—472、494—495 页。

② 《马克思恩格斯全集》第 1 版第 23 卷第 692—694 页。

工业的生活条件"①。

马克思也十分详细地摘录了梅里威耳的那些研究资本从宗主国向殖民地输出的经济效益的段落。在那里梅里威耳对李嘉图的如下观点有争议：不可能有资本的生产过剩，不可能有这种情况，即"一国积累一笔可以非生产地投入的资本数额……"。②

不管是在李嘉图那里还是在梅里威耳那里，都有关于利润率趋于下降这个中心问题。梅里威耳就在下面这一点上同意李嘉图：单是竞争并不会降低利润。他这样反驳说，但是是否"在社会的实际情况下，对使用资本和现有的利润率总是有一个自然限制，竞争并不具有迫使资本越过这个限制和诱使它的所有者满足于继续下降的利润率的作用"③。他继续阐述道，在一定的情况下，资本也会投在它带来较低利润的地方。积累的趋势使人不得不在社会的有利时期投资，扩大他的营业，即使新企业不得不以较低的利润来经营。梅里威耳由此得出结论说，资本增长本身不足以增大它的投资领域，并且他对此提出理由如下："如果说社会正处在这样的时刻：诱使资本家以降低的利润率使用他的积累，而不容许他去想，例如，存在着劳动就业的其他场所，例如，在澳大利亚和加拿大能够实现补偿，足以诱使他把积累移到那里去。如果是这样，那么，延缓利润率的下降就对本国有利，因为，如果发生下降，他就会把资本用在家庭生活上。谁不知道这正是英国工业不断下跌的时刻？"④

资本主义生产方式的内在规律作为竞争的强制规律发生作用。竞争

---

① 《马克思恩格斯全集》第 1 版第 23 卷第 694—695 页。

② 大卫·李嘉图：《政治经济学和赋税原理》第 281 页。参看马克思的《伦敦笔记》第 XIV 本第 184 页。

③ 马克思的《伦敦笔记》第 XIV 本第 185 页。

④ 马克思的《伦敦笔记》第 XIV 本第 185 页。

就是迫使资本家持续不断地增大他的资本,以便维持资本。要做到这一点,他只能通过积累,把他的一部分利润再转化为不变资本和可变资本。因此,不是任何一种虚构的念头,不是一种由资本家的意愿决定的倾向,而是资本主义生产的发展必然要求不断扩大投在工业企业中的资本。① 但是,资本积累不仅导致资本的比例在量上的增大,而且首先导致在不断积累的过程中提高的资本有机构成的质的变化。但是有机构成的提高引起利润率下降,这样就会损害资本主义生产的推动力,因为利润率下降就等于资本增殖条件的恶化。梅里威耳说,资本增长本身不足以"增大它的使用场所"②,就这一点来说他反对李嘉图是正确的。梅里威耳其实比李嘉图更清楚地感觉到了资本主义生产的矛盾,这个矛盾极普遍地表现为用来实现目的的方法包含着:"……降低利润率,使现有资本贬值,靠牺牲已经生产出来的生产力来发展劳动生产力"。③ 因为积累起来的资本任何时候都可以投入,如李嘉图所假定的,这样就不会有资本的生产过剩,也不会有暂时的资本生产过剩,而这种过剩的存在是梅里威耳承认的。④ 但是他没有认识到,资本的生产过剩决定于资本主义生产方式的基本规律——生产剩余价值而不考虑市场的现有界限,并且由于资本试图克服给它设置的界限,最后这些界限就重新并以比从前更强大的规模来反对它。

马克思对此指出,以后的历史现象,特别是世界市场危机的周期

---

① 《马克思恩格斯全集》第 1 版第 23 卷第 351—352、649—650 页。
② 马克思的《伦敦笔记》第 XIV 本第 185 页。
③ 《马克思恩格斯全集》第 1 版第 25 卷(上)第 278 页。
④ 参看马克思的《伦敦笔记》第 XIV 本第 187 页:"因此,从节约转变到花费,从生产使用转变到非生产使用,有时能有利于民族工业从暂时的过剩和压迫中复苏过来。"

性，不容许李嘉图的门徒们否认资本过剩或把它解释成偶然的事实。①

梅里威耳认为，把在本国不能投入或投入只会带来很大损失的资本输往国外，输往殖民地并用这个办法来避免本国利润率的下降和阻止这种下降，其前提条件就是资本的生产过剩。此外，人们用这个方式为自己的商品创造新的市场，同时给本国开辟新的生产源泉，这样就能够较便宜地输入一系列的商品，因为不用再完全依靠外国，而只要依靠自己的殖民地。②

马克思在《资本论》第3卷中研究了这个问题。他指出，资本的生产过剩不过是过剩积累的意思，而后者来源于利润率的下降，因为资本最低限额——"单个资本家手中为了生产地使用劳动所必需的资本最低限额……"③ 增长了。马克思接着讲，生产过剩只是作为资本执行职能的生产资料的生产过剩，并且强调指出，这种现象与过剩人口绝不矛盾，而是两者有着同样的原因——积累。这一点梅里威耳没有认识到，因此他没有提出这样的问题：过剩的资本为什么不用来雇用过剩的工人人口。马克思提出了这个问题并且能够断言，过剩的工人人口不能被过剩的资本使用，因为他们被使用时能够提供的剥削率太低，而且可以期待的利润率太小。最后，这对于以下情况来说也是决定性的原因：资本输往国外（如果说有可能），如马克思强调指出的，那并不是因为资本在国内不能得到使用，而是因为在国外有着生产利润的有利条件。这种过剩的资本"……是作为绝对的过剩资本和相对的过剩人口并存的；这是二者同时并存和互为条件的一个例子"④。因为资本主义生产的目的

---

① 《马克思恩格斯全集》第1版第26卷第2册第568页。
② 参看马克思的《伦敦笔记》第 XIV 本第187页。
③ 《马克思恩格斯全集》第1版第25卷（上）第279页。
④ 《马克思恩格斯全集》第1版第25卷（上）第285页。

并不是满足需要,而是生产利润,所以资本就避开利润率较低的部门而转向利润率较高的部门,资本不仅在各个不同的生产部门之间流动,而且也在国家之间流动。但是,为了能够达到这个目的——实现尽可能高的利润——资本必须占有无偿劳动,这样,它就需要一支可供支配的后备军,这种后备军可以按照资本的需要从一个生产部门抛到另一个生产部门。这对于为了生存而不得不出卖自己劳动力的雇佣工人来说,就意味着必须随着资本流动。①梅里威耳没有看到他提出的问题的这一方面。马克思根据他对资本主义生产方式的综合研究,不仅能够揭示出造成过剩积累和过剩人口的原因,而且也能揭示出一种经济现象——资本输出——,这一现象几十年以后成为现代资本主义最重要的经济条件之一。列宁分析帝国主义时,在这个问题上以马克思为出发点,他指出,在资本主义生产方式的一定的发展阶段,资本输出不仅是可能的,其所以有输出资本的可能,是因为许多落后国家已经卷入世界资本主义的流通范围,而且资本输出会成为帝国主义的一个必要的生存条件,因为资本主义在少数国家中现在已经"成熟过度了";并且本国已经缺乏"获利的"投资场所。②但是,随着资本主义经济基础的扩大,随着把新的领地纳入资本主义生产方式,这个社会制度的矛盾不可能得到解决,它们会深刻化并且会增加新的矛盾。资本主义生产方式具有这样的历史职能:发展物质生产力,创造与这种生产力相应的市场,创造世界市场。资本主义生产方式随着帝国主义的形成而实现了这个任务,并且它的被取代也已列入议事日程。

梅里威耳是何许人,应怎样从马克思列宁主义观点来评价他呢?

---

① 《马克思恩格斯全集》第1版第25卷(上)第218页。
② 参看《列宁全集》第37卷第109—110页。

赫尔曼·梅里威耳于1806年11月8日生于戴文郡，是英国经济学家和国务活动家，他被看作哲学史和经济学著作的著作家。1827年他在牛津结束他的法学学习。1837年他作为西尼耳的门徒被任命为牛津的政治经济学教授。1847年起，他担任殖民副大臣，从1859年直到他于1874年2月8日逝世为止担任印度事务副大臣。他发表了许多关于殖民地问题的著作，其中最重要的就是《向牛津大学发表的关于殖民和殖民地的演说》。

在资产阶级的科学史上，梅里威耳被评价为殖民地科学的奠基人之一。在一本传记简编中关于梅里威耳是这样说的：梅里威耳的著作可以看作是关于这个论题在不列颠发表的最好的和最完整的著作。他用自己的主要著作在这方面为阐明国民经济并保持它的本质做出了永久的贡献，从而给其他的后来研究这同一问题的研究者提供了重要的推动力。

与许多其他的李嘉图后期的资产阶级经济学家相反，马克思没有给我们提供对梅里威耳的著作的评价。他只是提到，梅里威耳是爱·吉·威克菲尔德的门徒。① 马克思在各个不同的地方对后者有评价，因此从那里也可得出一些关于梅里威耳的逻辑结论。关于威克菲尔德（他以及他的门徒都是李嘉图的反对者），马克思指出，他的新殖民制度的功绩"不在于他发现或发展了开拓殖民地的艺术，也不在于他在政治经济学领域里有了什么新的发现，而在于他天真地发现了政治经济学的狭隘性，而自己却没有认清这种发现的重要性，或者说自己丝毫也没有摆脱经济学的狭隘性"。② 在另外一个地方马克思写道，威克菲尔德在殖民地发现了关于宗主国的资本主义关系的真理，"英国一度试图用立法手

---

① 《马克思恩格斯全集》第1版第23卷第839页。与《伦敦笔记》的第XV本相似，马克思在第XIV本笔记中也是先读到门徒的著作，然后读到老师的著作。

② 《马克思恩格斯全集》第1版第47卷第292页。

段来推行的威克菲尔德的殖民理论,力图在殖民地制造出雇佣工人"①。对威克菲尔德的这一评价也可以转用在梅里威耳身上。当后者在上一世纪的前半叶研究殖民和殖民地问题时,资产阶级古典政治经济学已经达到了这样的程度,即不再可能从资产阶级的阶级立场出发来进一步发展政治经济学,而不致影响利润。资产阶级政治经济学只能以庸俗的形式和用辩护的方式来讨论日益明显地呈现在表面的资本主义生产方式的各式各样的矛盾。因此也不应该把梅里威耳的愿望理解成这样:他想分析和从科学上弄清楚他所注意到的新的经济现象——过剩人口、过剩资本的存在——,好为资产阶级政治经济学理论的进一步发展作出这样一个贡献。他基本上停留在他的理解上,他不能够揭示出造成这些经济现象的深刻原因,不能根据资本主义生产方式的规律的作用来说明这些现象,因此他也没有把这些现象列入资本主义生产的总体系中。梅里威耳认识到殖民地的占有对于资本主义生产方式继续存在的意义,因为他认为殖民地的扩张有可能阻碍利润率的下降,虽然这个问题在帝国主义阶段才成为对于各单个垄断部门来说是个重要的生存问题。就这一点来说,可以把他称为帝国主义殖民理论的先驱,因为梅里威耳的这个观点所以应该重视,尤其是因为"在19世纪40—60年代英国自由竞争最兴盛的时期,英国当权的资产阶级政治家是反对殖民政策的",他们认为解放殖民地,使殖民地完全脱离英国,是一件不可避免而且是有益的事情。② 但是就在不久以后,殖民国家之间开始了争夺南部非洲的"无主"领土的竞赛,它的真正的推动力是资本主义矛盾的尖锐化、争夺原料来源、销售市场和资本设备的资本主义竞争斗争的尖锐化。③ 因此,

---

① 《马克思恩格斯全集》第1版第23卷第834页。
② 《列宁全集》第22卷第248页。
③ 参看《列宁全集》第22卷第252—253页。

梅里威耳的目标,从而他的殖民理论的社会职能实质上就在于,不是去发现新东西,而是指出道路,使资本能够在利润率下降的情况下也能实现高利润。

马克思详细研究了经济学文献,为的是通过研究或多或少现实地、科学地反映和解释资本主义发展的政治经济学,来探究资本主义生产方式的本质。马克思达到了这样的认识:资产阶级古典政治经济学以李嘉图和西斯蒙第而告终;1830年发生了最终决定性的资产阶级政治经济学的危机,不偏不倚的研究让位于豢养的文丐的争斗。① 由于工业资本主义的发展带来的矛盾日益显露,并且不能再根据亚当·斯密在大工业以前的说明来加以解释,资产阶级便逐渐转向抛弃古典学派的观点,成为对工业高涨的不加批判的乐观主义者,并且从表面上来理解资本主义的现实。② 对政治经济学问题的这种看法所以也是必要的,其目的是抵制无产阶级兴起的批判。如马克思指出的,李嘉图以后的政治经济学的特点主要在于,或者它是折中主义的、混合主义的纲要,或者只是对个别领域的较为深入的分析,或者只是重复过去经济学上的争论和对问题的解决,或者是有倾向性地把古典学派发挥到极端。"这完全是摹仿者的著作,老调重弹,形式较完善,占有的材料较广泛,叙述醒目,通俗易懂,内容概括,注重细节的研究,缺乏鲜明而有力的阐述,一方面是陈旧东西的罗列,另一方面是个别细节的扩充。"③ 如果从马克思对1830年以后的政治经济学文献的评价出发,并且提出问题:在马克思看来,30年代末发表的梅里威耳的著作对于加深资本主义生产方式的

---

① 《马克思恩格斯全集》第1版第23卷第16—17页。

② 参看赫尔曼·莱曼:《垄断以前的资本主义制度下的资产阶级庸俗经济学》,载于《经济科学》德文版1974年第10期第1686页及以下几页。

③ 《马克思恩格斯全集》第1版第46卷(上)第3—4页。

本质和规律性的认识来说,意义究竟何在呢?那么答案可以概括为两点:1.梅里威耳以十分广泛的形式阐述了资本主义生产方式的细节。如果说他的阐述基本上没有包含新的发现,那么2.在他的著作中还是比他的前人的著作更加清楚地反映出如下情况:随着资本主义生产方式的形成而出现矛盾,这些矛盾正像在李嘉图时期一样,已不再能加以否定了。因此,这里包含着一些新的理论认识,虽然只是在萌芽状态中,而且在科学上还没有进行彻底研究,直到得出最后的结论。

(原载马丁·路德大学学报《马克思恩格斯研究文丛》1979年哈雷版第8期第59—75页)

(王燕华 译)

马克思在《伦敦笔记》中对殖民地问题的研究[*]

张钟朴

殖民问题在马克思的理论中占有重要地位,他把民族殖民地问题看作无产阶级革命理论的重要组成部分,因为殖民地和附属国是资本主义制度必然的产物,并且只有消灭资本主义制度和社会主义革命取得胜利,才能消灭民族压迫和殖民体系。所以早在19世纪40年代,马克思在自己的早期著作中就已经涉及这个问题,而从50年代开始,则开始系统地研究殖民制度的产生和它在资本主义中的作用。他研究了殖民地的历史和状况,研究了殖民帝国残酷统治殖民地和掠夺政策以及被压迫人民的反抗历史。如果说在发达的资本主义国家呈现出来的是一片"文明"的景象,那么在殖民地则赤裸裸地暴露了资本剥削的残酷,特别是资本原始积累时的血淋淋的野蛮事实。

一、《伦敦笔记》以前对殖民地问题的研究

在19世纪40年代马克思《巴黎笔记》摘录的斯密的《国富论》中,对于殖民问题给予了很大注意,斯密探讨了导致殖民地的动机,并

[*] 本文选自《马克思恩格斯研究》1994年总第18期。

指出使外国殖民地化对宗主国资本主义生产方式的好处。① 马克思后来在布鲁塞尔继续进行研究时，在西斯蒙第的著作中也遇到了这个问题。马克思在《殖民地》这篇评论中指出："西斯蒙第在整篇文章中把古代（希腊等）的殖民地同现代的殖民尖锐地对立起来，同时把古代的情况理想化。"

马克思经过研究，获得了关于资本主义的形成和发展同殖民地之间的相互关系的认识，并且在他40年代写的一些早期著作中以概括的形式把他的认识作了叙述。

马克思在《德意志意识形态》这一历史唯物主义的重要著作中，初步论述了殖民地对于资本主义的形成所起的巨大作用："美洲和东印度航路的发现扩大了交往，从而使工场手工业和整个生产的发展有了巨大的高涨。从那里输入的新产品，特别是投入流通的大量金银（它们根本改变了阶级之间的相互关系，沉重地打击了封建土地所有制和劳动者），冒险的远征，殖民地的开拓，首先是当时市场已经可能扩大为而且规模愈来愈大地扩大为世界市场，——所有这一切产生了历史发展的一个新阶段，关于这个阶段的一般特征我们不准备在这里多谈。新发现的土地的殖民地化，助长了各国之间的商业斗争，因而使这种斗争变得更加广泛和更加残酷了。

……第二个时期开始于17世纪中叶，它几乎一直延续到18世纪末。商业和航运比起那种起次要作角的工场手工业发展得更快；各殖民地开始成为巨大的消费者；各国经过长期的斗争，瓜分了已开辟出来的世界市场。这一时期是从航海法和殖民地垄断开始的。各国间的竞争尽可能通过关税率、禁令和各种条约来消除，但归根到底竞争者们的斗争

---

① 参看亚·斯密《国富论》第2卷（德文）第344—345页。

还是靠战争（特别是海战）来进行和解决的。最强大的海上强国英国在商业和工场手工业方面都占居优势。这里已经出现商业和工场手工业集中于一个国家的现象。

对工场手工业经常采用种种的保护办法：在国内市场上实行保护关税，在殖民地市场上实行垄断，而在国外市场上则实行差别关税。本国生产的原料（英国的羊毛和亚麻，法国的丝）的加工受到保护，国内出产的原料（英国的羊毛）禁止输出，进口原料的加工仍受到歧视或完全被禁止（如棉花在英国）。在海上贸易中居首位的、殖民实力最强大的国家，自然能保证自己的工场手工业得到最广泛的发展——无论是在数量方面或质量方面。"①

在马克思和恩格斯合著的著名的《共产党宣言》中，关于资本主义上升时期的殖民扩张也写道："美洲的发现、绕过非洲的航行，给新兴的资产阶级开辟了新的活动场所。东印度和中国的市场、美洲的殖民化、对殖民地的贸易、交换手段和一般的商品的增加，使商业、航海业和工业空前高涨，因而使正在崩溃的封建社会内部的革命因素迅速发展。

从前那种封建的或行会的工业经营方式已经不能满足随着新市场的出现而增加的需求了。工场手工业代替了这种经营方式。行会师傅被工业的中间等级排挤掉了，各种行业组合之间的分工随着各个作坊内部的分工的出现而消失了。

但是，市场总是在扩大，需求总是在增加。甚至工场手工业也不再能满足需要了。于是，蒸汽和机器引起了工业生产的革命。现代大工业代替了工场手工业，工业中的百万富翁，整批整批产业军的统领，现代

---

① 《马克思恩格斯全集》第 1 版第 3 卷第 64—66 页。

资产者，代替了工业的中间等级。

大工业建立了由美洲的发现所准备好的世界市场。世界市场使商业、航海业和陆路交通得到了巨大的发展。这种发展又反过来促进了工业的扩展，同时，工业，商业、航海业和铁路愈是扩展，资产阶级也愈是发展，愈是增加自己的资本，愈是把中世纪遗留下来的一切阶级都排挤到后面去。"

往下隔了几段又写道："资产阶级，由于开拓了世界市场，使一切国家的生产和消费都成为世界性的了。使反动派大为惋惜的是，资产阶级挖掉了工业脚下的民族基础。古老的民族工业被消灭了，并且每天都还在被消灭。它们被新的工业排挤掉了，新的工业的建立已经成为一切文明民族的生命攸关的问题；这些工业所加工的，已经不是本地的原料，而是来自极其遥远的地区的原料；它们的产品不仅供本国消费，而且同时供世界各地消费。旧的、靠本国产品来满足的需要，被新的、要靠极其遥远的国家和地带的产品来满足的需要所代替了。过去那种地方的和民族的自给自足和闭关自守状态，被各民族的各方面的互相往来和各方面的互相依赖所代替了……

资产阶级，由于一切生产工具的迅速改进，由于交通的极其便利，把一切民族甚至最野蛮的民族都卷到文明中来了。它的商品的低廉价格，是它用来摧毁一切万里长城、征服野蛮人最顽强的仇外心理的重炮。它迫使一切民族——如果它们不想灭亡的话——采用资产阶级的生产方式；它迫使它们在自己那里推行所谓的文明，即变成资产者。一句话，它按照自己的面貌为自己创造出一个世界。"①

从上面这些论述可以知道，马克思40年代的研究已经把资本主义

---

① 《马克思恩格斯选集》第1卷第276页。

宗主国和殖民地的相互关系论述得很清楚了。而在50年代初期，在伦敦的研究又把这个问题大大加深了。

二、50年代初期研究殖民地问题的背景和概况

50年代初期马克思在伦敦重新开始他的经济学研究时，他的主要注意力放在资本主义生产方式的合乎规律的形成和发展上。这时，在马克思研究的众多问题中，殖民地问题也占有重要地位。马克思所以重视研究殖民地问题，是因为殖民地不仅在资本原始积累中起着重要作用，而且在资本主义向全世界的扩展中对夺取国外市场和获取惊人的利润都有着极为重要的意义。

特别是在50年代初期，英国和其他欧洲国家向全世界的殖民扩张日益加强，在经济上和政治上对殖民地的掠夺和压迫越来越重，不时地爆发殖民战争。在这方面，当时最大的殖民帝国居于最突出的地位。它在1849年吞并了旁遮普，从而完成了对印度的征服；1852年占领了缅甸的勃固省，进行殖民战争；它还从1840年起屡次发动侵略中国的战争；英国还多次侵略阿富汗、伊朗，扩大在南部非洲的侵略地盘。与此同时，英国议会中多次掀起辩论殖民政策问题的高潮。英国在这个时期论述殖民地问题的著作大量涌现。这些实际情况也是促使马克思注意研究殖民地问题的重要原因。

按照马克思本来的设想，他要写一部反映资本主义整个经济结构的巨著。在他的1857—1858年经济学手稿中，他明确表示这部巨著分为六册，即"资本"、"土地所有制"、"雇佣劳动"、"国家"、"对外贸易"、"世界市场"。根据这个结构计划，在最后两册中必然要论述殖民地问题、国际分工等问题。因此，马克思在50年代初期的研究中也要

收集和整理有关殖民地问题的资料，这反映在他当时摘录的《伦敦笔记》中。从这些摘录中可以清楚地看出马克思这一时期研究殖民地问题所取得的成就。既可以看出马克思同他的前辈们的思想之间的批判继承关系，也可以看出马克思自己在殖民理论上的创造。《伦敦笔记》中的大量资料和研究成果后来成了马克思在《资本论》和其他著作中论述殖民地问题的重要源泉。

在《伦敦笔记》的前面的一些笔记本中，马克思只是在摘录资产阶级经济学家的理论时顺便摘录他们关于殖民地的观点。例如，在摘录的富拉顿、《曼彻斯特卫报》、毕希、《经济学家》杂志、摩尔顿、布坎南、霍吉斯金、麦金农、塔克特和凯里等人的著作中，都有关于殖民地问题的段落。而在后面的一些笔记本中，特别是在第XIV、XXI和XXII笔记本中，则包含有专门论述资本主义宗主国在拉丁美洲、非洲和亚洲进行殖民征服和掠夺、从事奴隶贸易等问题的著作和资料的摘录。在1851年写的第XIV笔记本中摘录的有：威·希·普雷斯科特《墨西哥征服史》和《秘鲁征服史》；赫·梅里威耳《关于殖民和殖民地的演说》；爱·吉·威克菲尔德《殖民概论》和《略论殖民艺术》；托·霍吉斯金《美国殖民社会功过考察》；托·弗·巴克斯登《非洲奴隶贸易》和《非洲奴隶贸易的补救》；赫尔兰《欧洲历史手册》中有关殖民问题的论述；威·豪伊特《殖民和基督教》；古胺·森佩雷《关于西班牙帝国兴衰的原因的研究》；亨·彼·布鲁姆《关于欧洲列强殖民政策的研究》；约·雷·麦克库洛赫《商业辞典》和《政治经济学文献》中有关东印度的论述。在1853年写的第XXIII笔记本中摘录的有弗·贝尔尼埃《游记》。在1853年写的第XXII笔记本中摘录的有：托·斯·莱佛尔斯《爪哇史》；马·威尔克斯《印度南部的历史概要》；乔·坎伯尔《现代印度》和《印度管理方案》；R.佩顿《亚洲君主制原理》；

雅·法耳梅赖耶尔《东方片断》。在1853年写的第XXIII笔记本中,所摘录的完全是印度改革协会出版的论文集当中的材料,其中包括如下论文:"1839年以来的印度政府","印度的财政","印度纪事","双重政府历史选录","官僚政治下的印度政府","印度的土邦"和"印度的不公正无可救药"。从马克思这些摘录笔记可以看出,马克思是从1851年起较为集中地研究殖民地问题。他先摘录了有关征服拉丁美洲的材料,然后转入研究资产阶级殖民理论,接着研究征服非洲的材料。中断一年之后,到1853年又集中研究印度问题。

资本主义列强开拓殖民地的历史,从15世纪初开始到今天,大体上经历了三个阶段。在资本主义初期,商业资本占据统治地位,随着绕非洲新航路的开通和美洲新大陆的发现,殖民扩张的形式主要是通过海外贸易和殖民征服,来掠夺殖民地的金银财宝并进行奴隶贸易,为宗主国聚敛大量财富,这是第一个阶段。这个时期开拓殖民地的魁首是最早的海外殖民国家西班牙、葡萄牙和后来的荷兰。后来,随着欧洲各国产业革命的完成,机器大工业逐步占了主导地位,资本主义进入自由竞争时期。大体上从19世纪初开始,资本主义列强经营殖民地的形式和方法发生了改变。这时它们主要把殖民地当作销售市场和原料产地,并伴随有频繁的殖民战争,这是第二个阶段。这个时期开拓殖民地的罪魁是英国,其次有法国等国家。英国当时被称为"世界工场",对殖民地的掠夺最为猖狂。资本主义进入帝国主义阶段以后,进入第三个阶段,主要表现为列强划分势力范围,瓜分世界。马克思在《伦敦笔记》时期研究的主要是第一和第二阶段的情况。如果说《伦敦笔记》中摘录的有关拉丁美洲、非洲和亚洲爪哇史的材料主要反映的是第一阶段的情况,那么《伦敦笔记》后面摘录的关于印度的材料则主要反映了第二阶段的情况。此外,马克思还认真研究了资产阶级的殖民理论。

三、拉美、非洲和东南亚的殖民化。非洲奴隶贸易

马克思把资本主义宗主国对殖民地的征服和掠夺，视为资本原始积累的主要因素。在资本主义原始积累过程中，通过用暴力来开拓殖民地，掠夺美洲、非洲和亚洲的各国人民，成了资产阶级聚敛惊人财富的最重要手段。15世纪，商品货币关系已在西欧封建制度下发展起来，当时，人们认为黄金是最重要的财富。正是由于追求黄金，驱使欧洲殖民者到处去开辟新航路，在世界各地开拓殖民地。

拉丁美洲的征服。早在15世纪，葡萄牙人就不断沿西非海岸南下，最后终于绕过好望角到达印度西南海岸。当时人们已经相信"地圆说"。西班牙人则另辟途径，向西航行，以期达到东方。1492年哥伦布横渡大西洋，来到加勒比海诸岛。从此开始了西班牙在中南美洲的殖民征服。

马克思通过美国著名历史学家威·希·普雷斯科特的两本书研究了西班牙征服拉丁美洲的历史。普雷斯科特（1796—1859）早年毕业于哈佛大学，多年潜心研究历史文献。后来眼睛失明，在助手的帮助下经过8年的艰苦努力写成了《墨西哥征服史——附古代墨西哥文化概述。征服者艾尔南·科尔特斯的生平》（两卷集）。这部书第1版1838年在波士顿出版以后，使作者名声大振。后来在1847年，普雷斯科特又出版了另一著作《秘鲁征服史——附印加文化概述》（三卷集）。这两本书译成欧洲多种文字广为流传，马克思读到的这两本书都是1850年在伦敦出版的版本。

西班牙人征服拉丁美洲的历史，是交替使用烧杀劫掠和背信弃义的历史。最先被西班牙人占领的是加勒比海上的西印度诸岛。15世纪末

西班牙在海地岛建立了第一个殖民据点圣多明各城,然后向四周扩张,16世纪初征服了古巴。接着,西班牙人以这些地方为基地开始向中南美洲大陆进发。

中南美洲大陆,北起墨西哥,南至火地岛,在15世纪以前大约居住着三四十万印第安人,处于原始社会末期和奴隶社会阶段,住在墨西哥及危地马拉一带的玛雅人、阿兹特克人,和住在秘鲁一带的印加人,已经进入了阶级社会,创造了光辉的古代文明。马克思在《伦敦笔记》中还以相当大的篇幅摘录了这些地区原来的社会经济状况和生产关系的丰富资料。这些资料成了后来马克思制定人类历史发展过程中各种社会经济形态的理论的重要依据。

普雷斯科特写的《墨西哥征服史》中附有西班牙殖民"英雄"艾·科尔特斯的生平介绍。原来,当时来到拉丁美洲的并不是西班牙的王家军队,而是一些冒险家招募的雇佣兵。这些冒险家在征服中大发横财,并和国王签订合同,征服成功后一般成为被征服土地的长官。科尔特斯就是这样的一个亡命徒。他是一个野心勃勃的年轻的穷贵族,他率领一支约有五、六百人的远征队,在墨西哥沿海登陆。由于有洋枪洋炮,特别是由于印第安人从未见过骑兵,把它当成了"神灵",所以取得了第一战的胜利。当地的酋长向西班牙人献出许多贡物和女奴隶。在女奴隶中有名出身阿兹特克族而沦为玛雅人奴隶的姑娘,在接受洗礼后取名玛丽娜,会说阿兹特克语和玛雅语,后来又学会西班牙语,成为科尔特斯的妻子和翻译,帮助他进行征服。

当时墨西哥有许多部落,占主导地位的是阿兹特克人,都城设在特诺奇第特兰(今墨西哥城)。开始时,科尔特斯同阿兹特克国王的使臣进行谈判,国王蒙特苏马为阻止西班牙殖民者深入内地,送来了极珍贵的礼物。据说其中有两个车轮大小的金盘和银盘,象征太阳和月亮。谁知丰盛的礼物反而大大刺激了掠夺者的贪心，促使科尔特斯下决心要进军特诺奇第特兰。在进军途中，他们一方面进行血腥大屠杀，一方面利用被阿兹特克人征服而纳贡的一些部落作为同盟者，尽量挑拨各部族之间的关系。当1519年底征服者来到首都以后，感到自己仿佛进入了神话中的财富天国。国王蒙特苏马摄于西班牙人一路上的烧杀劫掠，亲自到城郊迎接，表示臣服，并为殖民者搜罗黄金宝石，使科尔特斯发了大财。西班牙殖民者在印第安人包围中生活，终日惶恐不安。一天科尔特斯找了一个借口，把国王逮捕和囚禁起来。以后不久，印第安人展开了反对外来侵略者的起义。国王被起义者打死，西班牙殖民者被迫于半夜弃城逃跑。直到1521年4月，科尔特斯在搜罗雇佣兵和建造战船之后，重新围攻首都，阿兹特克人坚守城池3个月之久，直到弹尽粮绝，城池才落入西班牙人之手，这座古城几乎遭到彻底的毁坏。

第二年，西班牙人征服了墨西哥谷地以南地区；16世纪20年代，西班牙人占领了今天的危地马拉、洪都拉斯和尼加拉瓜一带。直到40年代，尤卡坦半岛地区基本上被征服。西班牙把中美洲的各殖民地联合为"新西班牙"，在被毁的特诺奇第特兰的旧址上建立了墨西哥城，成为殖民地首府，科尔特斯被任命为第一任总督。

普雷斯科特的《秘鲁征服史》描写了秘鲁等地被征服的经过。印加人大约于13世纪崛起于秘鲁高原。印第安语"印加"一词是"太阳的子孙"的意思。14—15世纪，印加人建立了一个大的奴隶制国家。关于南美洲奇富的传说，不断地吸引着西班牙冒险者。

征服秘鲁地区的"英雄"，是以弗·皮萨罗为首的一批西班牙殖民者。他们从16世纪20年代从巴拿马殖民地出发南征，但因人少力单，几次都被印第安人打垮。皮萨罗回到西班牙，从国王那里取得征服巴拿马以南太平洋沿岸1900多公里的权利，并预先受命为秘鲁未来的统治者。在国王支持下,皮萨罗等人组成更大的冒险者队伍,于 1531 年从巴拿马重新启程远征。正在这时,秘鲁的统治者印加帝国的老国王去世,他的两个儿子因争夺王位而发生内讧,这给西班牙征服者以可乘之机。他们和双方接触,设下阴谋,挑拨双方争斗,从中渔利。后来,老国王的儿子阿塔华尔帕夺得了印加王位。西班牙人用阴谋方式把阿塔华尔帕抓了起来。皮萨罗对他说,如果他能将囚禁他的那间长 22 英尺宽 17 英尺的房子里装满高达 9 英尺的黄金,在另外两间较小的房子里装满白银,就将释放他。但是,西班牙人在赎金到手之后,却背信弃义地将阿塔华尔帕杀了。西班牙殖民者于 1533 年 11 月进入了印加帝国首都库斯科城。富丽豪华的古城到处是金银装饰的庙宇和殿堂,曾被誉为"黄金花园",遭到了殖民者的洗劫。

皮萨罗一伙灭亡了印加帝国以后,扶持了一个傀儡当国王,西班牙殖民者成为这个地区的实际统治者。两年后,印加人发动了反对西班牙人的起义,围攻库斯科城达数月之久,但未成功。直到 1572 年,印加人有组织的反抗才告一段落。西班牙殖民者征服秘鲁之后,继续向南美大陆扩张,至 16 世纪中叶,除巴西为葡萄牙征服外,整个中南美洲大陆大都处于西班牙的殖民统治之下。

西班牙征服拉丁美洲以后,对当地人民实行残酷的殖民剥削和奴役。在被征服地区实行"监护制"。西班牙国王把被征服的土地划分开,连同土地上的居民赐给西班牙的殖民者,后者就成为"监护人"。印第安人在　年中必须用大部分时间无偿地为殖民者耕种土地、开矿山,实际上沦为奴隶。由于矿山条件极差,劳动强度极高,造成印第安人大批死亡。以致后来不得不从非洲源源不断地运来黑人奴隶。

对拉丁美洲社会经济和文化状况的研究。马克思在研究各被压迫民族在沦为殖民地时,总要认真研究当地的社会经济和文化状况,这是马克思研究殖民地问题的一大特色。马克思通过普雷斯科特等人的著作,也研究了墨西哥和秘鲁被征服前的社会经济和文化状况。在墨西哥,无论是玛雅人还是阿兹特克人,当时都已从原始公社制度进入奴隶社会。玛雅族的农村居民已组成地域公社,保存着氏族制度的许多残余。他们的统治阶级是贵族和祭司,公社的成员处于依附于他们的地位。另外,还有由战争俘虏和债务人变成的奴隶。居民在公有地上分组协作劳动,主要种植玉米,此外还种植可可、烟草等,大体上处于刀耕火种的阶段。他们的收获物一部分上交给贵族,其余部分实行平分。除公有地外,各个家庭还有一小块份地。狩猎和捕鱼则由公社成员集体进行。生产工具主要是石斧、木棒等。金银则主要作为装饰品。玛雅人已有象形文字。阿兹特克人除用石器外,已会加工生产铜器,他们和玛雅人一样,用石头建筑了宏伟的神庙。

在这一地区,商业已有一定的发展,商人已经出现。他们是发了财的公社成员和一部分贵族。各个城市中都有集市。各个部族不仅在本族内做买卖,而且同邻族进行交换。在这份地区尚无金属铸造的货币,在墨西哥的中部和南部,人们差不多都把可可豆作为交换单位来使用,据说一个奴隶大约值 100 粒可可豆。偶尔充当交换单位的还有贝壳、布匹,有时还有金属片等等。

普雷斯科特《秘鲁征服史》中关于在秘鲁人们实行简单协作的记载,引起了马克思的注意。普雷斯科特写道:在秘鲁"不使用工具或欧洲人所熟悉的机器,任何人都只能做很少的工作;但是大批的人在统一的指挥之下进行工作,靠坚持不懈的努力取得了成果"。马克思在研究资产阶级经济学家有关殖民地记载时,一向注意殖民地人民在工具很简陋的条件下,由大量人实行简单协作来取得效果的例子。后来,马克思把这段话直接引用在《1857—1858年经济学手稿》中。① 关于殖民地人民协作的各种材料,无疑后来成了马克思论述分工协作问题时的重要依据。

普雷斯科特《墨西哥征服史》中记载的墨西哥没有金属铸造的货币的情形,也使马克思颇感兴趣。普雷斯科特的书中说,在墨西哥人那里,常见的是物物交换,并且存在着东方的土地所有制。他们交换时使用的是由当局"规定的具有不同价值的流通手段,它们包括涂有金粉的透明翎毛管、切成T字形的锡片和装有一定粒数的袋装可可"。然后,普霍斯科特引用殉道者彼得的话说:"哦,有福的货币!既供给人类以甜美滋养的饮料,又不会使它的无辜的所有者染上可怕的贪婪病,因为它既不能埋藏,也难于长期保存。"马克思在不同的场合多次引用这些材料。他在著名的《导言》中,谈到思维进程和现实的历史过程时曾说过,一般地说,从简单范畴上升到复杂范畴的抽象思维进程,是符合现实的历史过程的。因为现实的历史过程一般地是从简单发展到复杂,从低级发展到高级的。但是也不尽然,马克思指出,"另一方面,可以说,有一些十分发展的、但在历史上还不成熟的社会形式,其中有最高级的经济形式,如协作、发达的分工等等,却不存在任何货币,秘鲁就是一个例子"②。在这里马克思就利用了普雷斯科特著作中的宝贵资料得出了重要的结论。马克思在1859年出版的《政治经济学批判》第一分册中,谈到贵金属充当货币流通手段时,再一次引用了殉道者彼得关于可可充当货币时不能贮藏的那段名言。③

非洲的殖民地化和奴隶贸易。马克思主要通过托马斯·弗威尔·巴

---

① 《马克思恩格斯全集》第1版第46卷(下)第362页。
② 《马克思恩格斯全集》第1版第46卷(上)第40页。
③ 《马克思恩格斯全集》第1版第13卷第144页。

克斯登的两部著作《非洲奴隶贸易》和《非洲奴隶贸易的补救》研究了非洲的奴隶贸易。巴克斯登（1786—1845）是英国的勋爵，毕业于三一学院。后来积累了一大笔财产，从事慈善和教育事业，1818年起被选为议员，在议会中活动近20年，曾领导过改善犯人和监狱状况、制止印度妇女殉夫制度、反对奴隶贸易和解放奴隶等问题的辩论，是当时著名的废除奴隶主义者。马克思研究和摘录的他的著作，就是反对奴隶贸易的著作，其中包括有关非洲奴隶贸易的丰富资料。

在欧洲殖民者侵入以前，非洲大陆南部的居民是黑种人，主要处于奴隶制阶段，南非和东非的有些部落处于原始公社解体的不同阶段。葡萄牙人在开辟通往亚洲的新航路的过程中，最先侵占了非洲。早在15世纪，他们就逐步在所侵占的非洲东西海岸一系列据点和岛屿上，建堡垒，设商站，开始了掠夺性的"独占"贸易，同时开始了奴隶的贩卖。欧洲殖民国家掠夺的重点之一是西非海岸，他们用一些小商品换取当地的黄金、象牙等宝贵资源和奴隶。后来西非海岸按照主要掠夺物的不同而分别被称为"象牙海岸"、"黄金海岸"和"奴隶海岸"等。

葡萄牙国内容许蓄养奴隶，贵族之家以畜养黑奴为时髦，但当时欧洲并不缺乏劳动力，所以直到15世纪末，奴隶贸易并未得到显著发展。从16世纪开始，非洲奴隶贸易发生了根本的变化：西班牙人在美洲的殖民地由于残酷压榨和疫病流行，造成印第安人数量锐减。西班牙人的奴隶种植园和矿山需要大量劳动力，于是采纳了天主教神父们的建议，转而奴役非洲黑人。黑人耐热带劳动，熟悉农业种植，运到美洲后人地生疏，不易逃亡。而且价格低廉有利可图。所以从1513年开始，西班牙国王正式颁发执照，准许商人把黑人贩运到西属美洲殖民地，从此开始了人类近代史上最黑暗的奴隶贸易的篇章。

16世纪末，葡萄牙海上霸权衰落，它在非洲的商业和奴隶贸易垄断权遭到致命打击。荷兰、英国、法国等国家同葡萄牙展开了激烈的竞争。17世纪是荷兰在非洲的极盛时期，这时奴隶贸易居于首要地位。从17世纪下半期起，英国后来居上，取得了海上霸权，同时成了最大的奴隶贸易贩子。18世纪中叶是英国贩奴活动的极盛时期，这时黑人奴隶的半数是由英国贩运的。英国不但把奴隶运往拉丁美洲，而且运往北美殖民地，据统计，英国贩运的奴隶数量比各国贩运的总和还多4倍。

欧洲殖民者最初是直接组织"捕奴队"，到农村中去猎取奴隶。但这种办法引起当地人民的激烈反抗，于是殖民者改变手法。他们躲到背后，挑拨当地部落的一些酋长互相进行猎取奴隶的战争，然后在要塞和商站里用一些枪支弹药和布匹等向酋长收购奴隶，运往拉丁美洲。这套奴隶贸易办法一直持续了几个世纪。巴克斯登的书中记载了大量骇人听闻的资料。贩卖奴隶的过程形成所谓"三角贸易"。开始时欧洲奴隶船载满各种廉价商品和枪支从各港口出发，到非洲去交换奴隶。从非洲装满奴隶横渡大西洋到达美洲。在美洲再用奴隶换取当地的金银和原料，运回欧洲。这趟贸易大约经历半年的时间，作三笔生意，而其中贩卖奴隶最赚钱。在18世纪每贩卖一个黑人利润率竟高达百分之八百。

在非洲，奴隶贩子用商品和枪支向当地酋长交换奴隶。在18世纪，一般是一支枪交换一个奴隶。这就加剧了当地部落之间的猎取奴隶的战争，有时竟使整个部落灭绝。黑人在这种战争中被俘以后，被押往沿海的堡垒和要塞，供奴隶贩了们"选购"。年老体弱者被淘汰，只有青壮年才被选中，然后用烧红的烙铁在身上打上烙印，囚禁在要塞中，等待奴隶船的到来，奴隶船横渡大西洋的航线是一条死亡线。从西非到美洲的整个航程大约6周到10周时间，由于奴隶船大大超载，拥挤不堪，疫病流行，生病的奴隶常常被抛入大海。1783年英国奴隶船"宁格号"

因淡水用完,船长竟下令把132名黑奴推入大海淹死。据说,一般情况下只有2/3或1/2的人能活着到达美洲。到达美洲后,奴隶再被拍卖,然后被种植园主或矿主买去像牲畜一样服劳役,最后惨死在美洲。

许多欧洲奴隶贩子靠微薄的资本起家,几次航行就变成大富翁,英国一些著名的绅士和爵士就是靠贩卖奴隶起家的。欧洲许多海港和工业城市,也是靠奴隶贸易发展起来的。例如,英国的利物浦原本是一座荒僻的小村庄,经营奴隶贸易以后,一跃成为英国第二大商港。难怪马克思在《资本论》中说:"利物浦是靠奴隶贸易发展起来的。奴隶贸易是它进行原始积累的方法。"① 关于奴隶贸易对发展资本主义的意义,马克思在1846年12月28日致安年柯夫的信中指出,在买卖黑奴以前,殖民地给予旧大陆的产品很少,没有显著地改变世界面貌,而买卖黑奴以后,"奴隶制使殖民地具有了价值,殖民地造成了世界贸易,而世界贸易则是大机器工业的必不可少的条件"②。

教会是征服殖民地的元凶之一。在西欧各国开辟殖民地的过程中,教会扮演了极不光彩的角色,可以说也是元凶之一。马克思在50年代初期研究殖民地问题时也很注意这个问题,例如,他专门研究了英国作家威廉·豪伊特(1792—1879)写的《殖民和基督教;欧洲人对待所有殖民地人民的通俗历史》(1838年伦敦版)。

最早开辟殖民地的西班牙和葡萄牙都是天主教国家。从一开始教会就参与了这两个国家的殖民事业。当这两个国家因争夺殖民地而不断发生冲突时,罗马教皇亲自出面,在大西洋上划定了一条子午线,正式划分了两国的势力范围。教皇不但认可了这两个国家对新大陆的侵占,而

---

① 《马克思恩格斯全集》第1版第23卷第828页。
② 《马克思恩格斯全集》第1版第27卷第484页。

且颁发了一道特别的"诏示",允许对异教徒采取直接暴力行为。殖民者在遇到印第安人的时候,当着神甫的面宣读这一"诏示",宣布当地人为"教民",如有违抗,立即杀死。教皇派往美洲的僧侣,直接参加了掠夺和暴力行为。教会在拉丁美洲干下的罪行之一,就是为了基督教的信仰而把玛雅人的文化珍品付之一炬,美其名曰"取悦于上帝的行为"。殖民地被征服之后,教会又用宗教来麻痹反对者的斗志,使之成为"顺民"。实际上,在开辟殖民地的过程中,手持武器的亡命徒和手持十字架的神甫是互为补充的。

教会在殖民地获得极大的经济利益。在殖民地的新教区中,征收的什一税成为教会极大的财政支柱。教会还在殖民地直接占领了许多土地和矿山,并在领地管理条例中规定,凡年满5岁的儿童要为教会劳动,教会居然宣布什么,从奴隶中能培养出善良的基督徒。

在非洲奴隶贸易中,教会也起着极不光彩的角色。上面已提到,把非洲的黑人贩卖到拉丁美洲的种植园和矿山中服劳役,就是按照天主教神甫们的建议进行的。教会还为最肮脏的奴隶贸易披上"合乎上帝旨意"的外衣。每当被捕来的奴隶像牲畜一样装上船运往美洲之前,神甫都要为之进行洗礼,仿佛这样就"拯救了黑人的灵魂",奴隶贩子的罪行也得到"赦免",教会始终是贩卖黑人奴隶暴行的参与者。

实际上,当时欧洲各国开拓殖民地时都是在基督教的旗帜下进行的。难怪马克思后来在《资本论》中讲到资本原始积累时,把殖民制度称为"基督教殖民制度"[1],并接着引用豪伊特书中的话说:"所谓的基督教人种在世界各地对他们所能奴役的一切民族所采取的野蛮和残酷的暴行,是世界历史上任何时期,任何野蛮愚昧和残暴无耻的人种都无

---

[1] 《马克思恩格斯全集》第1版第23卷第819页。

法比拟的。"①

荷兰在爪哇的殖民暴行。后来，马克思对殖民问题的考察，从拉丁美洲、非洲转入了亚洲。在1853年写的最后几个笔记本中，载有不少关于印度和爪哇（今日的印度尼西亚）的摘录。关于殖民者在爪哇的暴行，马克思主要研究了托马斯·斯坦弗德·莱佛尔斯写的《爪哇史》一书（1817年伦敦版两卷集）。

托·斯·莱佛尔斯（1781—1826），英国殖民官员。生于海外牙买加，其父是船长。14岁时被英国东印度公司雇用为临时职员，因工作表现而受到重视。1805年在槟榔屿任大臣助理，以后又担任过法院的职务。他精通马来语，在马六甲研究了当地社会经济和物质资料情况。1810年在印度的加尔各答遇到英国总督而受到重用。1811—1816年担任爪哇总督5年左右。1816年回国著书，1817年出版了《爪哇史》，因而出名，成为议员，以后还在苏门答腊和新加坡担任过职务和进行过研究工作。

爪哇地区由许多岛组成，物产极为丰富。摩鹿加群岛盛产香料，爪哇岛盛产大米，万丹地区盛产胡椒。这些丰富的资源，早就引起西方殖民者的垂涎。16世纪初，葡萄牙殖民者占领了马六甲，垄断了东西方贸易，赚取了巨额利润。16世纪末和17世纪初，随着葡萄牙海上霸权的衰落，荷兰和英国的殖民势力侵入进来，经过激烈竞争，荷兰取得了上风。1602年荷兰组成了"联合东印度公司"，被议会授予贸易垄断权，并拥有招募军队、建筑炮台、发行货币、任免殖民地官员和同外国宣战媾和等权力。它有力地推进了荷兰的殖民事业。

正像马克思后来在《资本论》中引用的莱佛尔斯书中的话说，荷

---

① 《马克思恩格斯全集》第1版第23卷第820页。

兰在17世纪经营殖民地的历史,"展示出一幅背信弃义、贿赂、残杀和卑鄙行为的绝妙图画"。① 这段话是荷兰在爪哇地区种种罪行的生动写照。在17世纪初,荷兰和英国一样,利用爪哇人民反对葡萄牙的殖民统治,把自己打扮成当地人民的朋友,以便在当地站住脚。荷兰的东印度公司就曾冒充各地封建统治者的盟友,以保护同盟者为借口在安汶、邦达岛等地建立了一系列据点,把葡萄牙人赶走。东印度公司在爪哇岛上立足遇到了困难,它就利用万丹内部的不和,经过同英国的对抗,派舰队占领了雅加达城,在那里建立起一座大城堡,命名为巴达维亚,从此成为蚕食整个爪哇岛的中心据点,荷兰一方面挑拨当地各王国之间发生冲突,自己坐收渔人之利,一方面不断扩大自己的直辖领地。直到1641年,荷兰终于占领了欧亚交通要道上的马六甲,并通过阴谋杀死了葡萄牙总督,结束了葡萄牙的统治。马克思后来在《资本论》中写道:"荷兰人为了霸占马六甲,曾向葡萄牙的总督行贿。1641年总督允许他们进城。他们为了'节省'支付21875镑贿款,立即到总督住宅把他杀了。"②

荷兰对印尼人民的殖民掠夺达到了骇人听闻的程度。特别是在香料贸易方面实行极严格的垄断制度。荷兰既排斥其他殖民国的商人,也排斥印尼商人。它派船到处巡逻,拒绝没有贸易特许状的船只进来,并把船员打死。为了保持香料的垄断价格,东印度公司只准在安汶岛种丁香,在班达岛种豆蔻,其他岛上的丁香和豆蔻一律砍光。荷兰实行强迫供应制,在收购香料和其他物产时,农民必须按极低价格卖给东印度公司,否则不供应大米,使居民陷于饥饿之中。实际上这是一种变相的赋

---

① 《马克思恩格斯全集》第1版第23卷第820页。
② 《马克思恩格斯全集》第1版第23卷第820页。

税。马克思在1853年6月写的一篇文章中引用莱佛尔斯书中的话说:"荷兰东印度公司一心只想赚钱,它对待自己的臣民还不如过去西印度种植场主对待他们的奴隶,因为这些种植场主买人的时候还付过钱,而荷兰东印度公司一文钱都没有花过,它只运用全部现有的专制机构压榨居民,使他们把最后一点东西都交纳出来,把最后一点劳力都贡献出来。这样,它就加重了任意妄为的半野蛮政府所造成的祸害,因为它是把政治家的全部实际技巧同商人的全部垄断利己心肠结合在一起进行统治的。"①

对于当地人民的反抗,荷兰则实行残酷的镇压。1621年班达岛和安汶岛的人民发动了反荷兰的起义,遭到镇压。班达岛的15000个居民被屠杀许多,余下的被赶到山岩地区,活活饿死。幸存者800人,包括妇女儿童在内,被运到巴达维亚当了奴隶。结果全岛被弄得人烟绝迹。荷兰人则把掠夺来的土地分给公司的职员,组织奴隶种植园。

荷兰殖民者还从事买卖奴隶的罪恶勾当。荷兰的种植园和殖民者家中都使用奴隶,而奴隶的来源主要是苏拉威西和巴厘岛。他们或是用武力捕捉,或是从土邦统治者那里购买,"最有代表性的是,荷兰人为了使爪哇岛得到奴隶而在苏拉威西岛实行盗人制度。为此目的训练了一批盗人的贼。盗贼、译员、贩卖人就是这种交易的主要代理人,土著王子是主要的贩卖人。盗来的青年在长大成人可以装上奴隶船以前,被关在苏拉威西的秘密监狱中"②。荷兰在爪哇地区进行殖民统治近200年,至19世纪初,英国取而代之,于是印尼又沦为英国的殖民地。《爪哇史》一书的作者莱佛尔斯就是这时被任命为爪哇总督的。

---

① 《马克思恩格斯全集》第1版第9卷第144—145页。
② 《马克思恩格斯全集》第1版第23卷第820页。

* * *

在50年代初期，通过对西欧各国开拓殖民地的历史的研究，马克思积累了大量的事实材料，使他进一步加深了殖民制度对资本原始积累过程所起的决定性作用。这样，马克思后来在《资本论》中终于得出了重要的概括："美洲金银产地的发现，土著居民的被剿灭、被奴役和被埋葬于矿井，对东印度开始进行的征服和掠夺，非洲变成商业性地猎获黑人的场所：这一切标志着资本主义生产时代的曙光。这些田园诗式的过程是原始积累的主要因素。"① 开拓殖民地的血腥历史证明，资本原始积累过程是以赤裸裸的暴力为基础的，而决不是像资产阶级描绘的那种田园诗式的过程。马克思最后得出结论说，"暴力是每一个孕育着新社会的旧社会的助产婆"②。所以，"资本来到世间，从头到脚，每个毛孔都滴着血和肮脏的东西"③。

四、对资产阶级殖民理论的研究

马克思在读完《墨西哥征服史》和《秘鲁征服史》之后，就转入了资产阶级殖民理论的研究。在1851年的第 XIV 笔记本中，摘录了赫·梅里威耳《关于殖民和殖民地的演说》（1841—1842年伦敦版），然后又摘录了爱·吉·威克·菲尔德《殖民概论》（1849年）和《略论殖民艺术》（1849年伦敦版）。特别是对梅里威耳的著作作了非常广泛的摘录，在摘录笔记中占17页多。赫尔曼·梅里威耳（1806—1874）是英国政治经济学家和殖民官员，生于英国德文郡。1827年在牛津人

---

① 《马克思恩格斯全集》第1版第23卷第819页。
② 《马克思恩格斯全集》第1版第23卷第819页。
③ 《马克思恩格斯全集》第1版第23卷第829页。

学法学系毕业，1837年作为西尼耳的门徒被任命为牛津大学政治经济学教授。1847年起担任殖民副大臣，1856年起直到1874年2月去世为止，担任印度事务副大臣。他写了一些哲学史和经济学著作，发表了许多关于殖民地问题的著作，其中最重要的就是《关于殖民和殖民地的演说》，这是他在牛津大学发表的演说，分为第1、2卷，马克思这时所摘录的主要是关于殖民地的历史起源的第1卷。在英国资产阶级学术史上，梅里威耳被认为是殖民理论的奠基人之一。他的著作被称为英国关于殖民理论的"最好的"和"完整的"著作，为后来研究这个问题的人打下了基础。

马克思一开始就摘录了梅里威耳的著名论断：向国外移民决不是治疗人口过剩的药方。梅里威耳承认，英国每年增长的人口中有1/4以上的人怀着在国外可以改善自己境况的想法希望移民国外。这样，梅里威耳就证实了向国外殖民的事实。但他认为应当考虑这件事对国内的影响："假定在危机时期国家竭力通过向国外移民的办法来摆脱几十万过剩的贫民，那结果会怎样呢？结果是，当对劳动的需求刚一恢复时，就会感到劳动不足。人的再生产不管多么快，要把成年工人补充起来，总需要有一代人的时间。可是我们的工厂主的利润主要取决于是否有能力利用畅销的有利时机，并以此来弥补滞销时期的损失。而他们只有拥有对机器和体力劳动的指挥权，才能保证有这种能力。他们必须找到可供支配的人手；他们必须能够依据市场情况在必要时加强或收缩他们的营业活动，否则他们就决不能在竞争的角逐中保持优势，而这种优势是国家财富的基础。"① 这段话表明，梅里威耳不但认为相对过剩人口的存

---

① 马克思后来在《资本论》中引用了他在《伦敦笔记》中摘录的这段话（参看《马克思恩格斯全集》第1版第23卷第695页）。

在，而且是现代工业的必要生活条件。他把这件事同资本主义生产的周期变化联系起来，认为在危机时期工人被排出生产领域，成为产业后备军，但这些人不能都移民国外，在经济恢复和繁荣时期，这些过剩人口又会被吸收进来。因此，过剩人口是资本主义大工业存在的条件。

这些观点是梅里威耳在批判地研究李嘉图的理论时说的，这种说法和当时流行的李嘉图的观点是不一致的。按照李嘉图的理论，当人口的增长过快，威胁到生活资料时，唯一的办法或是减少人口的数目，或是增加资本积累。他认为，一时的人口过剩可能出现，但这不是必然现象，通过资本加速积累就可以抵消人口过剩。他认为使用机器不一定会产生过剩人口，在需要不变的情况下，使用机器和由此引起的商品价格下降，会使资本更多地积累起来，从而为过剩人口提供就业机会。李嘉图没有考虑到的是，资本积累决不只是生产在不变技术基础上的单纯扩大，相反，资本积累意味着资本有机构成提高，可变资本相对减少，因此过剩人口是必然现象。李嘉图把资本主义的这种必然现象看成偶然的事情，并且归根到底看作是一个改善管理的问题，这就不对了。梅里威耳至少承认了三件事：一、过剩人口和向国外殖民的存在；二、认为过剩人口同资本主义生产的周期发展有关；三、过剩人口是资本主义发展的必要条件。虽然他谈了这些，但都没有说明原因。

马克思这个时期通过对资产阶级学者的有关著作和《经济学家》杂志上的事实材料的研究，终于能揭示出向国外大量殖民的真正原因。在1853年3月4日为《纽约每日论坛报》写的文章中，马克思指出了现代的海外殖民和古希腊罗马时代的海外殖民是不一样的。在古代，由于生产力水平低，人口数量不能超过一定的限度。因为超过一定的限度，古代文明就有被毁灭的危险，所以要进行强迫移民。而"现代的强迫移民，情况则完全不同。现在，人口的过剩完全不是由于生产力的不足而造成的；相反，正是生产力的增长要求减少人口，借助于饥饿或者移民来消除过剩的人口。现在，不是人口压迫生产力，而是生产力压迫人口"①。马克思进一步指出现代向国外殖民的原因，是"由于大地主占有制和土地的集中，由于使用机器耕种土地和大规模采用现代农业耕作法而引起的……"②。这就把海外殖民同资本主义发展联系起来，这就比梅里威耳深刻多了。当然，这里主要谈的是农村小生产者的破产和向国外的殖民，在这篇文章中，马克思还只是顺便提到工人不可能自己出钱移居国外，工业资产阶级不会在这方面帮助他们。

在《伦敦笔记》中，马克思同样注意研究了资本主义大机器工业如何形成过剩人口和产业后备军的问题。他在1851年的第XI笔记本中，摘录了詹·库·昔蒙兹《国内外的手工业和手工业者》、赛·兰格《国家的贫困》，托·霍普金斯《近四十年来的大不列颠》等著作和《经济学家》杂志刊载的实际材料，其中都有机器排挤工人的记载。根据这些材料，马克思在《1857—1858年经济学手稿》中得出了机器的资本主义应用必然排挤和代替工人的重要结论。马克思指出，资本具有两种趋势，"既增加劳动人口，又把劳动人口的一部分不断地变成过剩人口"③。他指出就业工人的相对减少通过双重形式表现出来，一种形式是"原来在业的一部分工人由于使用固定资本（机器）而被解雇"，另一种形式是"机器的采用将使所使用的工作日的增加减少"④。马克思的这些思想，在《资本论》中发展成为完整的资本积累和产业后备军的理论。资本主义机器生产的技术条件必然造成产业后备军，而这些

---

① 《马克思恩格斯全集》第1版第8卷第619页。
② 《马克思恩格斯全集》第1版第8卷第618页。
③ 《马克思恩格斯全集》第1版第46卷（上）第378页。
④ 《马克思恩格斯全集》第1版第46卷（下）第359页。

后备军又是大工业的生存条件。这样,随着工业周期的变化,工人的命运就是时而被吸收时而被排斥,这是现代大工业条件下必然的现象。但过剩人口并不像梅里威耳所说的来源于危机,而是来源于大机器工业。这就把梅里威耳讲的现象彻底弄明白了。

马克思还研究并十分详细地摘录了梅里威耳论述宗主国向殖民地输出资本的问题。李嘉图的理论不承认有资本过剩的可能性,梅里威耳对李嘉图的这个观点有争议。李嘉图承认利润率有下降的趋势,但他认为那是由于农产品价格上涨的结果,单纯的竞争并不会使利润率降低。梅里威耳反驳说,在现实的情况下,是否"对使用资本和现有的利润率总是有一个自然界限,竞争并不具有迫使资本越过这个界限和诱使资本的所有者满足于继续下降的利润率的作用"① 呢。他接着阐述说,在一定的情况下,资本也会投在它带来较低利润的地方。积累的趋势使人不得不在有利的时期投资,扩大营业,即使新的企业不得不以较低的利润来经营。梅里威耳由此得出结论说,"资本增长本身并不足以增大它的投资领域"。我们知道,资本主义的竞争迫使资本家继续不断地增大自己的资本,以便维持自己的资本。要这样,就必须通过积累,把他的部分利润再转化为不变资本和可变资本。但资本积累不仅导致资本在量上的增大,而且首先导致资本有机构成的提高,而有机构成的提高必然引起利润率的下降。这就削弱了资本主义生产的动力。利润率的下降意味着资本增殖条件的恶化。当梅里威耳反驳李嘉图,说"资本增长本身并不足以增大它的投资领域"时,他是正确的,他实际上比李嘉图更清楚地感到了资本主义生产的矛盾。李嘉图认为,积累起来的资本在任何时候都可以找到投资场所,因此,既不会有资本的生产过剩,也不会有暂时

---

① 《伦敦笔记》第 XIV 笔记本第 185 页。

的资本生产过剩,而梅里威耳则承认有这样的资本主义生产过剩,这时把资本从生产转入消费也许有助于经济的恢复。他说:"因此,从积蓄转到花费,从在生产中使用转到非生产使用,有时能够有利于民族工业从暂时的过剩和压迫中复苏过来。"① 但他没有认识到,资本的生产过剩来源于资本主义生产方式的基本矛盾。

梅里威耳认为,把在本国不能投入或投入以后只会带来很大损失的资本输往国外,输往殖民地,并用这种办法来避免本国利润率的下降和阻止这种下降,其前提条件是资本的生产过剩,此外,人们用这种办法可以为本国的商品创造新的市场,同时给本国开辟新的生产泉源,从而能够较便宜地输入一系列商品。因为有了殖民地,就无需再完全依赖外国,而只要依赖自己的殖民地就行了。② 这样,梅里威耳不仅论述了大量居民移居国外的问题,而且谈到了资本投到殖民地的问题。当然,他的这些言论还是很肤浅的,更谈不上深入到了资本主义的本质。他根本不可能揭示出造成这种现象的深刻原因,更不可能根据资本主义的规律来说明这些现象,因此,他也没有把这些现象纳入资本主义生产的总体系当中。梅里威耳认识到了殖民地的占有对资本主义生产方式存在的意义,就这点而言,可以把他视为资产阶级殖民理论的先驱。因此,马克思注意研究他的理论,不是偶然的。在《伦敦笔记》中,马克思只摘录了梅里威耳《关于殖民和殖民地的演说》的第1卷,后来,马克思大概在写《1857—1858年经济学手稿》时才摘录了这本书的第2卷,③并把他的殖民理论引用在《资本论》第1卷中。④

---

① 《伦敦笔记》第 XIV 笔记本第 187 页。
② 参看《伦敦笔记》第 XIV 笔记本第 187 页。
③ 《马克思恩格斯全集》第 1 版第 46 卷(下)第 363 页。
④ 《马克思恩格斯全集》第 1 版第 23 卷第 695、839 页。

马克思把梅里威耳称为"现代殖民理论"的代表人物威克菲尔德的"门徒"。接着，马克思就从"门徒"转入了对"老师"的理论的研究。爱德华·吉本·威克菲尔德（1796—1862），英国国务活动家和殖民理论家。生于伦敦，在威斯明斯特和爱丁堡受教育。1814年起在驻巴黎的大使馆任职，后在加拿大、澳大利亚和新西兰从事政治活动。他曾研究古典经济学，对亚·斯密的《国富论》进行过注释，他曾参加使新西兰殖民化的活动，并从事资产阶级殖民理论的研究，1829年出版了《悉尼来信》，1833年出版了《英国和美国》，1849年出版了《略论殖民艺术》等著作，提出和论述了他的"系统殖民"的理论，马克思在《伦敦笔记》第XIV本笔记本中只摘录了威克菲尔德在1849年出的《殖民考察》和《略论殖民艺术》，很可能在这个时期，马克思还没有读《英国和美国》等著作。

威克菲尔德主要考察殖民地的情况，他发现了许多在资本主义关系已经发达的宗主国所看不到的东西。马克思在《伦敦笔记》中研究了威克菲尔德的殖民理论，并在后来的著作中对这一理论作出了评价。例如，马克思在《1861—1863年经济学手稿》中指出："威克菲尔德的新殖民制度的功绩不在于他发现或发展了开拓殖民地的艺术，[IV—144]也不在于他在政治经济学领域里有了什么新的发现，而在于他天真地发现了政治经济学的狭隘性，而自己却没有认清这种发现的重要性，或者说自己丝毫也没有摆脱经济学的狭隘性。"① 马克思后来在《资本论》中又说："爱·吉·威克菲尔德的巨大功绩，并不是他关于殖民地有什么新发现，而是他在殖民地发现了关于宗主国的资本主义关系的真理……英国一度试图用立法手段来推行的威克菲尔德的殖民理论，力图

---

① 《马克思恩格斯全集》第1版第47卷第292页。

在殖民地制造出雇佣工人。威克菲尔德把这称为《gystematic colonization》（系统的殖民）"。①

在欧洲资本主义发达的国家，即威克菲尔德所说的"古老国家"，资本主义关系已经建立起来，那里有现代的大量过剩人口供资本家雇用。因此，资产阶级政治经济学根本觉察不到缺乏劳动力的问题。在殖民地则不然，尤其是在殖民地发展的最初阶段，资本主义关系还处于刚刚形成的过程中，在这里可以看到在宗主国所看不到的资本主义关系的真相。资产阶级经济学家惯于把资本看成物，而不是人和人之间的社会关系。威克菲尔德也是这样，他把生产资料和生活资料直接等同于资本，他甚至把生产资料为许多互不依赖而独立经营的劳动者个人所有这种分散的现象，称为资本的均分。但他在殖民地却惊讶地发现，只有货币、生活资料和生产资料，而没有雇佣工人这个被补充物，没有被迫出卖劳动力的人，还不能使一个人成为资本家。原因在于，殖民地有广阔的自由土地，从宗主国来的劳动者很快就可以找到自己谋生的手段，致使宗主国来的资本家无从进行生产。威克菲尔德在殖民地看到，没有资本主义关系，只有生活资料和生产资料，劳动的社会生产力的发展，协作、分工以及机器大生产等等，都是不可能的。

威克菲尔德在他的书中大谈劳动需要协作，需要大量的工人。这个问题在殖民地特别突出。马克思摘录了威克菲尔德这方面的论述。"有许多工作非常简单，不能分割开来，只有许多双手共同来做才能完成。例如，把一根大树干抬到车上，在一大片田地上除草，给一大群羊剪毛，收割已成熟、但还未熟过度的谷物，搬运某种笨重的物品；总之，凡是很多人不同时在同一个不可分割的工作上互相帮助就不能完成的事

---

① 《马克思恩格斯全集》第1版第23卷第834页。

情,都是这样。"威克菲尔德把这叫作"劳动结合",马克思后来在《资本论》中论述协作时,曾举出威克菲尔德的这段话作例子。[①] 不但劳动的结合需要大量劳动,而且从劳动的持续性方面来看,也需要大量劳动,威克菲尔德把这叫作劳动的"恒久性"原则,他说:"还有另一种劳动原则,没有引起古老国家的经济研究者的注意,而殖民地的所有资本家却亲身体验到了,绝大部分生产经营,特别是与所使用的资本和劳动相比产量很大的那些生产经营,需要相当长的时间才能完成。至于大多数这样的经营,如果没有信心在几年以内实现它们,那就不值得去着手进行。投入其中的相当大部分资本是固定的、不可兑现的、耐久的资本。如果发生什么事情使经营停顿,整个这笔资本就会丧失。如果庄稼不能收割,全部耕作费用就白费了……这一点说明,恒久性是和劳动结合同样重要的原则。恒久性原则的重要性在古老国家里是看不出来的,因为从事某种营业的劳动违背资本家的意志而停顿下来的情况,实际上很少发生……但是在殖民地,情况正好相反。在这里,资本家对此非常害怕,竭力避免这种情况的出现,尽量避免需要很长时间才能完成的经营。"从这段话可以看出,在殖民地,资本家非常害怕因缺乏雇佣工人而使他的生产中断。威克菲尔德最后承认,"在古老的国家里,劳动的结合和恒久性,不用资本家的任何努力和操心,仅仅由于雇佣工人很多就实现了。缺少雇佣工人是殖民普遍抱怨的问题"。正是由于缺少雇佣工人这个客观情况迫使威克菲尔德不自觉地承认了:原来资本不是物,而是一种生产关系,没有雇佣工人,资本就不能存在。我们知道,生活资料和生产资料并非在任何时候都是资本,当它们掌握在直接生产者手中时,并不是资本。只有当它们掌握在资本家手中并用来剥削和统

---

① 《马克思恩格斯全集》第 1 版第 23 卷第 362 页。

治那些丧失了生产资料和生活资料的无产者时，才成为资本，也就是说，这些物只有在一定的关系下才成为资本。资产阶级经济学家包括威克菲尔德在内，把资本主义灵魂和它们的物质实体直接等同起来，把资本说成物。而在殖民地终于使他们不自觉地发现了资本主义关系的真理。

威克菲尔德还探讨了在殖民地如何制造出雇佣工人的办法。他看到，殖民地缺乏雇佣工人的原因是土地价格太便宜，移民中的劳动者很快就会成为独立生产者，而不去受雇于资本家。他看到拥有个人财产的生产者是防害资本主义关系形成和发展的障碍，必须设法使劳动者和财产分离；人为地制造出雇佣工人来。这样，他就不自觉地在殖民地发现了资本原始积累的秘密。在资本主义生产关系已经建立起来的宗主国，经济学家们把两种极不相同的私有制混为一谈，其中一种是以生产者自己的劳动为基础的小私有制，另一种是以剥削他们劳动为基础的资本主义私有制。资产阶级经济学忘记了资本主义私有制不仅与小生产者的私有制直接对立，而且是在小生产者的私有制的坟墓上成长起来的。因此，他们把这两种私有制说成是一致的，从而得出资本主义制度是永恒的结论。这是资产阶级经济学的最大的狭隘性。威克菲尔德自己也没有摆脱这种狭隘性，例如，他认为，在欧洲发达的资本主义国家，人们把自己分为资本家和劳动者，是自愿协商和结合的结果，而不是剥夺劳动者的生产条件的结果。但是，殖民地的现实告诉他，实际情况完全不是这样。在那里，资本主义制度到处都碰到小生产者的阻碍，在资本家有宗主国力量作后盾的地方，资本家总是企图用暴力消除以小生产者的劳动为基础的生产方式。在殖民地，这些资产阶级经济学家不得不承认这两种生产方式是对立的，如果不剥夺劳动者，资本主义是发展不起来的。威克菲尔德也是这样，他把宗主国中工人必须出卖劳动力给资本家的从属关系说成买者和卖者之间的自由契约关系，而在殖民地，由于劳动者很快成为独立生产者，而不受雇于资本家，他就哀叹殖民地的雇佣工人缺乏从属关系和从属感情。因此，他主张人为地制造出雇佣工人来。这样，他就不自觉地承认了资本原始积累的秘密。

威克菲尔德提议，为了在殖民地人为地制造出雇佣工人来，必须提高土地价格，迫使移民必须在相当长的时期内充当雇佣工人，在赚到一笔钱以后才能购买土地，变成独立生产者。当然，土地价格也不能无限度提高以致在殖民地形成宗主国那样的大量过剩人口。他提出土地价格应是"充分的"，即应该高到恰到好处的地步，既不会找不到雇佣工人，也不会存在大量过剩人口。马克思摘录了威克菲尔德的有关论述。他说："在殖民地，只有最便宜的土地的价格才影响劳动市场。这种土地的价格也和一切未开垦的土地以及一切不需要任何费用就能进行生产的其他东西的价格一样，自然是由供求关系决定的。"他要求提高土地价格，使劳动者不能轻而易举地变成土地所有者时说："为了使未开垦的土地的价格能够完成自己的使命，它的价格必须是充分的。到目前为止任何地方的价格都是不充分的。"

威克菲尔德提出了他设想得很好的"系统的殖民"理论。一方面土地价格应是充分的。使劳动者在成为土地所有者以前，要在相当长的时期内为工资而劳动。另一方面，政府可用这种出售土地的基金从欧洲再把穷人输送到殖民地来，为资本家充实雇佣劳动市场。他说的下面这段话解释了"充分的"土地价格的这种作用。"在创建殖民地的时候，土地的价格可能很低，移民能够占有实际上是无限数量的土地。土地的价格也可能很高，以致土地和人口之间形成类似古老国家中那样的比例，在这种情况下，即使这种很高的价格不妨碍移民，殖民地最便宜的土地却可能像英国土地那样贵，工人过剩的情况也可能像英国那样悲惨。或者可能是一种中间状态；既不引起人口过剩，也不引起土地过多，然而却能把土地的数量限制在这样的范围内，即让最便宜的土地也具有市场价值，这将迫使工人在他们能够成为土地所有者以前不得不在相当长的时期内为工资而劳动。"马克思把这段话作为威克菲尔德的代表性言论。威克菲尔德所设计的"系统的殖民"的方案，曾一度由英国政府用立法手段加以推行，后来由于殖民地中资本主义关系的发展，这套办法也就成为多余的了。

  威克菲尔德的这套理论确实没有什么新鲜的东西，他不过在殖民地的严酷事实面前承认了资产阶级经济学在宗主国所不愿承认的东西。这就是，资本是一种关系。没有雇佣劳动，资本就不能成立；资本主义关系的形成要以原始积累过程为前提，必须剥夺以个人劳动为基础的小私有制，使劳动者同财产分离开来，才能形成供资本家剥削的雇佣工人。因此，资本主义制度不是永恒的，它是在小生产的私有制的废墟上建立起来的。由于历史的辩证法，资本主义的私有制将来也必然被剥夺。这就是威克菲尔德的现代殖民理论告诉我们的真理。马克思在《1857—1858年经济学手稿》中引用了摘自威克菲尔德的著作的这些摘录，然后注明："这里从威克菲尔德的《略论殖民艺术》中引用的段落，属于前面论述劳动者和财产条件必然分离的地方"。① 后来，马克思在《资本论》第1卷第1版中论述《资本原始积累》时，专门在最后写了资产阶级的现代殖民理论一节（在后来的各版中变成最后一章即第25章），作为资产阶级经济学关于资本原始积累的自供。

---

① 《马克思恩格斯全集》第1版第46卷（下）第58页。

五、对印度殖民地的全面考察

1853年春天，英国东印度公司章程修改问题提到了英国议会的日程上来，英国政府提出了某些改革的建议。结果，印度的事务，引起公众的广泛讨论，大约从1853年3月起，马克思研究了英国当时的殖民地印度的情况，以相当大的篇幅作了摘录。马克思对印度问题的研究内容很广也很深，既包括古代，也包括现代，既包括经济基础，也包括上层建筑等各个方面，大大超出了单纯考察殖民征服的范围，无疑这个时期的详细考察，奠定了马克思后来论述民族殖民地人民革命理论的重要基础。关于印度问题，马克思在第XXI笔记本中摘录的著作有：麦克库洛赫《商业词典》中的"东印度"，英国议会关于印度问题的蓝皮书；《印度的铁路及其未来的结果》；俄国萨尔梯柯夫公爵《关于印度的通信集》；《印度、大不列颠和俄国》；《印度之考察》；弗·贝尔尼埃《游记》等等。在第XXIII笔记本中摘录的著作有：马·维尔克斯《印度南部的历史概要》；J. F. Royle《论印度的生产资源》，《论印度长期停滞的原因及其居民》；Murray、威尔逊等人《不列颠印度的历史和现状》，乔·坎伯尔《现代印度》以及同一著者的《印度管理方案》；R. 佩顿《亚洲君主制度的原则》；J. ph. 法耳梅赖耶尔《东方来信》等等。1853年5、6月份写的第XXIII笔记本摘录了"印度改革协会"出版的7辑小册子的材料。这些小册子就是：（1）"1839年以来的印度政府"；（2）"印度的财政"；（3）"印度纪事"；（4）"双重政府史摘要"，（5）"官僚当局对印度的管理"，（6）"印度的土邦"；（7）"印度的弊病不可救药"。下面我们分五个方面来说明马克思对英国殖民统治下的印度所进行的全面研究。

英国侵占印度的经过。最早来到印度的殖民者是葡萄牙人。16世纪他们先后侵占了印度西海岸和印度南端的锡兰等地。正当葡萄牙在印度沿海地区大肆掠夺的时候,印度内部的莫卧儿帝国兴起了。印度斯坦分成许多封建小国,互相争斗不已。1525年,蒙古贵族帖木儿的后裔巴布尔由西北入侵印度,占领了德里,接着征服了北印度的大部分地区,建立了莫卧儿帝国(1526—1857年)。16世纪中叶至17世纪初,莫卧儿帝国几乎统一了整个印度,盛极一时。但帝国内部伊斯兰教封建主和印度教封建主之间、部落与部落之间、种姓之间,阶级矛盾和民族矛盾错综复杂,给了西方殖民者以可乘之机。

随着葡萄牙的衰落,英国和荷兰殖民者大致同时入侵到东方来。1600年英国成立了"东印度公司",并获得了国王颁发的特许状,垄断东方贸易。荷兰先垄断了爪哇等地的香料贸易,把英国从那里排挤出来。英国则得到莫卧儿皇帝的保护,在印度半岛逐步站稳了脚跟。1613年莫卧儿皇帝发布敕命,准许英国在苏拉特建立商馆。此后,英国又先后在马德拉斯、孟买和加尔各答多处建立商馆,并成立了三个管辖区,作为进一步侵略印度的基地。大约半个世纪以后,法国也闯入了印度。1673年法国在印度东海岸建立了第一个殖民据点,然后又建立了多处法国殖民据点。法国为了争夺殖民利益,先是与荷兰不断发生武装冲突,后来又与英国在印度进行了长期的角逐。

在西方殖民列强不断扩大侵略的情况下,莫卧儿帝国内部由于民族矛盾、宗教矛盾和阶级矛盾而日益解体。莫卧儿人是蒙古人的后裔,信奉伊斯兰教,他们把征服的土地赏赐给有功的官员,这些官员就成为他们的封地的统治者,称为扎吉达尔,这是印度封建土地占有制的基本形式。大的扎吉达尔统辖一个省,是为总督。他们拥有自己的军队和行政机关,势力很大。但税收却由帝国皇室任命的官员直接管辖。结果各省总督同皇室之间矛盾很尖锐。随着总督们地位的加强，分立主义倾向越来越严重。莫卧儿皇帝则试图多方面限制他们。结果，在17世纪到18世纪初，充满了总督们的叛乱和反对皇帝的阴谋。

除了这种大的封建所有主扎吉达尔以外，在莫卧儿帝国中还存在一些小的附属土邦，他们是些土著的小封建主，多信奉印度教，土地是世袭的，名叫柴明达尔。他们平时向莫卧儿皇帝纳贡，战时派自己的军队随皇帝出征。大的总督管区内，也存在这种小土邦。后来，由农村分化而形成的或由包税人变成的一些地主，也称柴明达尔。

从17世纪中叶起，莫卧儿帝国开始衰落。总督们的势力的加强，助长了他们的离心倾向和割据意图。18世纪前半期莫卧儿帝国迅速解体。孟加拉、奥德、海得拉巴等省实际上等于脱离了莫卧儿帝国。另一方面，由于莫卧儿皇帝加强租税剥削，弄得民不聊生，结果激起了非伊斯兰教部族的起义。其中最有名的就是马拉提人的解放斗争、锡克教徒和扎提人起义等。

马拉提人原来定居在印度中西部沿海地带。信奉印度教。17世纪中叶曾在西瓦吉领导下发动起义，得到了广大被压迫农民的拥护，因此具有反对异族统治的解放战争性质。马拉提人的斗争后来暂时沉寂下来。18世纪初，马拉提人再度崛起，征服了印度中部广大地区，于1737年兵临德里城下。马拉提人成为印度的一支强大政治力量。在北印度，旁遮普的广大农民和手工业者，以锡克教为旗帜，于17世纪末发动起义，18世纪初达到高潮，起义地区实际上脱离了莫卧儿王朝的管辖。其他各省总督也都拥兵自立，形同独立国家。

与此同时，四分五裂的莫卧儿帝国接连遭到伊朗和阿富汗的入侵。1738年，伊朗的纳迪尔汗率兵侵入印度，次年2月占领德里，掠夺了大量金银珠宝而去。1748年，阿富汗的艾哈迈德沙又率兵侵入印度，并且几度占领德里。阿富汗人和北进的马拉提人在德里以北地区发生大战,结果马拉提人被击溃,遭到惨败。但阿富汗人无力保持自己在整个印度的占领,由于国内叛乱,他们不得不撤回本国。这时马拉提发生内讧,无力他顾。旁遮普全境被锡克教徒占领。莫卧儿帝国已经解体。这时英国殖民者乘虚而入,征服了印度。

与此同时,英国东印度公司和法国东印度公司之间反复进行了较量。开始时它们不时利用封建王公的争斗,各扶植一方,争夺势力范围。双方不断发生武装冲突。在为英国扩大领土方面,"东印度公司"的职员出身的罗伯特·克莱武立下了"汗马功劳",先后率兵夺取了孟加拉等重要地区。在1756—1763年间爆发了英法之间的"七年战争",结果法国失败,只保留五座城市,已不再是英国的对手了。"七年战争"后,英国则由原先主要从事商业掠夺,进而直接占领印度大片领土,到19世纪中叶,英国殖民者终于征服了整个印度,建立了殖民帝国。马克思显然研究了印度的历史,他概括英国征服印度的经过时说:"大莫卧儿的无限权力被他的总督们打倒,总督们的权力被马拉提人打倒,马拉提人的权力被阿富汗人打倒;而在大家这样混战的时候,不列颠人闯了进来,把所有的人都征服了。"①

对印度农村和城市社会制度的考察。马克思也像考察拉丁美洲的社会制度那样,注意研究了殖民者征服以前的印度社会制度。当时的印度从整体说来处于封建社会制度下。但印度的封建制度有其特点。这就是农村存在着公社制度。这决定了印度农村在经济方面具有很大的闭塞性和停滞性。马克思通过英国议会的文献和一些人写的有关印度的著作,研究了印度农村公社的特点。在这些著作中应提到的有乔治·坎伯尔的

---

① 《马克思恩格斯全集》第1版第9卷第246页。

《现代印度》和马尔克·威尔克斯写的《印度南部的历史概要》等著作。坎伯尔（1824—1892）是英国国务活动家，1843—1874 年期间曾断续地担任英国驻印度的殖民官员，担任过法官、省督和议员等职务。1875 年起担任英国议会议员，自由党人。一生中著有多种有关印度的著作。马克思在 50 年代初期主要摘录了他的两本著作，在 1852 年伦敦出版的《现代印度：民政管理制度概述》的前面，附有关于当地居民及其制度的材料。另一个研究印度情况的人是威尔克斯，他是英国的殖民军官，长时期驻在印度，写有一些有关印度的著作。他的《印度南部的历史概要》一书，副标题是"迈索尔历史初探"，主要叙述的是印度斯坦中南部地区迈索尔地方的情况，马克思也参考了他的描述。

马克思在摘录和研究印度农村公社制度的同时，把摘自英国下院1812 年发表的一份报告中的材料收进了他在 1853 年 6 月 10 日给《纽约每日论坛报》写的文章《不列颠在印度的统治》中去。这段材料对印度农村公社制度有出色的描写："从地理上看，一个村社就是一片占有几百到几千英亩耕地和荒地的地方；从政治上看，它很像一个地方自治体或市镇自治区。它通常设有以下一些官员和职员：**帕特尔**或村社首脑一般是总管村社的事务，调节居民纠纷，行使警察权力，执行村社里的收税职务——这个职务由他担任最合适，因为他有个人影响，并且对居民的状况和营生十分熟悉。**卡尔纳姆**负责督察耕种情况，登记一切与耕种有关的事情。还有**塔利厄尔**和**托蒂**，前者的职务是搜集关于犯罪和过失的情报，护送从一个村社到另一个村社去的行人；后者的职务范围似乎比较限于本村社，主要是保护庄稼和帮助计算收成。**边界守卫员**负责保护村社边界，在发生边界争议时提供证据。水库水道管理员负责分配农业用水量。有专门的婆罗门主管村社的祭神事宜。教师教村社的儿童在沙上念书和写字，另外还有管历法的婆罗门或占星师等等。村社的管理机构通常都是由这些官员和职员组成；可是在国内某些地方，这个机构的人数并没有这么多，上述的各种职务有些由一人兼任；反之，另外也有些地方又超过上述人数。从很古的时候起，这个国家的居民就在这种简单的自治制的管理形式下生活着。村社的边界很少变动。虽然村社本身有时候受到战争、饥荒或疫病的严重损害，甚至变得一片荒凉，可是同一个村社的名字、同一条边界、同一种利益、甚至同一个家族却一个世纪又一个世纪地保持下来。居民对各个王国的崩溃和分裂毫不关心；只要他们的村社完整无损，他们并不在乎村社受哪一个国家或君主统治，因为他们内部的经济生活是仍旧没有改变的。帕特尔仍然是村社的首脑，仍然充当着全村社的裁判官和税吏。"①

马克思在 6 月 14 日致恩格斯的一封信中，也引用了类似的材料。不过已经由马克思进行了初步整理和补充，特别是补充了各种手工业工匠等级："官吏：（1）在不同的语言中分别被称为**帕特尔**、谷德、曼狄尔等等，是居民的首领，他通常总管村落的事务……（2）**卡尔纳姆**、善姆波、或浦特华里，负责登记事宜。（3）**塔利厄尔**或**斯图尔华**和（4）**托蒂**，是村社和庄稼的守护人。（5）**内干提**把河流或水库的水公平地分配给各处的田地。（6）**约西**或占星师宣布播种和收获的时间，以及对各种农活吉利或不吉利的日子或时刻。（7）**铁匠**和（8）**木匠**，制造粗笨的农具和盖比较简陋的农舍。（9）**陶工**，制造村社中的各种器皿。（10）**洗衣工**，洗少量的衣服……（11）**理发师**。（12）**银匠**，他往往同时也是村社中的**诗人**和**教员**。其次，**婆罗门**管祭祀。"② 在这封信中，马克思明确指出，在村社内部存在的是奴隶制和种姓制。他们

---

① 《马克思恩格斯全集》第 1 版第 9 卷第 147—148 页。
② 《马克思恩格斯全集》第 1 版第 28 卷（上）第 271 页。

按财产和社会地位分成几个世袭的集团,高级种姓是掌有充分权利的社员,低级种姓,如手工业者,是没有充分权利的社员,由村社的收获供养,为公社服务,最低的种姓处于奴隶或农奴地位。

马克思发表评论说,这种闭关自守的社会组织,是亚洲这一部分地区长期停滞不前的原因。"在印度有这样两种情况:一方面,印度人民也像所有东方各国的人民一样,把他们的农业和商业所凭借的主要条件即大规模公共工程交给政府去管,另一方面,他们又散处于全国各地,因农业和手工业的家庭结合而聚居在各个很小的地点。由于这两种情况,所以从很古的时候起,在印度便产生了一种特殊的社会制度,即所谓**村社制度**,这种制度使每一个这样的小单位都成为独立的组织,过着闭关自守的生活。"①

印度的这种自古以来就存在的小规模的原始农村公社,是建立在土地公有、农业和手工业直接结合以及实行固定分工的基础上的。每个公社都是一个自给自足的生产整体,产品的主要部分是为了满足公社本身的直接需要。只有少数剩余才成为商品。这种公社人口增长了以后,可以在未开垦的土地上按照旧公社的样子再建一个新的公社,遭到破坏时,也可以在同一地点以同一名称再建立起来。因自然经济占主导地位,尽管亚洲各国不断改朝换代,但这种社会基本经济单位的结构由于从未被政治风暴所触动,因而东方社会长期停滞不前。随着西方殖民主义的侵入,从16—17世纪开始,商品货币关系越来越侵蚀这种自然经济,这种公社制度才逐步解体。

马克思后来在《资本论》中谈到社会内的分工和工场手工业内的分工时,曾引用印度公社制度的例子来说明在古老的社会形态下存在着

---

① 《马克思恩格斯全集》第1版第9卷第147页。

有计划的有组织的社会分工，并且指出这种自然经济的公社是商品生产不发达的原因。在进行这种论述时，马克思依据的材料就是他在50年代初期研究过的马·威尔克斯和乔·坎伯尔等人的著作。

马克思还注意研究了西方殖民者侵入以前，印度古代城市制度的特点。在进行这种研究时，弗朗斯瓦·贝尔尼埃的书《大莫卧儿等国游记》成为马克思的重要资料来源。弗·贝尔尼埃（1625—1688）是法国医生，著名的旅行家和作家，他曾在大莫卧儿帝国奥朗则布的宫殿里当了9年医生，回国后把他所见所闻写成了两本书，一本是《大莫卧儿国家最近变革的历史》（1670年巴黎版两卷集），另一本是《贝尔尼埃先生大莫卧儿帝国回忆录（续）》（1671年巴黎版两卷集），后来这两本书合在一起出版，名为《弗朗斯瓦·贝尔尼埃大莫卧儿等国游记》（1830年第1—2卷），书中包含有丰富而翔实的资料，为后来研究印度史的人所瞩目。

在莫卧儿帝国时期，由于手工业从农业中分化出来的过程，在一些朝圣地和寺庙的周围形成了一些商业和手工业集中地，在沿海港口也形成了一些商业性城市，除了这类城市以外，还有另一类封建城寨式的城市，这是印度当时城市的典型形式。这些地方是封建主及其军队驻扎的中心，工商业者为这些军队服务。当封建主及其附庸离开时，这种城市便迅速衰落或消失，以致这种城市活像一个变相的兵营。这种城市和欧洲封建时代拥有自治权的商业城邦完全不同，在这里，占统治地位的仍是封建主，因为城市中的商业和手工业阶层尚未发达到能起政治作用的地步，而是依附于封建主的。工商业城市不发达的原因和农村一样，是由于没有土地私有权。随着殖民者的入侵，印度古老的农村公社和封建城寨式的城市逐步瓦解。

关于印度的这种城市制度，马克思在1853年6月2日致恩格斯的信中写道:"在论述东方城市的形成方面,再没有比老弗朗斯瓦·贝尔尼埃……在《大莫卧儿等国游记》中描述得更出色,更明确和更令人信服的了。他还出色地记述了军事状况,以及供养这些庞大军队的组织等等。关于这两个问题,他写道:

'骑兵是主要部分,如果不把那些随军的全部仆役和商贩同真正的战斗人员混在一起,步兵并不象传说的那样多。如果把全部人员都计算上,那么光是跟随国王的军队就足足有二十万到三十万;有时,例如在预计国王要长久离开首都的时候,军队的人数就还要多。但是,所有这一切并不使人感到奇怪,因为随军队走的有难以相信的大量帐篷、炊具、服装、各种家具,甚至常常还有妇女,因此又有象、骆驼、牛、马、脚夫、粮秣采购员、各种商人和仆役;只要了解国家的情况和独特的管理制度,对所有这一切不会感到奇怪,因为国王是国中**全部土地的唯一所有者**,由此必然产生的结果是,整个首都,如德里或阿格拉,几乎完全靠军队生活,因此当国王要在某个时期出征时,全城的人都得随同前往。这些城市一点也不象巴黎,**它们实际上是军营**,只不过是比设在旷野的军营稍微舒适一些和方便一些而已。'

关于大莫卧儿率领40万人的军队征讨克什米尔等等,他说:

'这样大的一支军队,这样多的人和牲口在行军中靠什么和如何生活,是难以理解的。要理解这一点,只要这样设想一下就够了:印度人——他们事实上也是这样——在食物上非常节制、非常简朴,全部庞大的骑兵队伍在行军的时候吃肉的人不到十分之 ,或甚至二十分之一。只要有基什里(大米饭和蔬菜的混合物,再浇上点炼过的油),他们就满意了。还有,骆驼是极其耐劳和耐饥渴的,它们吃得很少,并且吃什么都行。只要一驻扎下来,赶骆驼的人就把它们赶到附近去放牧,它们在那里吃它们所找到的东西;其次,在德里开设小铺的商人,也有义务在行军中开设小铺,小贩等也是如此……最后,至于饲料,所有这些贫苦的人分散到周围各个村庄去买一些,并靠此赚点钱。他们最根本、最常见的办法是,用镰刀一类的工具到整个野地里去割草,把割下的草抖掉土或洗干净,再拿到军队里去卖……'贝尔尼埃完全正确地看到,东方(他指的是土耳其、波斯、印度斯坦)一切现象的基础是不存在土地私有制。这甚至是了解东方天国的一把真正的钥匙。"①

这段话把印度的封建城市的特点及其存在的原因讲得再清楚不过了。

英国在印度的殖民掠夺。上面已经指出,马克思研究英国在印度进行殖民统治的历史和现状时,还摘录和阅读了"印度改革协会"出版的 7 本小册子和其他有关资料。按照英国政府关于"东印度公司"的规定,该公司的贸易和行政特权每 20 年要由议会讨论修改一次。每当这样的关键时刻,统治阶级各派势力之间都要展开激烈的争论,各自想借机尽量争取实现对自己有利的改革。1853 年又是这样的关键时期,保守势力想尽量少改革,企图通过修修补补的办法使原有的一套制度再延续 20 年,而激进派则大声疾呼,他们写文章出书刊大造舆论,争取改革更符合自己的利益。"印度改革协会"是由主张自由贸易的曼彻斯特学派创办的,他们出版了名为"印度改革"的系列小册子,其中揭露了不少英国在印度进行殖民统治的事实材料和统计数字,马克思在《伦敦笔记》的第 XXIII 笔记本中专门对这些材料做了摘录。马克思从1853 年上半年起为《纽约论坛报》写了一系列论述印度问题的论文,对英国在印度的殖民统治进行了多方面的考察,重要的论文有:《不列颠在印度的统治》、《东印度公司,它的历史与结果》、《不列颠在印度

---

① 《马克思恩格斯全集》第 1 版第 28 卷(上)第 255—258 页。

统治的未来结果》等等①。马克思的这些论文,代表了上世纪50年代初期他进行研究所取得的成果。在这些文章中,马克思直接或间接地引用了上述小册子中的材料和不少揭露英国殖民制度的文献资料,并得出自己的结论。

马克思揭示英国在印度的殖民统治时写道:"当我们把自己的目光从资产阶级文明的故乡转向殖民地的时候,资产阶级文明的极端伪善和它的野蛮本性就赤裸裸地呈现在我们面前,因为它在故乡还装出一副很有体面的样子,而一到殖民地它就丝毫不加掩饰了。"② 实际情况确实如此。英国对印度实行典型的分而治之的政策。全印度的领土的大部分由英国直接占领,成为英国的直辖领地,设立行政机构治理。另一部分领土是受英国控制的土邦,成为英国的藩属。在不同的历史时期,大大小小的土邦不下五、六百个。在名义上这些土邦由当地的世袭王公统治,实际上他们都是英国的傀儡。土邦要向英国纳贡,或是交纳现金,或是供养驻扎在土邦内的英国军队。这些土邦的王公成为英国统治印度的帮凶。英国殖民者一到印度,除了用武力征服的办法消灭当地王公的势力之外,就用阴谋手段使他们就范。当地王公交不起向东印度公司的贡赋时,英国人就向他们贷出重利贷款,当债务偿还不起时,英国人就拧紧螺丝钉,使他们把自己的领土和权益出让给东印度公司,于是这些王公们从表面上的英国的"同盟者"变成靠"篡夺者的赡养费过活的人",成为"被各种奴役条件、一整套军费补助条件和形式繁多的保护制度束缚起来的英国政府的藩臣"。③ 英国殖民者认为,在一些土邦,

---

① 分别参看《马克思恩格斯全集》第1版第9卷第142—150、167—176、246—252页。

② 《马克思恩格斯全集》第1版第9卷第251页。

③ 《马克思恩格斯全集》第1版第9卷第224页。

由这些傀儡作为代理人去统治,比他们自己出面统治更方便,所以保留了一些土邦。正如马克思一针见血地指出的,英国在印度"不是保存作为**国家**的土邦,而是保存当地的**王公**和他们的宫廷"①。这就是英国殖民地统治的狡猾之处。

印度幅员辽阔,资源丰富,英国殖民者在征服印度的过程中,以种种强盗手段掠夺了印度的大量财富,源源流入英国,化为原始积累的资本,加速了英国资本主义的发展。印度原来的统治阶级靠野蛮的横征暴敛积累了大量财富。这些首先成为殖民者掠夺的对象。英国侵占孟加拉之后,仅克莱武一个人就从国库盗走了价值22万英镑的金银财宝,他在英国议会中竟说什么他"对自己那时的节制大为惊奇"。据统计,从1757年至1765年,东印度公司从孟加拉国库掠夺了价值526万英镑的财富。1799年,英军攻占迈索尔的首府之后,掠夺的王室珍宝价值1200万卢比以上。

英国最初从印度得到的大量财富,主要是靠直接搜刮得到的。马克思指出,"在整个十八世纪期间,由印度流入英国的财富,主要不是通过比较次要的贸易弄到手的,而是通过对印度的直接搜刮,通过掠夺巨额财富然后转运英国的办法弄到手的"②。对农民的田赋剥削和鸦片税、盐税,就是这种直接搜刮的最重要项目。按照马克思的说法,英国在印度的纯收入中,3/5来自土地,1/7左右来自鸦片,1/9多来自盐。这三项收入占全部收入的85%。③ 前面我们已经提到,在莫卧儿帝国时代,印度存在着两种土地制度,在农村中则存在着公社制度。英国殖民者统治以后,结合印度的现实情况将土地占有制进行了对自己有利的

---

① 《马克思恩格斯全集》第1版第9卷第225页。
② 《马克思恩格斯全集》第1版第9卷第173—174页。
③ 《马克思恩格斯全集》第1版第9卷第242页。

"革命"。英国殖民者成为印度的最高土地所有者,向农民强征高额田赋。比历代封建统治者更为贪婪。他们在孟加拉地区,实行固定的柴明达尔制,即所谓永久租佃制。规定柴明达尔每年向东印度公司交纳一笔永久固定的款项,不管年成好坏,数额相当于开始实行这种制度的那一年柴明达尔向农民所征田赋的9/10,柴明达尔本人得1/10。柴明达尔实际上是世袭的承包人,中间剥削者,他承包的那些土地成为其私有财产,可以买卖和转让。马克思指出,这种制度是对英国大地主占有制的拙劣摹仿,他说"由于实行柴明达尔制度,孟加拉管区的居民立即被剥夺了自己对土地的世代相承的权利,让地方的包税人即所谓**柴明达尔**得了这些权利。"① 后来,柴明达尔把土地承包给商业投机者,叫作帕特尼达尔,而帕特尼达尔下面又有副帕特尼达尔等等,"于是就产生了一个完善的中介人的等级制度,这种等级制度的全部重担都压在不幸的农民身上"②。英国殖民者在马德拉斯和孟买还实行了莱特瓦尔制,"莱特"是阿拉伯语的名词,意即"佃农、农民"。根据这种制度,殖民政府把农村公社的耕地分给农民,把原来的贵族扎吉达尔等,也降为小块土地掌管人。由他根据每年的收成向政府纳税,同时没收了从前属于公社的牧场等公地,农民再也不能无偿地放牧牲畜和采伐灌木作燃料了。殖民者规定了农民几乎无力负担的田赋,数额占农民收入的1/2以上,农民一般只有在年景最好的情况下才能交得起。由于农民破产,陷入高利贷的罗网,欠税情况日益严重,往往要派武装力量去收税。后来英国殖民当局不得不一次次地注销欠税和降低税额。在初期,还曾实行过强迫耕种办法,如果农民拒绝耕种坏地,收税官就强制他停止耕种同样面

---

① 《马克思恩格斯全集》第1版第9卷第243页。
② 《马克思恩格斯全集》第1版第9卷第243页。

积的好地。由于对农民榨取太狠,以致土地失掉了任何价值,土地的买卖实际上停止了,马克思引用坎伯尔《现代印度》中的话说:"在这里,土地本来可以像在孟加拉一样,因欠租而由收税官卖掉,但是他们通常都不这样做,一个十分重要的原因是,谁也不愿意买地。"马克思把莱特瓦尔制看作是对法国农民土地私有制的拙劣摹仿,他说:"在马德拉斯和孟买我们看到的,是法国式的农民私有者,但是,他们同时又是农奴和国家的分成制佃农。印度农民的肩上压着所有这些各式各样的制度的缺陷,但是却享受不到这些制度的任何一项好处。莱特和法国农民一样,是私人高利贷者敲诈勒索的牺牲品,但是他们不如法国农民,他们对土地没有任何世代相承的权利,没有任何永久性权利。他们和农奴一样被强迫耕种土地,但是他们又不如农奴,他们在极端困苦时得不到保证。他们和分成制农民一样必须把自己的产品分给国家,但是国家对待他们却不像对待分成制农民那样,担负供给资金和农具的责任。"①马克思最后概括说:"无论是在孟加拉的**柴明达尔**制度下,或者是在马德拉斯和孟买的**莱特瓦尔制度**下,占印度居民十二分之一的莱特农民都遭到了可怕的赤贫化。"②

除了这两种主要的田赋制度外,在印度西北部还实施了一种形式稍有改变的制度,称为"玛札瓦尔制"或"马尔古札尔制"。其特点是整个村社被视为一个土地持有者,全村要保证按时纳税。税款仍单独地分摊给每个社员,只要有一个社员一次逾期不缴税,就要强制地出售全村的土地。这是对印度农村公社本身的一种拙劣摹仿。通过这些剥削制度,英国殖民者把印度的农村弄到破产的地步。难怪马克思后来在《资

---

① 《马克思恩格斯全集》第1版第9卷第244页。
② 《马克思恩格斯全集》第1版第9卷第244页。

本论》第3卷中说:"如果有哪一个民族的历史可以看作失败的和真正荒唐的(在实践上是无耻的)经济实验的历史,那就是英国人在印度经营的历史了。在孟加拉,他们创作了一幅英国大土地所有制的漫画;在印度东南部,他们创作了一幅小块土地所有制的漫画;在西北部,他们又做了他们能做的一切,把实行土地公有制的印度经济公社,变成了它本身的一幅漫画。"①

英国殖民者还通过贩卖鸦片和垄断印度食盐贸易而大发横财。这两项收入是英国的两项重要的直接收入。"东印度公司"强迫印度农民大规模种植罂粟,然后制成鸦片毒害印度人民、中国人民和亚洲其他国家人民。为了把鸦片输往中国,不惜发动了多次对华鸦片战争,大量的中国白银流入英国的国库,中国人民遭到了种族灭绝性的毒害。正像上面指出的,单是鸦片一项收入,就占英国在印度收入的1/7。英国还垄断了印度的食盐贸易,印度有很长的海岸线,食盐取之不尽,但东印度公司实行食盐专卖。它的利润高达百分之三百。一蒙特食盐在产地的价格只有4卢比,贩卖到印度农村价格就提高到8—10卢比,而且中间掺了许多沙子和土灰,杂质比原来增加40%。结果,印度居民每买一蒙特食盐要比英国居民付的价钱高29—35倍。由于盐价过高,产盐地附近的居民只能吃从土地上刮起的咸土。此外,英国殖民者还实行酒类专卖。通过这些专卖,英国殖民者从印度掠夺了惊人的财富,使印度人民陷入贫病交加的境地。马克思说:"柴明达尔制度和莱特尔制度,再加上盐税,同印度的气候结合到一起,就为霍乱这种毁灭性的灾难的流行造成了适宜的环境……这真是

---

① 《马克思恩格斯全集》第1版第25卷(上)第373页。

人类的灾难和罪恶互相影响的惊人的可怕的事例!"①

英国除了上述对印度的直接掠夺外,还逐步把印度变成了英国的销售市场和原料产地。本来,印度的手工业相当发达,尤其是纺织业产品质地优良,行销到世界许多国家。18世纪以前,东印度公司主要也是把印度的纺织品和香料等转卖到欧洲牟取厚利。因此,英国最初不得不输出贵金属来换取印度的商品,但是,随着英国机器纺织业的发展,特别是1813年取消了东印度公司的垄断贸易以后,大量英国纺织品涌入了印度市场。英国的关税政策鼓励英国对印度的出口,而阻止印度手工业产品入口。马克思写道:"1813年取消贸易障碍以后,英印之间的贸易额在很短的时期内增加了两倍以上。不仅如此。这种贸易的整个性质也改变了。1813年前,印度大体上是一个出口国;然而这时它却成了一个进口国了……自古以来就是最大的棉织品工场,向全世界供应棉织品的印度,这时到处充斥着英国的毛织品和英国的棉织品。"② 据统计,在上世纪50年代,从英国进口的商品总值占印度进口总值的60%以上,其中棉织品增长最快,占英国输入印度的产品的2/3,占英国棉织品出口总值1/4以上。关于这种情况,马克思写道:"现在,大不列颠在棉纺织业中就业的人口已经达到1/8,国民收入的1/12来自棉纺织业。……棉纺织业愈来愈成为大不列颠整个社会制度的命脉,东印度也随之愈来愈成为不列颠棉纺织业的命脉了。"③ 印度的广大手工织工经受不住英国工业资本的竞争和苛捐杂税的盘剥,不可避免地迅速陷入饥饿和破产的境地。例如,从1815年到1844年,马德拉斯管区织工的纯收入减少了75%。难怪1834—1835年的东印度总督惊呼,印度手工织

---

① 《马克思恩格斯全集》第1版第9卷第245页。
② 《马克思恩格斯全集》第1版第9卷第174页。
③ 《马克思恩格斯全集》第1版第9卷第174页。

工被毁灭的"这种灾难在商业史上几乎是绝无仅有的。织布工人的尸骨把印度的平原漂白了"①。不但纺织品是如此,英国钢铁和造船业等也把印度的相应产业挤垮了。

英国殖民者还逐步地把印度变成自己的廉价的原料产地。早在18世纪,东印度公司就强迫孟加拉农民种罂粟,向中国输出鸦片。18世纪末英国企业主又强迫农民种靛蓝。19世纪初,又强迫农民种植甘蔗。后来,为了供给英国纺织业原料,又让印度大量种植棉花,还让印度扩大养蚕业,种植亚麻等。马克思写道:"英国工业愈是依靠印度市场,英国厂主们就愈是感到在他们摧残了印度本国的工业之后必须在印度造成新的生产力。一味向某个国家倾销自己的工业品,而不让它也能够销售某些产品,那是不行的。"② 把印度变成廉价的原料产地,同时也就可以扩大英国的销售市场,这就是英国殖民者的如意算盘。由于印度农民非常贫困,这些原料的种植大都采用合同制度,高利贷商人事先借钱给农民缴纳地租和捐税,购买种子和粮食,到收获时以极低的价格收购产品,农民实际上沦为农奴。这种产品的出售,实际上不考虑生产费用的多少,而是按照包买商出的极低的价钱,因为在支付期到来时农民急需得到货币,以便还债。结果农民连简单再生产都难于维持。印度农业赖以生存的公共灌溉工程,由于殖民当局的忽略,也完全荒废了。

英国殖民者还通过金融投机等,把印度人民的财富大量聚敛起来运回国,而印度城乡则一片荒凉。马克思概括英国对印度的殖民统治的后果说:"内战、外侮、政变、被征服、闹饥荒——所有这一切接连不断的灾难,不管它们对印度斯坦的影响显得多么复杂、猛烈和带有毁灭

---

① 《马克思恩格斯全集》第1版第23卷第472页。
② 《马克思恩格斯全集》第1版第9卷第175页。

性,只不过触动它的表面,而英国则破坏了印度社会的整个结构,而且至今还没有任何重新改建印度社会的意思。印度失掉了他的旧世界而没有获得一个新世界,这就使它的居民现在所遭受的灾难具有了一种特殊的悲惨的色彩。"①

英国的殖民机构——"东印度公司"。"东印度公司"存在于1600—1858年,它不仅是英国的贸易公司,它也是英国在印度和亚洲地区推行殖民掠夺政策的工具。它拥有军队和舰队,从18世纪中叶起,成为巨大的军事力量,英国殖民者正是在该公司的名义下,在19世纪中叶完成了对印度的占领。公司长期垄断了对印度的贸易,并长期由英国议会授予管理印度的行政特权,它是英国对印度进行殖民统治的重要机构。马克思在上世纪50年代初研究英国对印度的殖民统治时,也研究了"东印度公司"这个殖民机构。马克思从经济、政治、军事各个方面揭示了这个殖民机构的本质。研究了它的历史和现状,并且从公司的历史演变进程,揭示了英国各阶级的利害冲突和背景,从而使他对殖民地问题的考察更加深刻更加全面。

"东印度公司"成立于1600年,当时它得到了伊丽莎白女王的特许状,允许它垄断好望角以东各国的贸易,公司由1个经理和24个董事来管理。但它当时没有不变资本,每次远航贸易都是临时集资,每次赚得的利润完全分给投资人,股东每次都可能是不同的人。但这时"东印度公司"的生存曾一再陷于危机。它不得不同和它竞争的商人集团进行斗争,一度曾因议会干涉而几乎全部解散。

"东印度公司真正的创始不能说早于1702年,因为在这一年,争夺

---

① 《马克思恩格斯全集》第1版第9卷第145页。

东印度贸易垄断权的各个公司才合并成一个独此一家的公司。"① 这时，东印度公司由议会核准，得到法律的承认，被宣布为国家的企业，并规定每20年更换一次"特许状"。这个表面上自由的时代，实际上是垄断企业的时代。作为金融寡头的资产阶级取代了土地贵族的地位，东印度公司就是金融巨头的垄断企业。这些垄断巨头靠向政府行贿而获得权势。"君主立宪制度与享有垄断权的金融巨头结成了联盟，东印度公司与1688年的'光荣'革命结成了联盟，造成这种联盟的力量……就是贿赂的力量。"② 在此之前，公司得到国王批准，拥有在印度的司法权。现在它又得到英国政府的支持，拥有军队和军舰，并且拥有在印度宣战和媾和的特权。它利用一切办法向大莫卧儿帝国取得贸易特权和设立商馆，并设法消除自己的竞争者葡萄牙、荷兰和法国的势力。

1756—1763年英法间进行了"七年战争"，法国势力基本上被排挤出印度，东印度公司由一个商业强权变成了一个军事的和拥有领土的强权。从此以后，英国政府以公司的名义在印度用武力扩张和侵占领土，直到19世纪中叶，终于在印度全境建立了殖民统治。公司通过直接掠夺获得了"惊人的宝藏"，而大臣和王室这些政治寡头势力则设法逐步把公司的权益据为己有。

与此同时，随着英国工业的发展，新兴的工业巨头总是希望把印度开辟为产品销售市场和廉价的原料产地，所以他们一有机会就在议会内外进行斗争，企图打破东印度公司的贸易垄断，分享印度殖民地的权益。"金融寡头把印度变成自己的世袭领地，寡头政治用武力征服印度，工业巨头使自己的商品充斥于印度"③，他们在奴役印度人民和榨取印

---

① 《马克思恩格斯全集》第1版第9卷第167页。
② 《马克思恩格斯全集》第1版第9卷第168页。
③ 《马克思恩格斯全集》第1版第9卷第174页。

度的财富方面有共同的利益,但他们彼此之间又不断为了自己的利益你争我夺。这就是每当更换公司"特许状"的时候,不断发生争吵的原因。而每次印度管理制度的更改,都是各派力量斗争和妥协的结果。

在英国,如果说代表保守势力的是托利党,那么代表新兴工商业势力的就是辉格党。1773年,在两党妥协的基础上,议会通过了一个"印度管理法案",规定把商业和行政活动分开,印度的最高官吏——总督和参事会参事——不再由公司委派而由政府任命,同时印度最高法院的法官也由国王任命。1783年,辉格党领袖福克斯提出议案,主张取消公司董事会和股东会,把管理印度的全权交给议会任命的7名特派员。在国王的参与下,使用种种伎俩,把这个明显地取消公司的议案否决了,政权转入了小皮特和托利党手中。议会1784年通过的皮特法案,表面上造成公司的权力不可侵犯的假象,但实际上剥夺了董事会的权力。法案规定由内阁任命一个由6人组成的"督察委员会",来监督公司的董事们在各种重要政治问题上的行动,督察委员会的实权掌握在督察委员会主席之手。从此,督察委员会变成主管印度事务的机关。1813年,在修改公司章程的时候,公司对于广大工商业界的压力已无力再抵抗下去,结果取消了公司的贸易垄断权,只保留了同中国的贸易垄断权。1833年更换特许状的时候,公司的所有贸易垄断权全部取消,但保持了管理印度的权利。这样,从原来的贸易公司演变为英国统治印度的殖民机构,成为一个豢养着无数寄生虫的庞大的官僚机构。1858年,在印度人民强大的起义运动压力下,这套机构已不适应统治殖民地的需要,东印度公司被撤销,印度的统治权直接转入英国国王手中。

马克思揭露了印度的管理机构是一个三位一体的官僚机构。他写道:"在印度教的庙宇的门口,我们可以看到三位一体的神,而在管理印度的庙宇的门口,我们也同样可以看到这种三位一体的东西,只不过不是神罢了。"① 首先，是东印度公司的董事会，由 2000 名股东选出的 24 名董事组成，"董事会不过是英国金融巨头的**从属机关**"②。其次，上面已谈到，当东印度公司控制了印度全境，并和荷兰、法国等进行国家间的竞争时，政府给它设了一个"督察委员会"，把大权夺了过来。但董事会仍管理印度的日常行政事务，任免官员，包括经国王批准任免印度的总督及其参事。这就是英国人惯用的"双重管理制度"。最后，"如果我们更深入地考察一下这个畸形管理机关的结构，就会发现在它的基础中还有一种比督察委员会和董事会更强大的第三种力量，……这就是印度大厦里的一大堆不负责任的秘书、视察员和官员"③。这些是常设的、不负责任的官僚机关，"他们终于把印度政府变成了一架巨大的打字机"④。这个庞大的官僚机构中的董事、委员和职员们，靠印度人民的血汗发了横财，并因统治印度有功而升为高官和贵族。马克思在揭露这些官僚机构时，引用了坎伯尔、狄金逊等人书中提供的不少材料。狄金逊在谈到这些官僚机构的腐败气氛时说："这一群卑劣的小政客不折不扣是人类的渣滓。政府工作在他们手中变成了一种最卑鄙、机械的行业。他们根本不做好事……做买卖赚钱的算计使他们失去了思维能力。丑角的诡笑使他们把一切伟大和崇高的事物都当作耻辱。目的和手段的贫乏在他们看来就是思想健全和头脑清醒。"⑤ 这样，马克思就彻底揭露了英国统治殖民地的机构这种上层建筑的腐朽本质以及它们的阶级背景。

---

① 《马克思恩格斯全集》第 1 版第 9 卷第 202 页。
② 《马克思恩格斯全集》第 1 版第 9 卷第 206 页。
③ 《马克思恩格斯全集》第 1 版第 9 卷第 206—207 页。
④ 《马克思恩格斯全集》第 1 版第 9 卷第 207 页。
⑤ 《马克思恩格斯全集》第 1 版第 9 卷第 208—209 页。

英国在印度统治的未来结果。马克思在研究印度问题的最后,写了《不列颠在印度的统治》和《不列颠在印度统治的未来结果》等著名文章,对英国当时的殖民地印度的未来作了科学的预见。这些科学的预见具有普遍真理的意义,适用于考察一切殖民地问题。马克思指出,印度是一个幅员和欧洲相仿的国家,对于这样一个国家,英国工业的毁灭性作用是显而易见的,而且是令人吃惊的。"但是我们不应当忘记:这种作用只是全部现存的生产制度所产生的有机的结果。"① 马克思指出了,开拓殖民地,对殖民地生产和文明的破坏,这是资本主义制度的发展规律必然造成的现象。

在历史上,印度曾先后被阿拉伯人、土耳其人、鞑靼人和莫卧儿人征服过,但这些征服者不久就被当地居民同化了。"野蛮的征服者总是被那些他们所征服民族的较高文明所征服,这是一条永恒的历史规律。"② 但是,征服印度的英国人却不同了,他们是第一批发展程度高于印度的征服者,因此印度的文明就影响不了他们。英国人在印度进行统治的历史,除了破坏以外恐怕就没有别的什么内容了,不过,在破坏的同时,无意中已经开始建设性的工作了。首先,英国人用武力统一了印度的广大地区,这种政治统一比以往任何时期更牢固和更广阔,并且这种统一将被现代化的交通巩固起来,永存下去,这是印度复兴的首要前提。其次,英国人为了征服印度,组织和训练了印度人的土著军队,这是印度人自己解放和不再一遇到侵略者就被征服的必要条件。第三,印度社会长期停滞不前的经济基础是农村公社闭关自守的、农业和手工业相结合的社会组织,英国的机器工业和自由贸易把它彻底摧毁了,在

---

① 《马克思恩格斯全集》第1版第9卷第252页。
② 《马克思恩格斯全集》第1版第9卷第247页。

亚洲造成了一次最深刻的社会革命。英国殖民者实现的柴明达尔制度和莱特瓦尔制度虽然十分可恶，但却是亚洲社会迫切需要的私有土地占有制的两种形式。第四，英国的工业巨头，为把印度变成自己的销售市场和原料产地，修建了铁路和港口，把孤立的印度内部联系起来，并且和欧洲及世界联系起来。随着铁路的建立，必然使那些有关的工业部门中应用机器，"所以，铁路在印度将真正成为现代工业的先驱"①。第五，在英国人监督下受到一些不充分教育的居民中间，正在成长起具有管理国家的必要知识和接触了欧洲科学的新阶层，这为印度的复兴准备了骨干人员。第六，在这个欧洲社会里第一次出现的、并主要由印度人和欧洲人的共同子孙所领导的自由报刊，不断吹进新风，成为改建这个社会的新的强有力的因素，如此等等。马克思说，"英国不管是干出了多大的罪行，它在造成这个革命的时候毕竟是充当了历史的不自觉的工具"②。英国资产阶级被迫在印度作的一切，既没有给人民带来自由，也没有根本改善人民的社会状况。但是，他们为这两个任务创造了物质前提，他们负有为新世界创造物质前提的历史使命。一旦条件成熟，人民将起来推翻资产阶级的统治，实现伟大的社会革命，在资产阶级时代的成果基础上，进入美好的未来世界。这也是社会发展的必然规律。马克思这些论述包含着宗主国无产阶级革命和殖民地革命互相支援的思想。马克思关于印度前途的预见，后来有许多已为历史事实证实了。

---

① 《马克思恩格斯全集》第1版第9卷第250页。
② 《马克思恩格斯全集》第1版第9卷第149页。

《金银条块。完成的货币体系》的形成和流传[*]

《马克思恩格斯全集》（原文版）编辑部

1851年春天，马克思写了一本特殊的笔记，在这一笔记中，他概括了他过去关于货币和信用的研究，并把它取名为《金银条块。完成的货币体系》。这一手稿表明，他写的所有到这一时期为止的摘录笔记已经达到了更高的更进一步的理论研究阶段，虽然笔记的顺序仍是按照作者排列的。对资产阶级和小资产阶级作者以及空想社会主义者关于货币和信用问题的观点，马克思按照内容的联系作了压缩。他摘录的许多观点在后来著作中也都受到重视。对再次利用这些笔记所进行的分析表明，有两点特别清楚，马克思正是根据这两点进行选择的：（1）他记录了资产阶级经济学中他所赞同的、并打算在论述自己的货币理论和信用理论时作为历史注释加以考虑的那些成果。（2）他记录了一些迷惑科学思想的观点，并打算以后深入研究这些观点。在理论上特别令人感兴趣的是无数的评论和对进一步使用笔记的提示。与所有资产阶级货币理论不同的是，马克思在这一时期已经达到了一个质上较高的理论阶段，因为他已经懂得，货币并不是物的神秘属性，而是被物的外壳掩盖着的社会关系。货币反映了资本主义生产关系即社会发展的一个历史过渡阶段的特殊方面，货币的历史虽然明显地比资本主义长，但货币在资

---

[*] 本文选自《马克思恩格斯研究》1989年总第1期。

本主义下才成为普遍的、引起所有社会关系的现象。这是因为雇佣工人阶级和资产阶级之间的基本关系通过货币得到了确立。与此同时。人类也陷于他们自己产品的统治之下。这种产品以货币的形式作为物与他们相对立。货币的统治主要表现在周期性的经济危机中，经济危机表现为商品的大量生产过剩，这些商品无法转变成货币。在或多或少较为顺利的经济循环过程中，金银铸币的流通虽然总是明显地落后于货币代用品和信用货币，但是，在危机中强烈地显示出，金和银仍是资本主义财富的绝对代表。

马克思选择"金银条块"这个概念作为他手稿书名的第一部分，可能是为了强调指出，资本主义生产方式——尽管能够节约货币流通——并不能摆脱作为物质限制的金的控制，相反地，它"不断地碰到这个限制"[1]。马克思可能想用书名的第二部分嘲弄那些认为资本主义矛盾可以通过"完成的货币体系"得到消除的经济学家。

马克思力求更深刻地理解货币的本质、职能和形式并为深入研究资产阶级经济学作准备，他把属于不同学派无数经济学家的观点汇编在一起。古典经济学家的代表除了亚当·斯密和大卫·李嘉图之外，还包括古典经济学的创始人即英国的威廉·配第和法国的比埃尔·布阿吉尔贝尔。批判资本主义的小资产阶级的代表中，有它最重要的代表人物让·西斯蒙第。被马克思后来称作李嘉图学派的解体者的经济学家中包括詹姆斯和赛米尔·贝利。马克思一直追溯到货币数量论的真正创始人约翰·洛克和大卫·休谟，从中可以看出，马克思为全面地深入研究货币数量论做了准备。马克思用大量篇幅集中地复述了英国货币立法方面的争论。对此，他首先抓住反对通货原理因而反对货币数量论的银行理论

---

[1] 《马克思恩格斯全集》第1版第25卷（下）第650页。

的个别代表提出的论题：（1）流通中的货币量是一个以价格总额为转移的变化的量，而不是相反；（2）金在国际上的输入和输出直接涉及的只是准备金，并不是货币流通过多或过少的因果表现；（3）汇兑率的变动主要取决于支付差额，而支付差额又高度地表现了国际上的商品交换；（4）银行不能过量地发行银行券，因为它反映信贷的变动。由于金负有兑换的职责，每一个过量发行的银行券都会自动流回到银行；（5）除了银行券之外，还存在着其他流通信贷形式。例如汇票、支票、账面货币等等。

威·布莱克《论调整兑换率的原理》一书得到了深入研究，选自这本书的摘录也占了较大的篇幅。在这里，马克思得到的认识尤其表明，在汇兑理论中，货币理论和信用理论的一些要素交织在一起，各种联系在汇兑率中错综复杂地表现出来。在这些联系中，马克思特别强调贸易差额、支付差额、资本输出、援助付款、贵金属的输入和输出以及利息和贴现政策。

马克思用詹姆斯·威尔逊的纯金属流通的抽象作为他研究经济学的模式，以此为理论上的出发点，来阐述具体的转变形态。

在批判资本主义的社会主义批评家和小资产阶级批评家中，除了西斯蒙第以外，马克思主要研究了约翰·格雷和约翰·弗兰西斯·布雷。布雷站在工人阶级的立场上，但是，由于阶级斗争状况不发达，他不懂得工人阶级的历史使命，而是提出了空想的建议，即如何通过消除金货币和采用劳动货币使生产和就业状况得到复苏，并以这种方式使生产资料转到工人阶级手中。布雷在他的学说中阐明，货币如何能成为劳动的表现，并通过新的以劳动货币为基础的银行体系使供求一致。这样，出售就像生产那样容易了。在基本原理方面，格雷的陈述与蒲鲁东的陈述是一致的，马克思准备以批判的态度再次深入研究这位"把贬低货币和颂扬商品当作社会主义的核心来认真宣传"①，从而使正在形成的工人运动迷失了方向的资产阶级理论家。

由于别人仅仅提到而又缺少评价的缘故，这使马克思也打算通过伊萨克·贝列拉的例子深入研究圣西门主义者和伯明翰学派。

在《金银条块》中马克思极其重视亚当·斯密的货币理论。马克思和（斯图亚特和）斯密的观点一致。认为货币是一般等价物。是一般的可兑换的商品。也就是说，是一个特殊的、除了商品之外存在着的**"产品可交换性的……物体"**。他意识到，商品同它独立的交换价值即货币之间的矛盾是私人劳动和社会劳动之间基本矛盾的特殊表现，因此，在资本主义基本矛盾没有消除之前，解决商品和货币的矛盾是根本不可能的。这是通向充分认识生产商品的劳动的社会性的道路上所取得的一个重大进步，当然，马克思在1857—1858年才对这种劳动的社会性得出了充分的认识。

在《金银条块》中马克思也叙述了他对货币职能的理解。他接受了这样一些观点，这些观点认为，为了更好地比较商品的价值，一定的金属量习惯上必须作为计算单位固定下来。但是，通过这一习惯的计量单位而得到表现的价位（交换价值）是有波动的，但在客观上是被决定了的。计量价值并不需要任何实际的金，想象的金就足够了。但是对货币价值尺度的职能来说，贵金属是不可替代的。货币名称是一定的金属重量的标志，而不是计算名称。"没有丝毫的金流通"也并不排除贵金属起价值尺度的作用。

在《金银条块》中，马克思同意这样一些观点，即由于货币制度的双重本位（复本位制），金和银的价值比例发生变化。结果官方估价

---

① 《马克思恩格斯全集》第1版第13卷第76页。

过低的金属得到贴水，被排挤出流通。

在《金银条块》中，马克思把货币的流通手段的职能用"一般交换手段"或"商品交换的媒介"的术语来表示，借助于货币的这一职能，避免了商品交换中的弯路，不能直接交换的商品借助于货币得到了交换。具有这一职能的货币并不是能直接满足需要的手段，由于它不断地处于流通领域中，因此可以用价值符号来代替。

马克思极其重视对货币数量论的驳斥，并且已经非常接近于对货币流通规律得出正确的规定。同时，他也论述了货币贮藏的作用，它在调整货币流通时，出于需要，时而吸收多余的货币，时而使货币进入流通。此外，马克思明确地区分了二种货币贮藏，一种是单个人的货币贮藏，即金银转变为奢侈品；另一种是作为银行支付准备金以及作为存款和银行券兑换的保证金。银行体系的发展能够通过集中使货币贮藏减少到最低限度。马克思汇集在一起的1847年《经济学家》杂志的论述首先集中地抓住了货币充当贮藏货币的职能。

关于货币作为支付手段的职能，在《金银条块》中被说成是"**契约上的一般商品**"并在原则上说明，对于货币的作为支付手段的职能来说，价值的相对稳定是很重要的。许多关于货币作为支付手段的间接表述，是与关于信用、信用货币、支付差额等等的摘录相联系的。在《金银条块》中，马克思追随"银行理论"。把纸币和银行券形式的信用货币区分开，银行券通过发行是不可能充斥流通的，它通过"回流"来维持其价值。账面货币的作用也得到了反映。大部分支付往来经过单纯的记账和程序就能进行，无需现金出现。马克思记下了托马斯·乔布林的说法，即在伦敦，通过账面货币程序进行的付款五倍于银行中金和银行券的储备金。这使马克思得出结论："因此，表面上看来较小的银行券数额的增减有很大的作用。"

关于货币作为世界货币的职能，马克思在《金银条块》中强调了与内部流通相对立的外部流通的相对独立性。虽然信用以及信用货币、债务的互相平衡等等在国际流通中所占的范围越来越大，但是在国际流通中，贵金属这种"随时随地的财富"是必不可少的。

贯穿在《金银条块》中的论题是：货币危机是周期性危机的重要因素，马克思概括了下列几个过程：信用缩减；汇票贴现发生困难；所有信用手段变成现金；银行强烈地需要货币，利息率提高。马克思在一段评述《经济学家》的话中指出："在真正的紧迫时期，要求更多的通货。"这样。马克思就同"银行理论"的观点划清了界限，因为银行理论认为，危机中缺少的不是"货币"而是"资本"。马克思不同意货币和资本的这种混淆，也不同意银行家的狭隘的资本观点。

整个来说，《金银条块》包括从52位作者的63部著作中所作的摘录，还有从《经济学家》以及《伦敦百科全书》中所作的摘录（另外22节由于正文的遗失没有流传下来。托马斯·图克只有一个名字，加文·梅森·贝尔只有有关著作的标题。因此，原来笔记本中还包括有更多的作者和其他的资料）。这本手稿对马克思货币理论和危机理论的形成来说，是一个极其重要的文献。同时。这本手稿也是马克思在以后的时期继续制定他的经济学理论时加以利用的重要工具。

《金银条块》中没有马克思直接或间接注明的日期。《摘录和笔记》是《金银条块》的续篇，它被恩格斯注明的日期是1851年。但是，根据引用的摘录、对评论的认识水平以及其他标志可以确定，它的产生时间极有可能是1851年春天。《金银条块》肯定始于《1850—1853年伦敦笔记》第8笔记中对斯图亚特的摘录（1851年4月）之前，否则，在陈述斯密的货币理论时就可能不会这样强调某些方面了。它也可能始于《1850—1853年伦敦笔记》第7笔记中的《反思》（1851年4月初）

之前，这是因为《金银条块》中的一些认识在这里已经一般地提到过。可以假定，马克思大约是在1851年3月在家中写作《金银条块》这本笔记的。与此同时，他在英国博物馆里写完了《1850—1853年伦敦笔记》第7笔记本的摘录。然而这也并不表明马克思在《1850—1853年伦敦笔记》第7笔记本（1851年2月底）之前已经开始了这一手稿的写作。

（原载《马克思恩格斯全集》原文版第4部分第8卷资料卷第767—772页）

（裘挹红 译　张钟朴 校）

马克思的手稿《金银条块。完成的货币体系》的理论意义[*]

《马克思恩格斯全集》（原文版）编辑部

《马克思恩格斯全集》原文版（MEGA）第 4 部分第 8 卷新发表了马克思的手稿《金银条块。完成的货币体系》，手稿写在一个单独的笔记本中，可能是 1851 年 2 月开始写的。按写作时间，手稿大概是马克思在写《伦敦笔记》第 7 笔记本前后写的。《伦敦笔记》前 7 个笔记本是马克思从 1850 年起在英国博物馆阅览室深入研究经济学时作的摘录笔记，内容主要是关于货币、信用和经济危机等问题。马克思进行这些研究的目的是要写一本早在 1848 年前就已计划写的关于政治经济学的内容广泛的著作。1859 年马克思在他的《政治经济学批判》（第一分册）一书的序言中写道："1848 年和 1849 年《新莱茵报》的出版以及随后发生的一些事变，打断了我的经济研究工作，到 1850 年我在伦敦才能重新进行这一工作。英国博物馆中堆积着政治经济学史的大量资料，伦敦对于考察资产阶级社会是一个方便的地点，最后，随着加利福尼亚和澳大利亚金矿的发现，资产阶级社会似乎踏进了新的发展阶段，这一切决定我再从头开始，用批判的精神来透彻地研究新的材料。"[①]

---

[*] 本文选自《马克思恩格斯研究》1989 年总第 1 期。
[①] 《马克思恩格斯全集》第 1 版第 13 卷第 10 页。

马克思和恩格斯在评价1848—1849年革命成果时得出了以下认识："在这种普通繁荣的情况下，即在资产阶级社会的生产力正以在资产阶级关系范围内一般可能的速度蓬勃发展的时候，还谈不到什么真正的革命。"① 马克思要利用这个革命运动的低潮时期来进一步发展革命理论，以便武装工人阶级去迎接即将到来的斗争。1848年以前，马克思和恩格斯就已经阐述了唯物史观，于是他们现在把研究过程的重点放到了政治经济学上。

在这个时期，由于马克思的经济理论还没有充分发展，他把危机和革命高潮的联系看得过于直接，他期待着危机爆发理所当然地会使革命运动重新活跃起来。马克思在1850年重新开始进一步研究经济学以前就已很清楚地知道，危机的真正原因不应在流通现象中寻找，其根源存在于生产矛盾中。马克思认为，危机是"现代生产力和资产阶级的生产形式这两个要素互相发生矛盾"② 的标志。然而，危机周期的内在机制还没有得到解释，因此马克思在这一点上开始他的研究并不是偶然的。第一，这个问题在同时代人的经济学文献中曾进行过热烈讨论。马克思在《资本论》第3卷中对此写道："自1830年以来，值得提到的经济学文献主要是论述通货、信用和危机的。"③

第二，马克思当时已经清楚地知道，尽管危机的原因不应在流通领域中寻找，然而危机是在商品流通和信用的现象中表现出来的，这些现象如果正确地加以理解的话，可能就是危机周期过程的标志。第三，马克思把流通领域的分析看作能够进一步研究经济联系的更深层次的出发点。

---

① 《马克思恩格斯全集》第1版第21卷第258页。
② 《马克思恩格斯全集》第1版第21卷第258页。
③ 《马克思恩格斯全集》第1版第25卷（下）第558页。

资本主义的批评家，如比埃尔·约瑟夫·蒲鲁东、伊萨克·贝列拉、约翰·弗兰西斯·布雷、约翰·格雷等等，传播这样一种幻想，认为借助货币领域和信用领域中的计谋就能摧毁资本主义，从而就能消除危机。必须阻止这些观念再浸透到刚刚形成的工人运动中去。因此，马克思认为，有必要详细分析这些批评家关于货币和信用的观点。

马克思在写《1850—1853年伦敦笔记》第1—5笔记本的摘录时，已经掌握了关于资产阶级和小资产阶级货币理论和信用理论的广泛认识，以及资产阶级货币制度在实践方面的认识。这样，他就有了能够在原则上克服李嘉图的货币数量论的决定性看法。正如他在1859年2月25日致恩格斯的信中写的，他早在1847年"在驳斥蒲鲁东的著作中就采用过李嘉图的理论"[①]。但是，如果像李嘉图认为的那样，货币的价值不仅由劳动，而且由货币的量决定，那么这一点对劳动价值理论的基本原理来说必然产生严重后果。因此，同李嘉图的货币理论划清界限成为进一步阐述工人阶级政治经济学的一种客观要求。1851年2月3日马克思在致恩格斯的信中谈到他到那时为止的研究成果时写道："你知道，这个问题是重要的。第一，这样一来，从根本上推翻了整个的流通理论。第二，这证明，信用制度固然是危机的条件之一，但是危机的过程所以和货币流通有关系，那只是因为国家政权疯狂地干预调节货币流通的工作，从而更加加深了当前的危机，就象1847年的情况那样。"[②]

因此，马克思在《1850—1853年伦敦笔记》第7笔记本中继续研究他的货币理论时，已经清楚地认识到李嘉图的货币数量论是错误的，认识到建立在这种理论基础上的1844年英国货币立法是从错误的前提

---

① 《马克思恩格斯全集》第1版第29卷第387页。
② 《马克思恩格斯全集》第1版第27卷第193页。

出发的。他在这方面的研究具有补充的和加深的性质。在这里，马克思再一次追溯到围绕英国货币立法的理论基础进行争论的起点上去。执政的托利党在1793年向革命的法兰西宣战以后，托利党通过向英格兰银行不断增加借债来为战争筹款，而英格兰银行被授权把这些国家债务作为发行银行券的保证。由于银行券发行过量，而这些银行券又被顾客用来兑换贵金属货币，英格兰银行的金储备量明显下降。为了继续保证战争的财政需要，托利党实行了1797年银行限制法，该法解除了英格兰银行在发行银行券时必须兑换黄金的义务。这样做的结果使金价格高于铸币价格，这就导致了以英镑表示的商品价格的普遍上涨，导致了汇率的下降。

李嘉图1809年在他的小册子《金块价格高昂是银行券贬值的证明》中强调了关注和平，关注有保障的货币关系和经济增长的自由党反对派对这种阐述的立场。马克思在第7笔记本上对此做了摘录①。李嘉图的观点是，只有金标准才能保证可靠的货币关系。虽然从历史角度看他针对主战党的作法是正确的。尽管如此，这篇论战作品已经包含有他的货币数量论在理论上的错误构想：过大的货币量会导致金的贬值，并且在货币流通畅通的情况下，国内流通剩余的货币量会流往那些国内货币流通过于缓慢、因而金价过高的国家。他认为这种调节机制被1797年银行限制法打乱了，以致由于大量发行银行券和金块价格提高到铸币价格以上，金事实上从流通中消失了。但是李嘉图在这里混淆了银行券流通（银行券流通产生于货币作为支付手段的职能；并且遵循独特的规律）和具有强制通行效力的国家纸币流通（国家纸币流通产生于货币作为流通手段的职能）。然而，由于取消了银行券兑换金这项义务和把银行券

---

① 《马克思恩格斯全集》原文版第4部分第8卷第191—196页。

用于战争开支，这种区别在实践中被混淆了，以致英格兰银行发行的银行券事实上成了国家纸币。

英国议会在1810年成立了一个研究金价高昂原因的委员会，马克思在第7笔记本中摘录了这个下院特别委员会的报告和证词①。在这个委员会里，英国资产阶级的表现着不同利益的两个党派的意见针锋相对。金条党人（后来持他们的观点的是"通货原理派"的代表）以李嘉图理论为依据，要求取消1797年银行限制法，恢复英格兰银行发行的银行券必须兑换金的义务。与这派观点相反的是这项法规的维护者，首先是英格兰银行的经理们，他们的论点后来被"银行理论派"接受并进一步加以发展。他们否认金价格高昂的原因是银行券发行过量，因为银行券的流通是信贷运动的一种反映，每一张过多发行的银行券必然会自动流回英格兰银行。然而他们没有看到，在当时的具体条件下，兑换义务的必要前提并不具备。在委员会中金条党人的意见得到了承认，然而议会中的保守党多数拒绝同意报告中建议的结论，即取消银行限制法。

在1810年的报告发表以后，金条党人的反对者查理·博赞克特马上在他的论战性著作《关于金条委员会报告的具体意见》②中反对报告中提出的结论及其基础，即李嘉图的理论。博赞克特认为，金价格提高的原因不是银行券发行过量，而是货币市场的实际现状造成的。在这种情况下，李嘉图在1811年发表了题为《答博赞克特先生关于金条委员会报告的具体意见》一文作为答复。

在30年代，围绕英国货币立法的争论又在已经发生了变化的历史

---

① 《马克思恩格斯全集》原文版第4部分第8卷第182—187、235—245页。
② 《马克思恩格斯全集》原文版第4部分第8卷第188 190页。

背景下重新爆发。1821年重新恢复了银行券兑换黄金的义务。现在人们争论的是，怎样才能够靠银行改革来阻止经济危机。"通货原理派"的代表们认为，李嘉图揭示了货币流通规律，然而这些规律产生于银行券和金货币同时流通的情况下。他们从数量论的角度来解释与危机周期结合在一起的价格波动，认为是货币量过多或过少的缘故。他们提出的并由1844年皮尔银行改革所实现的建议就是，银行券流通必须仿效金货币流通，因此这就与李嘉图的观点相符，即在金出口（所谓流通过剩的表现）的情况下，必然出现对银行券流通的限制，反之亦然。"通货原理派"的代表们现在维护保守党的利益，即金融贵族和大地主的利益。"银行理论派"的代表们则维护工业资本家的利益，工业资本家要求一种顺畅的信用机制，因为他们看到这种机制受到了1844年银行业法的威胁。"银行理论派"的代表们强调具有强制通行效力的国家纸币和银行券之间的区别。他们认为银行券决不可能过量流通，因为它们是信用运动的一种形式，任何过量发行的银行券都会流回银行。关于这场争论的研究，马克思记录在第7笔记本和《摘录和笔记》本中。这方面的研究具有补充的性质，应该说是补全了马克思以前就该问题所勾画的图景。在这里马克思摘录了两派主要代表人物发表的著作，如"通货原理派"的代表罗伯特·托伦斯①和约翰·盖利布兰德②，"银行理论派"的代表托马斯·图克③和约翰·富拉顿④。

马克思在1851年4月2日致恩格斯的信中写道："我已经干了不少，再有大约五个星期我就可以把这整个的经济学的玩意儿干完。搞完

---

① 《马克思恩格斯全集》原文版第4部分第8卷第197—198页。
② 《马克思恩格斯全集》原文版第4部分第8卷第212—215、216—221页。
③ 《马克思恩格斯全集》原文版第4部分第8卷第199—211页。
④ 《马克思恩格斯全集》原文版第4部分第8卷第95—113页。

这个以后，我将在家里研究经济学，而在博物馆里搞别的科学。"① 马克思有可能是要把这部包括对货币理论进行批判的著作加以发表，就像他1857—1858年在《政治经济学批判大纲》中所做的那样②。

为了这个目的，他在写第7笔记本以前（也就是1851年3月以前）又对已经写完的题为货币和信用的那些摘录本进行了加工。这样就产生了笔记本《金银条块。完成的货币体系》③及其在《摘录和笔记》中的后续部分④，这些内容在本卷中首次全文发表。

马克思整个手稿的结构总是按照作者及其著作来进行摘录的。但是，这本笔记与许多以前的那些被摘录的笔记不同，这本表示第二加工阶段的笔记反映了马克思研究过程的一个新的和更高的阶段。马克思写入自己笔记的那些原材料通常包括广泛的内容，而且是流传极广的。马克思不仅从专题的角度加工他的笔记，而且还把表明当时那些作者在马克思感兴趣的货币理论和信用理论问题上的主要观点集中起来。此外马克思还经常用自己的话来概括有关的内容。

在选材方面可以明显看出下列三个方面：第一，大部分摘录马克思是作为科学贡献来接受的，这是当时那些作者对发展经济理论所做出的贡献，马克思把这些贡献吸收为自己理论的要素。在一定意义上《金银条块。完成的货币体系》是对货币理论史的一种历史性评注。第二，其余的摘录包括马克思打算批判分析时用的错误观点。第三，马克思收集了许多可以用来说明理论的历史事实。这样，马克思就为计划要写的经济学著作打下了写作基础。

---

① 《马克思恩格斯全集》第1版第27卷第246页。
② 《马克思恩格斯全集》第1版第46卷。
③ 《马克思恩格斯全集》原文版第4部分第8卷第3—74或767—772页。
④ 《马克思恩格斯全集》原文版第4部分第8卷第78—85页。

然而,《金银条块。完成的货币体系》的意义远远超出了所有摘录本的总和。马克思对52位作者的63本著作中的观点进行了比较和概括,对其余24位作者没有留下摘录,或者仅留下了标题,在许多或长或短的评注中,马克思写下了自己的看法,这些看法经常是独特的,而且在许多情况下是理论上已经成熟的,在这个意义上,这本手稿可以看作是马克思发展经济学理论的一个独立的文献。从这里可以分析马克思货币理论和信用理论的具体发展阶段。手稿记载了马克思在认识资本主义货币和信用问题上的决定性进步,但同时也让人清楚地看到,马克思在这时还面临着哪些尚未解决的、复杂的问题。与整个资产阶级和小资产阶级经济学相比,马克思当时已经达到了一个较高的崭新阶段,因为他已经认识到,货币不具有物的神秘属性,而是一种在物的外壳下隐藏着的社会关系。马克思当时已经把货币看作是一种历史范畴,它的产生虽然早于资本主义生产方式,但在抽象形式上却反映了资本主义生产关系。

马克思在对亚当·斯密的分析中明确阐述了自己关于货币的本质是私人劳动和社会劳动之间矛盾的表现的观点,他说:"金和银作为一般商品,作为每一个特殊生产部门的一般产品……社会产品……交换行为分解为互相独立的买和卖的行为……因此,货币的必然结果就是使这两种行为分离,这两种行为虽然最终必须互相平衡,但是每一个既定时刻,这两种行为都可能不一致、不均衡。因此,货币就为危机奠定了基础。"[①] 当然,在这里对货币本质的认识还没有完成。这要以揭示生产商品的劳动的二重性为前提,这是1857年才实现的。

在《金银条块。完成的货币体系》中马克思比1848年以前的著

---

① 《马克思恩格斯全集》原文版第4部分第8卷第3—4页。

作更明确地区分了货币作为价值尺度、流通手段、支付手段、储藏货币和世界货币这些职能之间的差别。这就使他有可能明确阐述货币理论中某些迄今为止论证不够的命题，坚决驳斥货币数量论，尤其是李嘉图的货币数量论。同时在对货币流通规律和它的机制的认识上取得了决定性进展：不是货币量决定价格，而是商品价格总额决定流通的货币量。

在《金银条块。完成的货币体系》中记载了货币转化为资本的最初思想。在这里马克思主要感兴趣的是货币、信用和经济危机之间的联系。马克思一方面揭示了资产阶级特别是放高利贷的拜金者的真相：他们发现金和银是既不会被虫蛀，也不会生锈的财宝，"货币崇拜产生禁欲主义，节欲，自我牺牲——节俭和铿吝，蔑视世俗的、一时的、短暂的享受，寻求天上的财宝"①。另一方面马克思批判了小资产阶级的空想主义观点，他们预言通过一个"完成的货币体系"就能消除资本主义的矛盾，从而消除危机。有意思的是，马克思联系到圣西门主义者的观点，没有排除把银行用作使生产资料变为公有制的手段："就像圣西门主义者把银行……当作武器，使资本即生产工具从腐朽的土地所有者和资本家手中转到资产阶级工业家手中一样。银行的新组织应该是把生产工具转让给工人的媒介。"②

在经济危机中起码可以看到，金银条块，也就是金和银，始终是资本主义财富的绝对代表。金的代表——货币符号和信用货币——虽然在工业周期的繁荣阶段能够执行它作为流通手段的职能，但在危机期间却

---

① 《马克思恩格斯全集》原文版第4部分第8卷第37页。
② 《马克思恩格斯全集》原文版第4部分第8卷第41页。

不再能执行这种职能。看起来。正是马克思批判资产阶级和小资产阶级关于通过货币计谋就能消除资本主义矛盾的幻想这种缘故，使他给这个手稿加上《金银条块。完成的货币体系》的标题。

(原载《马克思恩格斯全集》原文版
第4部分第8卷前言13—42页)

(章丽莉 译 张钟朴 校)

图书在版编目(CIP)数据

经济学笔记研究Ⅱ／周艳辉主编.
—北京：中央编译出版社，2013.12
（马克思主义研究资料／杨金海主编；4）
ISBN 978-7-5117-1995-9

Ⅰ．①经…
Ⅱ．①周…
Ⅲ．①政治经济学－文集
Ⅳ．①F0-53
中国版本图书馆CIP数据核字(2013)第309184号

经济学笔记研究Ⅱ

出 版 人：	刘明清
出版统筹：	薛晓源
责任编辑：	邓　彤
责任印制：	尹　珺
装帧设计：	田晗工作室
排版制作：	北京宏章文化发展中心
出版发行：	中央编译出版社
地　　址：	北京西城区车公庄大街乙5号鸿儒大厦B座(100044)
电　　话：	(010)52612345（总编室）　(010)52612335（编辑室）
	(010)52612316（发行部）　(010)52612315（网络销售）
	(010)52612346（馆配部）　(010)66509618（读者服务部）
传　　真：	(010)66515838
经　　销：	全国新华书店
印　　刷：	北京尚唐印刷包装有限公司
开　　本：	787毫米×1092毫米　1/16
字　　数：	282千字
印　　张：	23.5
版　　次：	2013年12月第1版第1次印刷
定　　价：	150.00元
网　　址：	www.cctphome.com　　邮　箱：cctp@cctphome.com
新浪微博：	@中央编译出版社　　微　信：中央编译出版社(ID：cctphome)

本社常年法律顾问：北京市吴栾赵阎律师事务所律师　闫军　梁勤
凡有印装质量问题，本社负责调换。电话：010-66509618